CW01635612

PROBLEMAS JURÍDICOS Y POLÍTICOS DEL TERRORISMO

INSTITUTO DE INVESTIGACIONES JURÍDICAS

Serie ESTUDIOS JURÍDICOS, Núm. 43

Coordinador editorial: Raúl Márquez Romero
Edición y formación en computadora al cuidado de Isidro Saucedo

PROBLEMAS JURÍDICOS Y POLÍTICOS DEL TERRORISMO

José Juan de Olloqui
Coordinador

UNIVERSIDAD NACIONAL AUTÓNOMA DE MÉXICO
México, 2003

Primera edición: 2003

DR © 2003. Universidad Nacional Autónoma de México

INSTITUTO DE INVESTIGACIONES JURÍDICAS

Circuito Maestro Mario de la Cueva, s/n
Ciudad de la Investigación en Humanidades
Ciudad Universitaria, 04510 México, D. F.

Impreso y hecho en México

ISBN 970-32-0636-0

CONTENIDO

INTRODUCCIÓN: REFLEXIONES EN TORNO AL TERRORISMO

José Juan de OLLOQUI*

SUMARIO: I. *Dilucidaciones en la literatura universal*. II. *El terrorismo después del 11 de septiembre de 2001*. III. *Definiciones del terrorismo*. IV. *El terrorismo a través de la historia mundial*. V. *Terrorismo en América Latina*. VI. *El terrorismo en el siglo XXI*. VII. *Terrorismo en México*. VIII. *Propuestas para solucionar el terrorismo*. IX. *Prospectiva y retrospectiva del terrorismo*.

El terrorismo no es un tema nuevo pero sí uno de los más importantes en la agenda internacional del siglo XXI. Esta forma de violencia es seguida por preocupaciones referentes al medio ambiente, la migración y los energéticos. Los problemas tradicionales como la guerra, el imperialismo o el subdesarrollo económico toman nuevas formas, aunque esto no significa de ninguna manera que se hayan eliminado por completo o que el mundo haya encontrado la paz que tanto ha buscado a lo largo de su historia. Por el contrario, el terrorismo nos demuestra una nueva lucha sutil y enmascarada, en la que cada una de las partes se considera agredida.

Si bien, el terrorismo es característico de algunas zonas del mundo, las experiencias recientes nos han demostrado que nin-

* Ex embajador de México en Reino Unido y Estados Unidos. Fue nombrado embajador eminente por la Presidencia de la República. Ex subsecretario del ramo en la Secretaría de Relaciones Exteriores y director general del Infonavit y del Grupo Serfin. Es investigador de tiempo completo en el Instituto de Investigaciones Jurídicas de la UNAM.

gún país está exento de sufrir ataques terroristas. Común en Medio Oriente, cuidado en extremo en Gran Bretaña, o "legislado" en España, el terrorismo es una herramienta recurrente de los grupos políticos que sólo encuentran su realización por medio de la violencia. Por su parte, aunque algunas potencias mundiales estén más familiarizadas a tratar el tema, como en el caso de Japón o Francia, países como Rusia no pueden negar el uso del terrorismo de Estado en el pasado, o hegemonías como la estadounidense, lamentablemente, tienen que sufrir atentados terroristas como resultado de la antipatía que causan sus políticas en el mundo. Ni siquiera regiones en vías de desarrollo como América Latina se han salvado del uso del terror contra inocentes, pues aunque se llamen guerrillas, los distintos grupos clandestinos han ultrajado a sus poblaciones civiles con actos terroristas. México es un caso interesante en torno al terrorismo y veremos por qué hay diferentes formas de abordar el tema, en especial en el uso de los actos intimidatorios para causar miedo.

Comenzamos diciendo que los terroristas de unos son los héroes de otros (*one man's terrorist in another's freedom fighter*). Para distintos países o grupos políticos, al que es un asesino causal se le llama libertador o revolucionario, mientras que para otros es un terrorista; y en términos conceptuales sólo es cuestión de semántica. Asimismo, la opinión pública conoce a un terrorista como a un activista político que ataca violentamente a personas comunes y corrientes con el fin de causar miedo. Por su parte, los afectados no entienden de razones políticas, su rechazo y llamado de justicia es totalmente comprensible, aunque para los terroristas su causa esté justificada.

I. Dilucidaciones en la literatura universal

Si tomamos el antiguo mito del Minotauro para dar una analogía a este fenómeno podemos ver que siempre hay por lo menos dos historias que contar. En la historia clásica, el hombre con cabeza de toro es considerado un ser malévolo que acosaba al pueblo griego y en especial a la isla de Creta y los atenienses. Según Ovidio,[1] este terrorista añoso, "mitad humano y mitad bestia",[2] sembraba el temor con su ansia de sangre y la incertidumbre de que su víctima podría ser cualquiera, cuando el monstruo no satisfacía su apetito, se precipitaba fuera para sembrar la muerte y desolación de los habitantes de la comarca. Aunque era producto de una unión material entre los hombres y los dioses, los humanos lo desdeñaban porque atentaba contra su seguridad y la de lo que ahora conocemos como Estado. Teseo se volvió un héroe en ese contexto, al matar al tipo de terrorista que representaba el Minotauro.

Siglos después, con un planteamiento propio de la leyenda helénica original, Julio Cortázar nos da una nueva versión del terror del Minotauro en su texto *Los Reyes*.[3] Para Cortázar el minotauro simboliza el individuo libre y Teseo el terrorista al servicio del Estado. Dicho Minotauro no vivía atemorizando a la gente en su laberinto, sino que fomentaba la reflexión del pensamiento y el desarrollo de los artes. Este hijo de Minos tenía las mejores cualidades del hombre y los animales, pero su existencia atentaba contra los intereses del Estado, porque cuestionaba su efectividad y su razón del ser.

> Teseo, el héroe es un individuo sin imaginación que está allí con la espada en la mano para matar a los monstruos que son la excepción a lo convencional. El minotauro es el poeta, el ser diferente a los demás. Por eso lo han encerrado, porque representa un peligro para el orden establecido.[4]

En palabras de Cortazar "Teseo va a matar al Minotauro como un 'gangster' del rey", se convierte en uno de los primeros terroristas de Estado y no necesariamente en un héroe.

1 Aguilar, Luis Miguel, *Fábulas de Ovidio*, México, Cal y Arena, 2001, pp. 255-258.

2 *Ibidem*, p. 255.

3 Ver Cortázar, Julio, *Los Reyes*, Alfaguara, 1992.

4 Interpretación de Cortázar de su propia obra.

El Minotauro, al igual que los terroristas, ha tenido sin embargo juicios más realistas y menos maniqueos. Tal es el argumento que utilizan autores como Jorge Luis Borges. El hombre a veces actúa como animal y a veces como persona, tiene pasiones sangrientas pero también puede ser racional en sus actos y llevarlos a cabo más allá de sus instintos. Puede vivir y morir por sus ideas y las justifica con base en sus propios deseos y miedos. Éste podría ser también el perfil sicológico de un terrorista que mata por un ideal, y aunque este ideal sea irracional, el tenerlo lo distingue del asesino común. Situación que nos lleva a enfatizar que, los terroristas más que ser buenos o malos, siguen pasiones y razonamientos humanos y claros intereses políticos. No obstante, sus actos de violencia y las consecuencias de éstos son sin duda sujetos de derecho pues afectan la integridad de otros hombres. Un fragmento de "La Casa de Asterión"[5] de Borges también nos ayuda a hacer una analogía entre el Minotauro y los terroristas:

> Oigo sus pasos o su voz en el fondo de las galerías de piedra y corro alegremente a buscarlos. La ceremonia dura pocos minutos. Uno tras otro caen sin que yo me ensangriente las manos. Donde cayeron quedan, y los cadáveres ayudan a distinguir una galería de las otras. Ignoro quiénes son, pero sé que uno de ellos profetizó, en la hora de su muerte, que alguna vez llegaría mi redentor. Desde entonces no me duele la soledad, porque sé que vive mi redentor y al fin se levantará sobre el polvo. Si mi oído alcanzara todos los rumores del mundo, yo percibiría sus pasos. Ojalá me lleve a un lugar con menos galerías y menos puertas. ¿Cómo será mi redentor?, me pregunto. ¿Será un toro o un hombre?
>
> ¿Será tal vez un toro con cara de hombre? ¿O será como yo?

En la mayoría de los atentados terroristas permanecemos en la duda de saber quién es el agresor legítimo y si los agredidos

5 Fragmento de Borges, Jorge Luis, "La Casa de Asterión", *Obras Completas*, Buenos Aires, Emecé, 1974, p. 570.

tienen derecho a la venganza. Más de tres mil años después del relato helénico del Minotauro, nos damos cuenta de que los juicios de valor siguen haciendo inútiles a todos los esfuerzos de diálogo y entendimiento del contrario. Las razones de Teseo son legítimas por antonomasia, o tal vez, simplemente porque la historia la escriben los ganadores.

II. El terrorismo después del 11 de septiembre de 2001

El tema del terrorismo ha resultado obsesivo después de los atentados del 11 de septiembre del 2001 en Nueva York. Las víctimas inocentes del desplome de las Torres Gemelas pagaron un costo muy alto por la hegemonía de Estados Unidos en el mundo. Este evento dejó sin palabras a los que consideraban que los enfrentamientos bélicos eran sólo relaciones de fuerza. ¿Quién desafiaría frontalmente a Estados Unidos en una guerra armada? Ningún país tendría posibilidad de tener éxito en un enfrentamiento bélico sobre la milicia estadounidense, ni aun sumando los esfuerzos de las potencias nucleares restantes y los más grandes ejércitos. Sin embargo, recordemos cuando le preguntaron a De Gaulle la razón de su fuerza militar, ya que ésta no era comparable con la de Estados Unidos y la URSS, como para desafiarlos, y éste contestó que en determinado caso no ganaría la guerra, pero estos países podrían perder un brazo y por ello pensarían dos veces antes de atacarlo. Por su parte, los terroristas del 11 de septiembre no conquistaron a Estados Unidos, pero sí lo hicieron temblar con el ataque de Nueva York.

Estados Unidos tiene la fuerza pero los secuestradores suicidas demostraron tener mucha más imaginación. Los terroristas, supuestamente islámicos, utilizaron los propios aviones comerciales de Estados Unidos para derribar el World Trade Center. La respuesta del gobierno estadounidense fue explicable y pasional como la acción de ellos, al enviar aviones a bombardear Afganistán como represalia. Con este acto y la ocupación del territorio afgano, removieron al brutal gobierno Talibán. Sin embargo, todavía no sabemos si Estados Unidos atrapó a sus agresores, si tenía el derecho de juzgarlos o si tiene el derecho de invadir todo país en el que tenga sospechas justificadas o injustificadas de desafiar su imagen intocable.

Para comenzar, digamos que la población civil de Estados Unidos no estaba consciente de los resentimientos que un país y una cultura pueden despertar en otros. Hasta septiembre de 2001 los estadounidenses comprendieron que aun siendo la nación más poderosa del mundo estaban expuestos a sufrir pérdidas humanas y perjuicios materiales; que en el caso del terrorismo, afectan precisamente a la seguridad sicológica del individuo, causando temor y desestabilizando la confianza en la seguridad brindada por el Estado.

Por otro lado, Estados Unidos se percibe a sí mismo como un país de virtudes, las que en parte honestamente tiene y las que a veces también exagera. Hasta ahora no ha habido un imperio tan fuerte en la historia, ni que concentrara tecnología, fuerza nuclear, presencia militar y comercial en todo el orbe, como la Unión Americana. Un país con esas características despierta, por naturaleza, resentimientos en otros países o en grupos políticos. Asimismo, no toda la población estadounidense está consciente de la antipatía que su presencia ha creado en el mundo y es por ello que los llamados "civiles" no entienden el porqué de los ataques terroristas; más aún, Estados Unidos, quien desea ser apreciado, a diferencia de Gran Bretaña a la que no le preocupa mucho el afecto de los demás y menos aún a Francia. Cabe recordar que ambos en algún momento contaron con presencia mundial y por ello han causado incomodidades en otros pueblos.

Siendo un país democrático, de amplias libertades, entre ellas la de prensa, quien atacara a Estados Unidos, estaría desde muchos puntos de vista atentando en contra de la libertad como símbolo. Los ideales de los terroristas del 11 de septiembre son muy diferentes a los de Estados Unidos; y las muertes causadas por el incidente revelaron a los estadounidenses que hay grupos políticos que no están de acuerdo con las acciones de su gobierno.

III. DEFINICIONES DEL TERRORISMO

Considero prudente para comodidad del lector el acotar el tema con algunas definiciones. El *Diccionario de la Lengua Española* nos inicia con una definición vehemente en donde: "el terrorismo es la sucesión de actos de violencia para infundir terror".[6] A lo que debemos agregar el concepto jurídico de Manuel Ossorio,[7] en donde se especifica que el terrorismo son: "los actos de violencia en contra de personas, la libertad, la propiedad, la seguridad común, la tranquilidad pública, los poderes públicos y el orden constitucional o contra la administración pública". Hasta aquí identificamos dos constantes del terrorismo: la violencia y la creación de miedo con ésta.

Por otro lado, en su *Diccionario de Política* Norberto Bobbio comenta que

> en el contexto internacional se puede dar el caso, sólo aparentemente contradictorio, de que el terrorismo sea la única forma de acción posible, y esto en caso de que los grupos terroristas no puedan enmarcarse dentro de una unidad territorial o Estado. Éste es precisamente el caso más original y actual del terrorismo en la problemática política internacional.[8]

La aportación relevante de Bobbio es que para los terroristas, en el nivel internacional, el terrorismo constituye el único camino abierto para quien no se identifique con la estructura existente

6 *Diccionario de la Lengua Española*, Real Academia Española, Madrid, 1970, p. 1259.

7 Ossorio, Manuel, *Diccionario de Ciencias Jurídicas, políticas y sociales*, Buenos Aires, Heliasta, 1992, 1030 p.

8 Bobbio, Norberto, *Diccionario de Política*, Siglo XXI Editores, México, 1998, p. 1570.

del orden internacional y me atrevo a añadir, cuando no encuentran otro camino abierto.

Adolfo Gilly cita una definición de Henry Kissinger que también considero interesante. Para Kissinger "el terrorismo se define como ataques indiscriminados contra civiles con el fin de romper el tejido social".[9] Coincido especialmente con este concepto porque los atentados de los terroristas se distinguen por afectar a los civiles, es decir a la población que no forma parte del gobierno ni del ejército y esto obviamente crea inestabilidad social; pues es un enfrentamiento entre dos actores de distinta índole y no entre dos fuerzas militares, lo que más bien sería una guerra.

El terrorismo tiene siempre un tinte político y es por ello que ataca a la población civil y causa fuertes efectos en la opinión pública. Esta práctica tiene también como fin promover causas ideológicas y brindar esperanza en los que creen en ellas, por medio de demostraciones de fuerza como son los atentados violentos. Sus acciones responden a las ideas que se gestan en grupos subestatales que pretenden obtener la legitimidad de la fuerza que legalmente yace en el Estado. Para Chris Cook[10] el terrorismo es un fenómeno contemporáneo pues es:

> la tentativa de alcanzar fines políticos gracias a la creación de un clima de temor mediante bombas, asesinatos, secuestros y piratería aérea, con el objeto de socavar la capacidad en la confianza de un Estado para proteger a sus ciudadanos, o de lograr publicidad para una causa.

El terrorismo puede ser una herramienta de guerra pero no es una guerra en sí. La guerra se da tradicionalmente entre Estados o en el caso de la guerra civil entre una parte de la po-

9 Definición dada por Kissinger en una conferencia en el London Center for Policy Studies el 31 de octubre del 2001.

10 Cook, Chris, *Diccionario de Términos Históricos*, Barcelona, Altaya, 1997, p. 482.

blación que ataca a otra u otras, de manera expresa y directa. Como bien diría Clausewitz "la guerra es, en consecuencia, un acto de fuerza para imponer nuestra voluntad al adversario".[11] En la guerra el enemigo está identificado y el objetivo es imponerle la propia voluntad, a diferencia del acto terrorista, en donde el agresor no es directamente un Estado y el objetivo directo no es imponerle condiciones sino causar miedo principalmente en las fuerzas no militares. En un enfrentamiento entre naciones "la destrucción de la fuerza militar del enemigo es el medio, tanto en el ataque como en la defensa".[12] No obstante, de que para derrotar físicamente a las organizaciones terroristas se puede utilizar la fuerza, esta "guerra" quedaría inconclusa si no se resuelven sus demandas ideológicas o de cualquier otro tipo, pues en poco tiempo se formarían nuevas células terroristas que obtendrían nuevos financiamientos de los que se identificaran con dichas ideologías. A los ejércitos los financian los presupuestos públicos y a los terroristas particulares, que siguen sus ideas, o gobiernos, que quieren causar inestabilidad en los países atacados.

Los Estados o naciones se enfrentan con ejércitos que los representan legítimamente, mientras que los terroristas pueden proceder de un grupo político que atiende a intereses propios y no se sujetan a ninguna legislación o convenio internacional, por lo que no se distinguen por atacar sólo a las fuerzas bélicas del Estado, sino a la población en general. Al respecto, también nos son útiles los elementos que Bouthoul[13] considera distintivos de una guerra, porque: 1) es un fenómeno colectivo; 2) es una lucha a mano armada; y 3) tiene carácter jurídico. Con ello fundamentamos que no es lo mismo una guerra que el terrorismo y que

11 Clausewitz, Karl von, *De la guerra*, Buenos Aires, Mar Océano, 1960, p. 9.

12 *Ibidem*, p. 490.

13 Definición tomada de Bouthoul, G., *Traité de sociologie: les guerres, eléments de polémologie*, París, Payot, 1951, en Bobbio, Norberto, *Diccionario de Política, cit.*, p. 138.

propiamente no se puede hablar de declarar la guerra a los terroristas.

Otra diferenciación conceptual que considero prudente tratar es la del terrorismo de Estado, que también puede ser una guerra de baja intensidad. Este tipo de terrorismo, operado desde el gobierno, se diferencia de las guerras comunes porque no se ejerce dentro del marco legal del Estado y al igual que los otros tipos de terrorismo, se comete en la clandestinidad, con la realización de actos criminales; aunque el terrorismo de Estado justifica su existencia en la *raison d'êtait*, identificada con la del propio gobierno. Así, en el terrorismo de Estado se emplea el poder del gobierno para eliminar a un individuo o a un grupo en particular con fines políticos. Los medios de éste son los utilizados normalmente por los terroristas y anarquistas y se comenten, obviamente, sin previa declaración de guerra.

Una situación interesante al respecto es la que muestra el IRA[14] en su *modus operandi*, con cierto tipo de acuerdo que estableció con el gobierno del Reino Unido desde la década de los noventa. Dentro de la brutalidad del terrorismo existe un rayo de luz que hace menos devastadora esta práctica de presión política. El IRA tiene una manera particular de comunicarse, que está previamente identificada por el gobierno británico, con la que avisa de futuros actos terroristas, dando datos de lugar y tiempo en los que se darán los atentados. Aunque esto no es muy conocido, permite claras ventajas para la población y es hasta cierto punto, sino un acto de civilidad, sí un pacto entre caballeros. De este manera, los civiles se escandalizan menos y el gobierno puede controlar o disminuir de alguna forma los efectos del ataque terrorista. El problema al respecto es que, pocos terroristas avisan antes de atacar, muchos menos tienen acuerdos con los gobiernos y finalmente, no son plenamente confiables dada la naturaleza de su organización. Lo terroristas permanecen en la clandestinidad, entre otras cosas, porque saben que si un

14 Irish Republican Army.

gobierno tiene capacidad de disolverlos lo hará, por medios legales o pragmáticos.

Por otro lado, el concepto de terrorismo de Estado se aplica ocasionalmente de forma peyorativa a movimientos políticos o acciones que causan poco simpatía a ciertos países o gobiernos. Es común escuchar que se le dé ese calificativo a la *Gestapo* por ser un arma de represión política alemana durante la época nazi, o a la *Stasi* de la Alemania del Este en el periodo socialista que, era un cuerpo policial vinculado a la KGB rusa; estas organizaciones cometían desde ese punto de vista múltiples formas de terror político, en contra de sus enemigos internacionales y sobre sus propios ciudadanos. Por otro lado, el terrorismo patrocinado por el Estado enfoca sus recursos en causar inestabilidad, pero fuera de sus propias fronteras. En tiempos recientes, diversos países, de orientación ideológica distinta, han reincidido en este tipo de actividad, aunque paradójicamente, en otros casos condenan a sus oponentes por las mismas prácticas. Por ejemplo, Estados Unidos durante la presidencia de Ronald Reagan denunció de ello a varios gobiernos, entre los más destacados a Libia; simultáneamente su gobierno patrocinó actos para crear inestabilidad en Nicaragua, aun cuando ambos gobiernos mantenían relaciones diplomáticas plenas.[15]

Los magnicidios son muy parecidos a los actos terroristas en cuanto a sus métodos, pero a diferencia de éstos atentan contra políticos importantes y no contra la población civil. El magnicidio es la "muerte violenta dada a persona muy principal por su cargo o poder".[16] Este tipo de asesinato lo podemos ejemplificar con los casos de Anwar Al Sadat, en Egipto, John F. Kennedy, en Estados Unidos y Luis Donaldo Colosio, en México. Aunque los tres eventos causaron temor en la población civil, el objetivo de los asesinos era causar su muerte y no el terror

15 McLean, Iain, *Concise Dictionary of Politics*, Oxford, Oxford, 1996, p. 493.

16 *Diccionario de la Lengua Española*, *cit.*, p. 827.

público. Los magnicidios no siempre están acompañados de demandas políticas concretas y por su naturaleza son más previsibles que los atentados terroristas en contra de la población civil.

Los actos terroristas se han realizado con diferentes fines políticos en el mundo y en algunos casos son actos aislados (de allí emergen las diferencias entre terrorismo y un acto terrorista). Un anarquista puede realizar actos considerados terroristas pero no por eso él se convierte inmediatamente en un terrorista; el aventar un petardo en la euforia de un mitin político es un delito, pero para convertirse en terrorismo tendría que tener detrás a un objetivo específico con planeación de violencia enfocada a la población civil. En todo caso, los anarquistas no son terroristas, pero sí sus primos hermanos.

IV. El terrorismo a través de la historia mundial

La historia de la humanidad ha estado plagada de violencia, sin embargo, podemos decir que el terrorismo es un fenómeno moderno. Las guerras y los enfrentamientos de la antigüedad causaban pánico, no obstante, eran percibidos hasta cierto punto como sucesos cotidianos. Las invasiones, conquistas o aniquilamientos generaban terror y eran vistos como una razón para defender a las propias poblaciones, feudos o países, pero no como la falta de protección por parte del Estado; que no existía como tal y por lo tanto no tenía las responsabilidades actuales que le atribuyen sus miembros, entre ellas la de la protección de la sociedad civil de ataques como los de los terroristas.

Si ponemos como ejemplo a las conquistas territoriales de Gengis Kan apreciamos que eso no fue terrorismo ni terrorismo de Estado. Fue, fríamente, una guerra de aniquilamiento y demostración de poder; en apariencia semejante a la de Hiroshima y Nagasaki, pero con métodos primitivos. Siglos más adelante, la época del "terror" de la Revolución Francesa tuvo sin duda un impacto sicológico sobre la población civil. Las ejecuciones masivas y las persecuciones políticas cambiaron la estructura de gobierno que los franceses tenían hasta entonces, pero aunque en medio del caos, había jurados, juicios y los procesos se daban a la luz pública, por lo que a estos eventos tampoco se les puede clasificar como terroristas. Jean-Paul Sartre[17] recurre a Mathiez para describir las particularidades de una revolución, para este último "la revolución se da cuando el cambio de instituciones está acompañado de una profunda modificación en el sistema de la propiedad". Sin duda, estos fines son muy distintos a los de los terroristas de antaño y hogaño. No obstante, los antecedentes más relevantes del terrorismo del siglo XIX, vinculados a la lucha revolucionaria, los tenemos en la Rusia Zarista de los Romanov y en el nacionalismo imperialista de la restauración Medji en contra del shogunado de los Tokugawa en Japón.

Los atentados políticos en contra de las monarquías se intensificaron en Europa en la segunda mitad del siglo XIX y se empezó a atacar a la población civil, conformándose el terrorismo moderno. En Rusia, el grupo de intelectuales llamado "Narodnayavolia"(Voluntad del pueblo) organizó atentados en contra de la realeza, para demostrar a los campesinos la seriedad de su proyecto. Asimismo, desde esos años aumentó en el mundo el número de víctimas afectadas que no tenían ninguna relación política o gubernamental con los agresores. En el nuevo continente, en el sur de Estados Unidos se formó el Ku Klux Klan, en los primeros años de la década de 1860, con el fin de aterrorizar a los antiguos esclavos y a los delegados del gobierno federal. Una observación interesante parte de la manera en la que Gran Bretaña disminuía los atentados contra su población civil en el siglo XIX, ya que en la época victoriana los ingleses tenían cierta tolerancia con los anarquistas, lo que evitaba de alguna manera que los molestaran a ellos.

17 Sartre, Jean-Paul, *Literary and Philosophical Essays*, Nueva York, Collier, 1967, p. 224.

El terrorismo ha tenido distintas manifestaciones en el mundo y la situación política de la segunda mitad del siglo XX también le ha dado un desarrollo particular. Los atentados terroristas aumentaron después del final de la Segunda Guerra Mundial en la zona de Medio Oriente y especialmente a razón de la creación del Estado de Israel. Aunque la mayoría de los judíos mostró tolerancia y clara preferencia por soluciones legales y políticas para conseguir su independencia, a finales de los cuarenta, algunos grupos radicales como los de la agrupación Stern y el Irgun Zvai Leumi utilizaron al terrorismo en contra de las comunidades árabes, con el fin de conseguir su añorada soberanía. Asimismo, se responsabiliza a la Organización para la Liberación de Palestina de llevar a cabo actos terroristas, también en reclamo de su independencia, en la década de los setenta. Por su parte, Europa y Asia experimentaron un considerable aumento de actos de terrorismo en las décadas que van desde 1960 hasta 1990 por distintas causas, sobre todo las referentes a los irlandeses y vascos. La última década del siglo veinte vislumbró una relativa disminución del terrorismo, lo que quedó desestimado después del 11 de septiembre del 2001.

Cada continente y país han sufrido los ataques de distintos grupos terroristas y de terrorismo de Estado.[18] En Europa, sobresalen por su violencia los miembros de ETA en España y los de IRA en Irlanda. La RAF de Alemania se organizó como una facción del Ejército Rojo y en Italia también surgieron grupos violentos de izquierda como Brigadas Rojas y Lutta Obrera. En referencia a los movimientos de liberación, además de los de los vascos e irlandeses, por su parte, Francia recibió como terroristas transcontinentales al Comité Antifacista Argelino. Medio Oriente ha tenido como brazo armado de la OLP a Al Fatah,

18 No se ha querido colmar al lector con una explicación exhaustiva de las nomenclaturas de los grupos terroristas y sus múltiples facciones, ya que por su extensión esto sería motivo de otro ensayo. No obstante se hace un recuento cronológico de las principales organizaciones de carácter terrorista con el fin de que su lectura permita ubicarlos en tiempo y espacio.

a distintas organizaciones como el Jihad, Hezbollah, Hamas y en ocasiones al Mossad. En África cometieron actos terroristas el Partido Revolucionario del Pueblo Etiope, el Partido Comunista de Sudán, y los Combatientes en el caso de Uganda. Si pasamos a Asia, Japón tuvo crudas pérdidas humanas causadas por Rengo Segikum (Ejército Rojo), Corea del Sur por agentes norcoreanos (1987) y en Malasia, Filipinas e Indonesia hay sospechas de que existen células de Al Qaeda. Estos países han sufrido de terrorismo y algunos de terrorismo de Estado; sin embargo, no existen los elementos para decir que tal o cual país es terrorista o que tal o cual pueblo es un pueblo de terroristas. Una afirmación de este tipo sería visceral, poco objetiva y académicamente infundada.

V. TERRORISMO EN AMÉRICA LATINA

Remontándonos sólo unas décadas en la historia de América Latina, identificamos diversas agrupaciones que cometían actos terroristas en pro de sus propias causas. Aunque se les denomine guerrillas, en Perú, Sendero Luminoso y el Movimiento Revolucionario Tupac-Amaru cometieron agresiones en contra de la población civil. Argentina tenía en su territorio a los Montoneros, las FAR y el ERP. En Chile cometieron actos violentos el Frente Patriótico Manuel Rodríguez y el Movimiento Izquierdista Revolucionario. En Bolivia el ELN causó pavor, como el MLNT en Uruguay, el VRP en Brasil y las Fuerzas Armadas Revolucionarias Maoístas en Guatemala. Por otro lado, se acusa al Partido Comunista de Cuba de cometer terrorismo de Estado, como en su momento se acusó al Ejército Rojo de la URSS y al Partido Comunista Iraquí. Aunque guerrillas como el EZLN de México se ufanaban de no ser terroristas o no atentar contra la sociedad civil, un evento reciente los vinculó con la ETA y no pudieron negar sus acuerdos de cooperación con los terroristas vascos.

El terrorismo no tiene fronteras y es por ello que tanto gobiernos como instituciones internacionales buscan mecanismos para resolverlo o prevenirlo. Asimismo, puede haber simpatía e incluso cooperación entre distintos grupos terroristas. Sin embargo, son diferentes los objetivos de los vascos y los irlandeses a los de los colombianos y filipinos. Existe sin duda, como ya cometamos, una posibilidad de cooperación potencial, sobre todo en los que atacan al *establishment* internacional y en los que consideran a los países "occidentales" como sus enemigos. Un síntoma al respecto podría ser el aumento del terrorismo que ha experimentado el mundo después de la guerra de Estados Unidos contra Iraq (Tormenta del Desierto); pues más que como un conflicto de una coalición militar, este enfrentamiento bélico también se interpretó en Medio Oriente como un ataque al *ethos* de los árabes, o al metadiscurso del Islam en Irán (que no es árabe) y los países islámicos de Asia y África. Esta situación podría fomentar el panarabismo fecundado desde la década de los cuarenta. Para el profesor Fouad Ajami la constante presencia de Estados Unidos en Medio Oriente ha incrementado el antiamericanismo en la zona, las "fobias árabes" y puede ser el argumento ideológico de futuros ataques terroristas:

> En los setenta y ochenta, el edificio económico y político del mundo árabe empezaría a ceder (al paradigma de Occidente). Las explosivas tendencias demográficas sobrecalentaron lo que había sido construido en la época posindependentista, y en consecuencia emergió un furioso islamismo como un viento mortal. Esto ofreció consuelo, sedujo a los jóvenes y dio los significados y el leguaje del resentimiento y rechazo. Por un tiempo, las fallas de este mundo fueron confinadas a su propia tierra, pero la migración y el terror trasnacional alteraron todo eso. El fuego que comenzó en el mundo árabe se dispersó a otras costas, con el mismo Estados Unidos como el principal blanco de la gente agredida que ya no creía que la justicia podría estar asegurada en su propia tierra, con sus propios gobernantes. Este fue el 11 de septiembre y su sorpresa devastadora, como

resultado, que apuntó al balance con Iraq fuera de la contención y en dirección de un cambio de régimen y "vuelta a lo mismo".[19]

VI. EL TERRORISMO EN EL SIGLO XXI

Los eventos del 11 de septiembre mostraron al mundo que el terrorismo es una forma en la que los actores políticos inconformes, en contra de cierto gobierno, lo pueden atacar con éxito y con la utilización de pocos recursos. Estados Unidos gastó mucho más dinero en el ataque a Afganistán que el que pudieron gastar los presuntos terroristas islámicos para sembrar el terror en Nueva York. Asimismo, la agresividad y la celeridad con la que se removió al gobierno afgano puede tener resultados contraproducentes para los Estados Unidos. Los "éxitos" (ataque a Afganistán) como el del 11 de septiembre tienen efectos energéticos: producen una oleada de reclutamientos y probablemente una nueva voluntad de financiar redes terroristas.[20]

La respuesta violenta, quizá poco planeada de los Estados Unidos, tal vez se explica en que nunca había recibido un ataque directo en su territorio, pues no libró guerras en él y por ello interpretó el atentado terrorista como una declaración de guerra. Nadie había atacado a los territorios continentales de Estados Unidos desde que son independientes, salvo los ingleses en 1812 y Pancho Villa en Columbus. Los terroristas cumplieron su objetivo en el atentado de Nueva York, como decía Clausewitz "cuando la sorpresa consigue tener buen éxito en alto grado, las consecuencias que trae son la confusión y el desaliento de las filas enemigas y esto multiplica el buen éxito".[21] Estados Unidos derrocó al gobierno Talibán como respuesta, sin embargo, todavía

19 Ajami, Fouad, "Iraq and the Arabs Future", *Foreign Affairs*, Nueva York, enero-febrero de 2003.

20 Walzer, Michael, "Cinco preguntas sobre el terrorismo", *Nexos*, México, septiembre del 2002, pp. 28 y 29.

21 Clausewitz, Karl von, *op. cit.*, p. 143.

no se comprueba la vinculación de los terroristas a un solo gobierno, la población estadounidense sigue confundida y aterrorizada ante posibles ataques terroristas en el futuro.

Los terroristas del 11 de septiembre utilizaron una estrategia con objetivo definido, que atacaba a las fuerzas morales, con audacia, perseverancia, pero sobre todo usando la sorpresa. Ahora se combina una situación de tensión y reposo. Asimismo, a sabiendas de la agresividad de Estados Unidos, los terroristas están más en alerta que nunca y si bien, dieron la cara en el ataque va a ser muy difícil que la den en la defensa. Pues "el ataque tiene sólo un principio activo... no presenta la misma variedad que la defensa. Sin duda, se encuentra una enorme diferencia en la energía del ataque y la rapidez y fuerza del golpe; pero ésta es sólo una diferencia de grado y no de clase".[22] Los terroristas no son un país con tierras en las que tengan que permanecer, ni un gobierno basado en instituciones con un ejército al frente, sino personas clandestinas que se pueden "camuflajear" en los inmensos rincones del mundo o estar asociados con cualquier organismo de inteligencia de algún gobierno, como ya ha pasado con Al Quaeda en otros momentos. Está claro que la defensa de los terroristas no va a ser de frente y por ello no se les puede derrotar "haciéndoles la guerra".

VII. TERRORISMO EN MÉXICO

El terrorismo en México ha sido poco tratado y esto se debe en parte a que México ha tenido gobiernos principalmente liberales durante los siglos XIX y XX. El cura Hidalgo bien pudo haber sido un terrorista para los españoles pero sin duda es un revolucionario y un héroe para los mexicanos. Lo mismo podría decirse de "El Pípila" o Morelos, ya que ellos utilizaron la violencia para rebelarse en contra del yugo español. Por otra parte,

22 *Ibidem*, p. 489.

las cabezas de los independentistas colgadas en la Alhóndiga de Granaditas pueden considerarse terrorismo de Estado; pues el gobierno virreinal castigó a los rebeldes públicamente para mitigar los levantamientos y atemorizar futuros intentos separatistas. En general, el siglo XIX en México estuvo plagado de violencia, en medio de las luchas entre liberales y conservadores, invasiones extranjeras y bandidaje al interior del territorio, pero esto se puede explicar más como anarquía o brutalidad que como terrorismo.

El porfiriato se conoce en México por ser una época de estabilidad, pero también de represión y en la que se gestarían revueltas materiales e intelectuales. Algunos actos de Flores Magón o de los hermanos Serdán pueden considerarse como terroristas; sin embargo, debe decirse que los primeros revolucionarios del porfiriato buscaban derrocar al régimen y no asustar a la población civil. En contraparte, el terrorismo de Estado del porfiriato fue una de las primeras causas que alimentó el descontento popular y dio como respuesta a la Revolución Mexicana. En el porfiriato era frecuente que se usara la violencia en contra de los opositores del régimen y la población vivía ciertamente atemorizada ante la represión del gobierno.

Posteriormente, el hecho de que la Revolución haya sido un movimiento crítico que enarboló ideales que miraban al socialismo, sirvió hasta cierto punto para que no se crearan grupos terroristas en México. En consecuencia, en México no hubo un caldo de cultivo para ese tipo de violencia, debido a la esencia revolucionaria del gobierno y de las banderas de izquierda asumidas por él. De hecho, lo más cercano a los terroristas en el país serían los guerrilleros que empezaron a actuar con vigor en la década de los sesenta, quienes también ostentarían una ideología de izquierda. A diferencia de Centroamérica, México no tuvo dictaduras ni gobiernos de derecha (o militares) en la mayor parte del siglo XX y tal vez también por ello se redujeron las demandas armadas y las protestas violentas que tanto aquejaron a otros gobiernos latinoamericanos.

Los sesenta y setenta fueron décadas de inminentes movimientos subversivos en México. La guerrilla de Arturo Gámiz, conocida como la Liga 23 de Septiembre, cometió múltiples ataques en contra del gobierno y secuestros para financiarse, sus actos eran intimidatorios, pero se enfocaban más al gobierno y a los considerados "ricos" que a la población en general. Por su parte, la guerrilla de Lucio Cabañas atacaba violentamente al Ejército mexicano, si embargo, no tenía como fin asustar a la población civil y las circunstancias tampoco se lo permitieron. La guerrilla de Genaro Vázquez no atemorizó de una manera significativa a la población mexicana, por lo que tampoco puede considerársele textualmente como terrorista, además de que este tipo de rebeliones tenían un carácter principalmente rural, lo que disminuía el conocimiento de la opinión pública acerca de sus actividades y su difusión en los medios de comunicación urbanos. Los mejores salvados de su enfrentamiento al gobierno fueron sin duda los miembros de la Liga 23 de Septiembre, pues se les dio amnistía y se les ubicó en distintos proyectos productivos; cabe mencionar que algunos de ellos pudieron ser absorbidos por la administración pública de ese tiempo, debido también a que ellos como el gobierno tenían una tendencia ideológica, principalmente socialista, que compartían en cierta medida. En la década de los noventa destacaron tres movimientos guerrilleros que tampoco pueden ser considerados terroristas: el Ejército Zapatista de Liberación Nacional, el EPR y el ERPI. Ellos han sido cuidadosos de no molestar a la sociedad civil y sólo atacar al Ejército y al gobierno.

El tema del terrorismo debe de analizarse en México aunque no sea todavía uno de los principales asuntos de nuestra agenda política. Si no se quiere considerar al problema como uno "mexicano" por razones políticas y tal vez chauvinistas, sí se debe de identificar qué fue lo que evitó que nuestra historia posrevolucionaria no tuviera actos terroristas a los niveles que ha tenido en el mundo en los últimos años. Afortunadamente, al final del milenio, México no tuvo ninguna tragedia memorable respecto al terrorismo. Por el contrario, en las épocas de persecución ideológica hemos dado asilo a perseguidos políticos considerados terroristas, aunque últimamente ya no hemos sido tan generosos, luego de que hemos devuelto a los vascos. En otros momentos albergamos a personalidades como a León Trosky y el Cha de Irán. Este últimc fue bien recibido, pero cuando salió por razones de salud ya no se le aceptó nuevamente. El Cha no fue admitido nuevamente, entre otras cosas, porque se temían posibles atentados como represalia por parte de sus opositores y por la imprudente declaración del secretario de Estado de Estados Unidos en donde manifestaba que "deberíamos volverlo a recibir".

La población mexicana tiene pánico y terror ante la delincuencia al interior del país y a las recurrentes crisis económicas, pero hasta ahora poco ante el terrorismo; esta situación yace en el poco trato que se le da al tema y en parte, en que el mexicano común ve al terrorismo como un problema ajeno. Un caso poco tratado y en ocasiones poco perseguido, es el de los mexicanos que tienen pavor al cruzar la frontera y enfrentarse con ciertos rancheros estadounidenses que les disparan cuando se introducen en sus fincas, no obstante, en todo caso eso es asesinato, aunque se dé de manera clandestina y a veces no se tengan los elementos para acusar a los culpables.

Luis González de Alba[23] nos da una postura interesante acerca del terrorismo en México. Desde su perspectiva una clase de terrorismo fue ejecutada por el Ejército mexicano cuando colgaban a los cristeros en los caminos como hecho intimidatorio. Asimismo, los cristeros cometían actos de terrorismo cuando perseguían y ultrajaban a los maestros laicos que promovían la educación sexual. En referencia al terrorismo de Estado, el hecho más lamentable desde su perspectiva fue el 2 de octubre de 1968 en Tlatelolco, realizado por el llamado "Batallón Olimpia", por-

23 González de Alba, Luis, "El terrorismo en México", *Nexos*, México, septiembre de 2002, pp. 108-110.

que este evento tuvo un fin intimidatorio, enfocado a los asistentes del mitin y a los estudiantes en general. Los elementos de esta argumentación se basan en que fue una operación clandestina con la que se provocó terror. Sin duda éste es un tema delicado en México aun hoy en día.

González de Alba también concibe a los sucesos del 10 de junio de 1971 como terrorismo de Estado. Este hecho contó, en palabras suyas, con los elementos conceptuales antes mencionados, como el ataque violento en contra de la población civil y la emisión de un claro mensaje coercitivo en contra de los manifestantes del mitin de ese día. Al grupo paramilitar los "Halcones" se les responsabiliza de atacar a estudiantes para amedrentar cualquier acto semejante en el futuro. En su opinión, parte de estos actos de represión formaron un caldo de cultivo propio para las posteriores guerrillas de los ochenta.

VIII. Propuestas para solucionar el terrorismo

Los gobiernos, los actores políticos y los investigadores académicos sugieren distintas fórmulas para solucionar el problema del terrorismo. El gobierno de George W. Bush, en Estados Unidos, ha decidido atacar por medio de la fuerza a cualquier indicio de terrorismo o a cualquier país que proteja a los terroristas. El gobierno de Gran Bretaña, encabezado por Tony Blair, está dispuesto a apoyarlo, aunque curiosamente nunca ha hecho un llamado colectivo para solucionar sus problemas internos de terrorismo. Por otro lado, algunos países europeos consideran que el problema palestino es un error de política internacional, debido en parte a la incondicionalidad de Estados Unidos con Israel. También en el mundo árabe y como se dijo, en Europa, entienden que mientras no se resuelva el problema con los palestinos el terrorismo no bajará de sus actuales magnitudes. La postura de los terroristas es, por supuesto, que la violencia no cesará hasta que se cumplan sus demandas políticas y esto tampoco es siempre realizable.

Un fragmento del libro "El traidor"[24] de William Somerset Maugham nos recuerda la posición de cada parte ante el terrorismo. Asherdem es para los ingleses el agente que les ayudará a capturar al líder separatista indio durante la Segunda Guerra Mundial. Chanda Lai busca la independencia de la India pero para conseguirla recurre a actos terroristas. La conversación entre Asherden y su jefe R. va encaminada a atrapar al terrorista indio, pero no a resolver sus demandas políticas:

> A. —No puede uno por lo menos de (*sic*) sentirse impresionado ante un hombre que posee el valor de enfrentarse prácticamente solo a todo el poderío inglés en la India.
>
> R. —Yo no me pondría sentimental si estuviera en su lugar. No es nada más que un peligroso criminal.
>
> A. —Supongo que no utilizaría bombas si pudiera mandar unas cuantas baterías y media docena de batallones. Utiliza armas que están a su alcance. No puede usted reprocharle eso. Después de todo, no está luchando para sí mismo. ¿No? Está luchando por la libertad de su país. Si lo observamos así, parece que sus acciones están justificadas.
>
> Pero R. No podía entender lo que su interlocutor le estaba hablando.

La ficción a veces no está tan lejos de la realidad. Los países que sufren de actos terroristas en ocasiones no escuchan las demandas políticas ni aun por su propio interés. Un argumento realista al respecto es el que nos da Simon Peres en referencia al terrorismo palestino. El ex primer ministro de Israel expuso en una entrevista con Silvia Cherem en México la urgencia de comprender el problema del terrorismo para luego solucionarlo:

> —¿Cuál es la solución para resolver el terrorismo?
>
> —Pienso que de nada sirve matar a los moscos que zumban en las aguas estancadas si no se seca el pantano. El terrorismo no sólo

24 Somerset Maugham, William, *El traidor*, México, El mundo, 1998, p. 68.

se combate con medios militares, sino también con propuestas políticas. Las razones que generan un caldo de cultivo para el terrorismo son la falta de esperanza y las pésimas condiciones en los territorios[25] (ocupados).

Estoy de acuerdo con Peres en que el terrorismo se debe de combatir desde sus orígenes y no nada más siendo reactivos a las agresiones de los ataques terroristas. El fango del "pantano" es creado precisamente por la falta de propuestas políticas. Todo enfrentamiento bélico es un fracaso político y también un desacierto diplomático cuando se pasa al ámbito internacional. Aunque a veces no lo parezca, siempre es más productivo negociar que pelear, sin importar que se gane la batalla. Los terroristas están acostumbrados a organizarse en la clandestinidad y están predispuestos a ser atacados, por lo que las acciones represivas sobre ellos sólo resuelven el problema momentáneamente y justifican su *modus operandi*. Su discurso, por disparatado que sea, debe de tener alguna argumentación lógica y demandas explicables. La complejidad del problema reside, entonces, en ventilar y resolver sus demandas políticas sin caer en el chantaje; éste es un reto duro para cualquier gobierno, pero no imposible. Se les puede brindar "dignidad" y respeto jurídico, pero lo que no se les puede dar es sumisión y privilegios fuera del marco jurídico. Cuando los terroristas ya no tengan una ideología y demandas políticas con argumentación lógica, ya sin un discurso que tenga repercusiones políticas, pueden pasar a ser criminales comunes y por ello ser procesados jurídicamente sin connotaciones políticas y sin que esto genere nuevos focos terroristas.

En un artículo publicado en el periódico *Reforma* Carlos Fuentes[26] describe a manera de pregunta parte de las acciones esta-

25 Cherem, Silvia, "Entrevista a Shimon Peres", *Reforma*, México, 13 de enero del 2003, p. 30 A.

26 Fuentes, Carlos, "¿Qué tal?", *Reforma*, México, 27 de enero del 2003, p. 23 A.

dounidenses, que él considera fomentaron el actual terrorismo, presuntamente "islámico". Desde el punto de vista de Fuentes, Estados Unidos es responsable de armar a Sadam Hussein para fortalecer a Iraq en contra de los ayatolas iraníes. En "¿Qué tal?" el candidato a premio Nobel de literatura expone que Estados Unidos tiene una clara responsabilidad en los conflictos bélicos de Medio Oriente y en el desarrollo del terrorismo en la zona. Fuentes responsabiliza al gobierno de George Bush padre de armar a Osama Bin Laden y al grupo político-religioso conocido como Talibán para luchar en contra de la presencia soviética en Afganistán. Asimismo, el escritor de *La región más transparente* argumenta que Estados Unidos, pudiéndolo hacer, no le ha dado un ultimátum al gobierno de Israel para devolver los territorios palestinos, obedecer las resoluciones 194 y 242 del Consejo de Seguridad de la ONU y, eventualmente, promover la seguridad regional con la creación de un Estado palestino independiente.

Asimismo, Fuentes considera que Estados Unidos desvío la atención de la opinión pública occidental en el terrorismo, con el fin de preparar un guerra en contra de Iraq. Sin embargo, la simpatía que "Occidente" tiene en el combate contra del terrorismo puede disminuirse, si no se comprueba que Al Qaeda y Bagdad tienen una relación real. Asimismo, una virtual intervención en Iraq puede despertar rechazos masivos en Europa y en el mismo Estados Unidos, sin hablar de las posibles protestas del mundo árabe y de la resistencia iraquí en el mundo. Como en el caso de Vietnam, la opinión pública estadounidense le podría retirar su confianza al presidente. Finalmente, la invención del "eje Bagdad-Teheran-Pyonyang", y un ataque bélico por parte de los Estados Unidos, corren el riesgo de fomentar el terrorismo en lugar de combatirlo. Carlos Fuentes también critica, en otro artículo, la discrecionalidad de Estados Unidos para ser juez y policía en su lucha contra el terrorismo. Pues es muy cómodo que "si a Washington le disgusta un país o un gobernante, lo acusa de terrorista y listo",[27] con ello cuenta con un argumento para invadirlo y acomodar un nuevo gobierno a su conveniencia.

En mi opinión, la manera en que debemos de rechazar al terrorismo debe de ser tema de debate pero también de análisis. Responder con una guerra cuando se cometa un acto terrorista sería buscar una solución directa y un tanto acomodaticia, pero no resolvería el problema de fondo. No se puede atacar a la sociedad civil de otros países como si fueran criminales y esta es la violencia que principalmente estamos criticando en los terroristas. Michael Walzer hace una aproximación al respecto en "Cinco preguntas sobre el terrorismo":[28]

> "Guerra" es aquí una metáfora, pero la guerra real es una parte necesaria de la "guerra", pero la guerra real es parte necesaria de una guerra metafórica. Puede ser la única parte en la que la doctrina de la "guerra justa", frecuentemente invocada, sea pertinente. Tendremos que buscar otras clases de conducción ética —aunque no ajenas— en otros frentes. Es común la pregunta de la justicia en la guerra real, y también lo es la respuesta —aunque la respuesta sea más sencilla en cuanto a los principios que en cuanto a la práctica—. Al luchar contra los terroristas no debemos de apuntar hacia las víctimas inocentes (es lo que hacen los terroristas); idealmente debemos de acercarnos lo suficiente al enemigo para estar seguros, no sólo de que estamos apuntando hacia ellos, sino también de que les estamos dando. Cuando luchamos desde lejos, con aviones y misiles, tenemos que establecer gente dentro, en tierra, para seleccionar los blancos, o tenemos que contar con muy buenos servicios de inteligencia; y debemos abstenernos a sobrestimar la inteligencia de nuestras bombas inteligentes. No es un crimen, supongo, la arrogancia tecnológica, pero puede tener muy malos resultados, de modo que es mejor dejar un margen amplio al error.

27 Fuentes, Carlos, "Los EE. UU., su propio enemigo", *Reforma*, México, 6 de septiembre del 2002, p. 16 A.

28 Walzer, Michael, *op. cit.*, pp. 28 y 29.

Comúnmente se invoca aquí la regla de la proporcionalidad: las muertes y las heridas civiles, llamadas con eufemismo "daños colaterales", no deben ser desproporcionados con respecto al valor de la victoria militar que se busca.

Por su parte, el economista peruano Hernando de Soto[29] considera que la mejor forma de combatir el terrorismo es haciendo sentir a los terroristas que hay un marco jurídico que los protege y que la justicia puede estar de su lado. De Soto ha sufrido por lo menos tres ataques terroristas, no obstante, en libros como *El misterio de capital* es crítico de cómo las potencias mundiales sacan más provecho del neoliberalismo que los países en desarrollo, lo que también es una queja de variados grupos terroristas. Para De Soto el capitalismo debe combatir el terrorismo, no fomentarlo y crear, por su parte, un régimen legal más justo que mejore las actividades económicas y la productividad de las regiones pobres del mundo. De Soto acierta en decir que no se les puede dar la misma solución a los diferentes movimientos terroristas del mundo, pues tienen diferencias políticas, ideológicas, culturales y económicas, entre otras.

La batalla en contra del terrorismo puede comenzarse atacando el origen del mismo. La tarea entonces empezaría por prevenir futuros atentados, hacer retroceder a las células terroristas y refutar los motivos que las mueven para que no obtengan financiamiento de quienes se identifiquen con sus luchas ideológicas. El actuar racionalmente en el problema de terrorismo no implica alejarse de la justicia y los ideales liberales, sino por el contrario, permite proteger a los ciudadanos a futuro, lo que finalmente es la función del Estado. Al combatir el terrorismo, la parte de los gobiernos que debe dar la cara en la solución de las controversias terroristas es la política, la diplomacia, y no la militar; los políticos y los diplomáticos tienen como esencia la gestión social

29 Ver artículo de editorial en "The economist versus the terrorist", *The Economist*, Londres, febrero de 2003, 1st-7th.

y la negociación, y es por ello que pueden ser más efectivos en disolver al terrorismo desde la raíz a diferencia de los militares.[30]

Los terroristas no sólo deben de encontrar hostilidad y rechazo ante sus ataques de violencia, sino también salidas políticas a sus demandas ideológicas; sin que esto demerite el marco jurídico, los intereses del Estado y la ciudadanía. Asimismo, la política exterior de los países que pretendan combatir el terrorismo por medio de ésta debe mostrarse preocupada por el problema pero no dar una cara ofensiva sin razón alguna. Al mantener una posición agresiva ante los países considerados sospechosos de tolerar el terrorismo se está poniendo sobre aviso a los terroristas y se les está dando nuevos elementos para que ellos justifiquen que se están defendiendo de los países que precisamente pretenden combatir el terrorismo. Una forma para luchar en contra del terrorismo podría ser: entender las ideologías de los terroristas y dar un cause político a sus demandas, antes de que éstas se conviertan en actos violentos de protesta.

IX. PROSPECTIVA Y RETROSPECTIVA DEL TERRORISMO

Por todo esto y con base en la objetividad que exige el tema, este trabajo no se encarga de ilustrar el terror sino de compilar opiniones acerca de los orígenes del terrorismo, de cómo prevenirlo y plantear un marco legal al respecto. Cabe recalcar que, esta tarea no podría realizarse con una visión subjetiva o unilateral del problema, porque el estudio del terrorismo tiene un carácter multidisciplinario y también reflexivo. Es por ello que se convocó a especialistas de gran conocimiento en la materia, dándoles libertad en la orientación teórica o formal que ellos eligieran, a partir de sus preferencias personales y profesionales frente al tema del terrorismo. Con esto, la presente obra pretende convertirse en una fuente de consulta actual acerca del tema,

30 Walzer, Michael, *op. cit.*, p. 30.

con distintos puntos de vista, pero asentada en un marco de seriedad y reflexión académica.

Todos los colaboradores de este libro tuvieron ideas originales y preciadamente valiosas. Todos coincidimos en rechazar al terrorismo y tratar de erradicarlo a toda costa con medios legales. Sin embargo, por una peculiar coincidencia, ninguno de los colaboradores se ocupó de México y esto reforzó mi interés en estudiar el caso de nuestro país. Asimismo, esta situación me llevó a tener dos conclusiones importantes al respecto. No hay eventos capitales que tengan que ver con el terrorismo en la historia de México. Y el tema se ve como algo lejano, en parte porque no queremos aceptar que haya pasado en nuestro país y en parte porque el terrorismo es un fenómeno principalmente urbano, que se da cuando los actores inconformes no tienen ya una salida política. Diríamos que, en lo que nuestro país no ha sido exitoso en cuanto a fortuna económica y eficiencia administrativa, sí lo ha sido en cuanto a gestión política interna. No obstante, consideré importante citar a los eventos y a las organizaciones que más se acercaran a la definición de terrorismo en la historia mexicana, lo que el lector ya tuvo oportunidad de percibir en los párrafos anteriores.

En el plano teórico resaltan los trabajos de Ulises Schmill y Sergio García Ramírez, quienes nos dan una introducción muy prudente del terrorismo de manera objetiva y general. Las reflexiones de Emilio Cárdenas y Patricia Olamendi ofrecen un bosquejo fresco de la historia de los actos terroristas y resaltan la actualidad que adquirió el tema después del 11 de septiembre de 2001. Una constante de los trabajos es el planteamiento de una regulación jurídica ante el problema del terrorismo. Por ejemplo, Manuel Tello y Francisco Olguín ilustran de manera extensa el marco jurídico al respecto y la competencia de Naciones Unidas, mientras que Bernardo Sepúlveda se preocupa por la seguridad colectiva. Asimismo, creo que la participación de Adrián Beamish será de especial interés para el lector dado que es la visión de un académico del Reino Unido que está familiarizada con el tema y ciertamente con los hechos. Hidelgard Stausberg trata la posición antiterrorista y antibélica de Alemania, después del 11 de septiembre del 2001 y Allem Seassoms discurre sobre el terrorismo en Estados Unidos, ambos tienen un conocimiento profundo de sus países y el inmediato manejo del tema. Finalmente, se coloca como apéndice a la contribución de Fernando Perpiñá Robert, quien hace una breve pero valiosa reseña sobre el terrorismo desde un punto de vista español. No quisiera repetir lo que ya elocuentemente escribieron nuestros autores acerca del terrorismo. Estoy seguro de que las lecturas hablarán por sí solas, por lo que no me queda más que invitar al lector a que las revise y valore, con su ojo crítico y acertado, la trascendencia de la obra en su conjunto.

TERRORISMO Y DEMOCRACIA

Ulises SCHMILL ORDÓÑEZ*

SUMARIO: I. *Introducción*. II. *El modelo del mandato*. III. *Elementos en el paradigma del terrorismo*. IV. *La igualdad como fundamento conceptual reconstructivo de la democracia y el principio de mayoría*. V. *Terrorismo y democracia*. VI. *Terrorismo y anarquismo*. VII. *Bibliografía*.

I. INTRODUCCIÓN

En este ensayo se harán algunas consideraciones de carácter puramente analítico, sobre las relaciones entre los conceptos de "terrorismo" y "democracia". Se hará una construcción teórica de los mismos, con base en las variaciones posibles que puede sufrir el modelo del mandato, el que, por otra parte, ha servido para la construcción de un modelo positivista del derecho. Por tanto, el lector de este ensayo no debe esperar encontrar aportaciones, producto de una investigación empírica, sobre el fenómeno del terrorismo. Algunas de las tesis que se aceptan son verdades conocidas por todos. La justificación de este ensayo consiste en que, en relación con esas tesis, se ofrece una fundamentación en la teoría del mandato y se hace explícito cómo un concepto adecuado de la democracia permite comprender, con

* Fue magistrado del Tribunal Fiscal de la Federación, embajador en Austria y Alemania y presidente de la Suprema Corte de la Nación. Es profesor de tiempo completo en el ITAM.

un poco más de claridad, su contraposición con los sentidos subyacentes en los actos de terrorismo.[1]

II. EL MODELO DEL MANDATO

Desde el inicio de la época moderna, en especial, a partir del siglo XVII, con Grocio, Pufendorf, Tomasio y Hobbes,[2] se ha concebido al derecho con base en el concepto del mandato, entendido como la expresión de la voluntad de un sujeto dirigida a otro, con objeto de determinarlo a que realice una conducta específica, aquella que es, precisamente, la materia del mandato. Esta corriente doctrinal que toma al mandato como punto de partida para comprender al derecho ha sido retomada en épocas más recientes, de manera muy brillante, por Bentham,[3] Austin,[4] Kelsen[5] y Hart.[6] No es este el lugar para exponer las distintas modalidades que el concepto del mandato adquiere en las teorías de cada uno de estos autores. Lo único que me interesa destacar es una característica, muy notable, de la teoría de Kelsen, que no se encuentra en ninguno de los autores mencionados, que le permitió construir lo que es posiblemente la teoría más completa y original sobre el derecho en el siglo XX.

1 Algunos textos sobre la democracia, que he publicado en otro lugar, serán utilizados en este ensayo. El terrorismo es una situación tan grave socialmente que el análisis de sus supuestos y características conduce, de manera necesaria, a tocar temas fundamentales de la teoría del derecho y del Estado, algunos de los cuales se encontrarán bosquejados brevemente en este ensayo.

2 *Cfr.* las excelentes y claras exposiciones de las teorías de estos autores en el libro de Olivecrona, Karl, *Law as Fact*, Londres, Stevens & Sons, 1971.

3 *Cfr.* Bentham, Jeremy, *Of Laws in General*, Edited by H. L. A. Hart, University of London, The Athlone Press, 1970, cap. I.

4 *Cfr.* Austin, John, *Lectures on Jurisprudence*, Verlag Detlev Auvermann KG, Glashütten im Taunus, 1972, lect. I.

5 *Cfr.* Kelsen, Hans, *Teoría pura del derecho*, trad. Roberto J. Vernengo, México, UNAM, 1979.

6 *Cfr.* Hart, H. L. A., *El concepto de derecho*, trad. Genaro R. Carrió, Buenos Aires, Abeledo Perrot, 1968, cap II.

Todos los autores que aceptan al concepto del mandato como el punto de partida teórico para la determinación de las características esenciales del derecho, aceptan que el mismo se encuentra relacionado, de manera directa en unos autores e indirecta en otros, con el concepto de la coacción, es decir, de la imposición a determinado sujeto de una sanción, incluso por medio de la fuerza física, *i.e.*, con violencia, para el caso de incumplimiento de la norma constitutiva del mandato. La sanción o castigo es, entonces, concebida como algo ajeno al mandato, como un posible acontecimiento situado en el plano de la realidad, que determina su concepto de manera esencial, pero que no forma parte integrante del mismo. Hay un mandato, se afirma, cuando existe la expresión de una voluntad (o del deseo) de una cierta persona para que otra se comporte de conformidad con el contenido de esta voluntad manifestada y el emisor del mandato se encuentra en posición de poder infligir un mal, la sanción, para el caso de incumplimiento del mandato. Lo que interesa destacar es que en esta *teoría de la coacción externa al mandato*, como la podemos denominar, se encuentra el fundamento de la concepción dualista del derecho y el Estado, en la medida que éste se concibe como un aparato real coactivo, es decir, como poder y aquél como la norma cuyo cumplimiento ha de estar garantizado por medio de dicha coacción externa. Tenemos, entonces, por un lado, normas imperativas de mandato, que expresan la voluntad de un sujeto para que otro se comporte de cierta manera y, por otro lado, una organización real y efectiva encargada de sancionar el incumplimiento de los mandatos.

La novedad de la teoría de Kelsen consiste en una decisión metodológica muy importante y de grandes consecuencias: en vez de considerar a la norma como un imperativo cuyo contenido es la conducta querida por el emisor del mandato y a la coacción como exterior al mandato, decidió introducir la coacción dentro de la semántica del mandato, dentro de su significado, no considerándola exterior al mismo. Con ello, el contenido fundamental de las normas consiste en las facultades de los órganos competentes para imponer la sanción establecida en la propia norma, bajo la condición de la realización de una cierta conducta específica establecida, también, en la propia norma. Se operó, en consecuencia, una revolución en la concepción sobre el derecho. Con este paso conceptual, el derecho es concebido como un conjunto de normas cuya esencia es expresada por medio de enunciados que establecen qué debe ser la coacción dirigida contra una persona si se dan ciertas condiciones establecidas en las propias normas. De esta manera, los enunciados que describen a las normas jurídicas tienen una forma condicional o, como dice Kelsen con una terminología usada por los lógicos del siglo antepasado, son juicios hipotéticos que enlazan una coacción a ciertos supuestos o condiciones. Este procedimiento conceptual lo he denominado *interiorización semántica de elementos contenidos en el paradigma del mandato.* Kelsen nunca explicitó este procedimiento, pero lo realizó.

En consecuencia, tenemos los siguientes elementos: un sujeto (el emisor del mandato), que se encuentra en una situación aversiva y desea o quiere que otro sujeto (el destinatario del mandato) se comporte de cierta manera; para lograr que éste realice la conducta deseada emite un mandato que la especifica y establece el mal con el que amenaza al destinatario del mandato para el caso que éste no realice dicha conducta deseada. Por lo tanto, desglosando lo anterior encontramos:

1. Un sujeto determinado (el emisor del mandato).
2. Un sujeto receptor (destinatario del mandato).
3. Situación aversiva en que se encuentra el emisor del mandato (situación aversiva).
4. El emisor establece, crea o produce un mandato (emisión del mandato).
5. El emisor del mandato se encuentra en la posibilidad fáctica de infligir un mal al destinatario para el caso de que no realice la conducta deseada, es decir, que incumpla con el mandato emitido (capacidad de sancionar).

6. El emisor especifica el mal con el que amenaza y las condiciones que deben darse para que ejecute el mal con el que amenaza al destinatario (determinación de la sanción y de sus condiciones).
7. Recepción del mandato y de la amenaza por parte del destinatario (recepción del mandato).
8. La función del mandato es la obtención de un reforzador, primario o secundario, positivo (obtener un beneficio) o negativo (librarse de una situación aversiva) (finalidad de la emisión del mandato).
9. Conducta del destinatario cumpliendo o no con el mandato (cumplimiento o no del mandato).
10. Conducta del emisor del mandato infligiendo un mal al destinatario en caso de incumplimiento del mandato, *i.e.*, si realiza las condiciones de la sanción o retirando la amenaza de infligir un mal (imposición de la sanción).

A partir de estos elementos y haciendo diversas *generalizaciones* sobre cada uno de ellos se puede obtener una teoría parcial sobre el derecho, lo que no se hará en este lugar.[7] Lo único que interesa observar es que la estructura de la norma jurídica complementada semánticamente con la interiorización en ella de la sanción y sus condiciones reproduce de manera muy esquemática el proceso sicológico de la motivación por medio del procedimiento denominado por los conductistas como *reforzamiento negativo*.

III. Elementos en el paradigma del terrorismo

En un ensayo muy interesante aparecido en *The Atlantic* en junio de 1986 cuyo título es "Thinking about Terrorism" su au-

7 *Cfr.* Schmill, Ulises, *Reconstrucción pragmática de la teoría del derecho*, México, Themis, 1997, caps. II y III.

tor O'Brien hace una serie de consideraciones que es conveniente reproducir brevemente en este lugar. Afirma que en lugar de calificar al terrorista como un delincuente, un asesino, un rufián y un mafioso, lo más conveniente es atender a la situación en la que se encuentra y a la forma en que actúa, o puede esperarse que actúe, dadas esas situaciones. Afirma que el terrorista:

1. Tiene uno o varios agravios, que comparte con los miembros de una comunidad más amplia (= 3, situación del emisor).
2. Posee cantidades significativas de poder, prestigio y acceso a riquezas, que posibilitan la causación de daños notorios (= 5, capacidad de sancionar).
3. Intenta obtener poder, prestigio y privilegios dentro de la comunidad a la que pertenece por medio de los actos violentos que lleve a cabo (= 8, finalidad de la emisión del mandato).
4. Como los demás miembros de su grupo, lo impulsa el odio y es un satisfactor importante realizar los actos a los que lo impulsa su odio (= 8, finalidad de la emisión del mandato).

En un ensayo no publicado, Ernesto Garzón Valdés, cuyo título es *El terrorismo político no institucional. Una propuesta de definición*, construye, paso a paso, a partir de las observaciones de los actos terroristas, la siguiente definición del terrorismo no institucional:

> El terrorismo político no institucional es un método expansivo de la amenaza o del uso intencional e imprevisible de la violencia por parte de individuos o grupos no gubernamentales destinado a provocar en una sociedad el temor generalizado infligiendo daños inevitables a personas inocentes con miras a influir en el comportamiento de terceros a fin de obtener objetivos políticos fanáticamente percibidos como no negociables.

Por su parte, Noam Chomsky ofrece la siguiente definición, menos elaborada que la de Garzón, que contiene algunos de los datos que están incluidos en la más comprensiva de Garzón: "el terror es el uso calculado de la violencia o la amenaza del uso de la violencia para alcanzar objetivos ideológicos, políticos o religiosos a través de la intimidación, la coerción o el miedo".[8]

En el paradigma del mandato que se presentó más arriba hay una secuencia temporal de los acontecimientos, sin la cual no es posible entender los procesos de condicionamiento de la conducta. El emisor del mandato se encuentra en una situación aversiva y emite un mandato dirigido al destinatario, con las características que se especificaron. El destinatario recibe y comprende el mandato que se le dirige y actúa en consecuencia, para reducir la situación aversiva en que lo ha colocado el emisor del mandato, mediante la realización de la conducta deseada por el emisor, la cual es reforzante para éste. Todos estos elementos se encuentran en el acto terrorista, pero de manera oculta o implícita, no manifiesta. Lo único inmediatamente perceptible es un acto de violencia, que produce daños muy grandes y, en ocasiones, muchas muertes de "personas inocentes", como dice Garzón Valdés. La secuencia de acontecimientos en el paradigma del mandato se encuentra manifiestamente invertida en la conducta del terrorista, aunque su estructura profunda es la misma. La siguiente es la secuencia de eventos para el caso de emisión de un mandato y de incumplimiento del mismo:

1. Situación aversiva del emisor del mandato.
2. Emisión del mandato coactivo.
3. Recepción del mandato por el destinatario.
4. Incumplimiento del mandato por parte del destinatario.
5. Ejecución de la sanción por el emisor contra el destinatario del mandato.

8 Chomsky, Noam, *El terror como política exterior de Estados Unidos*, trad. Carlos Abousleiman y Octavio Kulesz, Buenos Aires, Libros del Zorzal, 2001, p. 35.

Esta secuencia de hechos está ordenada temporalmente, en el caso normal y típico de un mandato, de manera tal que, por ejemplo, el hecho marcado con el número 4 no puede darse en una posición anterior. Así con todos los demás elementos.

En el caso del terrorista puede afirmarse que se encuentra en situación aversiva, pero lo que primero se tiene es:[9] acto de violencia contra ciertos bienes y/o una pluralidad indeterminada de personas.

Las sanción impuesta a los delincuentes o los castigos infligidos a los infractores o el balazo que recibe el asaltado por parte del asaltante es la consecuencia de un acto específico determinado, realizado por él mismo, conocido y establecido como condición del acto de violencia. En el caso del terrorista, su acto de violencia surge aparentemente de la nada, sin que se le pueda relacionar específicamente con otro acto de una o varias personas determinadas o con uno o varios actos históricamente determinables en el momento de realización de la violencia terrorista. Por lo tanto, existe el acto de violencia o de infligir un daño (contagio por medio de la bacteria del ántrax, por ejemplo) a otra u otras personas y eso es todo lo que hay. Todos los demás elementos que se encuentran presentes en la emisión de un mandato y su cumplimiento o incumplimiento son desconocidos y no aparentes, aunque llegue a conocerse su existencia con posterioridad, cuando se haga la investigación correspondiente o el terrorista se atribuya el hecho. Por lo tanto, los diez elementos que hemos expuesto se encuentran en el acto terrorista, pero *no en la secuencia expuesta*, sino ocultos y que pueden llegar a ser determinados con posterioridad. Ésta es una característica importante, porque es la que *produce el efecto* que el terrorista quiere obtener: la *generación del terror* en una población determinada. Esta ignorancia se encuentra presente en los caracteres

9 Utilizaremos la expresión "acto de violencia" para referirnos a aquellos actos claramente violentos, donde se hace uso de la fuerza física y, también, para referirnos a aquellos actos que sin implicar violencia, infligen daños considerables, como en el caso de contagio por virus, bacterias o sustancias químicas.

definitorios del terrorismo que Garzón Valdés toma en cuenta en su definición:

a) imprevisibilidad de la violencia;

b) provocación de un temor generalizado;

c) daños inevitables;

d) individuos o grupos no gubernamentales no específicamente determinados.

El destinatario de un mandato sabe cómo debe comportarse o, incluso, como se comportará ante la amenaza concreta; sabe qué conducta le exigen realizar y sabe cuáles son las consecuencias en caso de que la realice o en caso de que omita su realización. La emisión del mandato excluye la inseguridad. Nada de esto acontece con el acto terrorista: el desconocimiento de esos elementos genera en la sociedad respectiva temor intenso, que es calificado como terror.

La razón por la cual se ha expuesto la doctrina del mandato como modelo reducido de una sociedad y su derecho es la siguiente: todos los elementos del mandato se encuentran en el acto terrorista, sólo que modificados y ocultos. En realidad, una vez que se determinan los elementos ocultos en el acto terrorista es posible acomodarlos y comprenderlos con el modelo del mandato. Es una modalidad de realización de este modelo. El sentido de la conducta del asaltante es el mandato; el sentido o significado de la conducta del acto terrorista es un mandato, no formulado,[10] que intenta conseguir una cierta conducta de los actores políticos o un cierto resultado específico. El acto terrorista tiene como mira "influir en el comportamiento de terceros", dice la definición de Garzón. La forma de hacerlo es con el mandato

10 No puede uno dejar de pensar en el cuento de Franz Kafka *En la colonia penitenciaria* en donde las personas sancionadas conocían la norma que habían violado por la lectura que de ella realizaban sobre su cuerpo, en virtud de que una máquina se encargaba de escribir la norma respectiva sobre su carne, utilizando una serie de agujas de diverso tamaño movidas por un mecanismo descrito con toda minuciosidad. Eso hace la sociedad en donde se llevan a cabo los actos terroristas: la sociedad lee en el cuerpo de las víctimas las normas que el terrorista considera se han violado en su perjuicio y que constituye el agravio específico del mismo.

implícito no formulado en que consiste el sentido de la conducta del terrorista, de la misma forma que una norma jurídica es el sentido o significado del acto de su establecimiento y el mandato es el sentido del acto de emisión. Pero esto tiene una finalidad, según Garzón: "obtener objetivos políticos fanáticamente percibidos como no negociables". El fanatismo es una función del grado de aversividad de la situación en la que se encuentre el terrorista, como la señala O'Brien. El elemento de la no negociabilidad es muy importante, porque es el que nos permite relacionarlo con el concepto de la democracia.

IV. La igualdad como fundamento conceptual reconstructivo de la democracia y el principio de mayoría

El concepto de libertad ha sido el contrapunto de toda especulación social y se ha utilizado como fundamento de la democracia. Estrechamente unido al concepto de libertad; es más, indisolublemente conectado con él, se encuentra el concepto de igualdad, de manera que uno y otro no pueden ser aplicados a la realidad social separadamente, pues el concepto de la libertad entraña el de la igualdad y viceversa, para la comprensión del orden jurídico democrático. Esto es fácilmente comprensible con sólo hacer la siguiente reflexión: si los hombres son libres en la medida en que no se encuentran sometidos a la voluntad de ningún otro hombre, entonces son iguales en ese respecto, debido a que no puede predicarse de ningún hombre que se encuentra en una relación de superioridad normativa respecto de cualquier otro. Si todos son libres, entonces son igualmente libres. Y también a la inversa: si todos los hombres son iguales, ninguno se encuentra sometido normativamente a otro hombre y, por lo tanto, son libres. Aunque ambos conceptos se coimplican, con objeto de fundamentar a la democracia puede enfatizarse uno a costa del otro, obteniéndose con ello una fundamentación diferente.

El concepto de la igualdad es rechazado generalmente como fundamento de la democracia y del principio de mayorías que le es característico. Kelsen rechaza que pueda derivarse el principio de mayorías del concepto de la igualdad política. Dice:

> De esta idea (de la libertad) ha de derivarse el principio de mayorías, y no de la de igualdad, como suele hacerse. Sin duda, el supuesto del principio mayoritario es la igualdad de las voluntades humanas. Pero esta "igualdad" no es más que una imagen, no puede significar el que todas las voluntades y personalidades humanas puedan efectivamente medirse y adicionarse. Sería imposible justificar el principio de mayorías diciendo que muchos votos "pesan más" que pocos. De la presunción puramente negativa de que ninguna voluntad vale más que la otra, no puede seguirse positivamente que deba valer la voluntad de la mayoría. Si el principio mayoritario deriva exclusivamente de la idea de igualdad, tiene un carácter mecánico y falto de sentido, como le reprochan los partidarios de la autocracia. Sería la fórmula decente del hecho brutal de que los más son más fuertes que los menos; y el principio de que el poder precede al derecho, no quedaría superado sino convirtiéndolo en proposición jurídica.[11]

A pesar de esta opinión, es posible derivar el principio de mayorías del concepto de igualdad política. Aunque pueda ser calificada de "chocante" la derivación del principio de mayorías del concepto de la igualdad y se le considere una manifestación "decente" de un "hecho brutal", creo que es el camino que debe seguirse para comprender a la democracia.

Si, contrariamente a lo que acontecía en Grecia y Roma, el mundo moderno postula la autonomía del individuo, entonces tiene que llegar a las siguientes conclusiones: el concepto exagerado del propio valor individual reclama y exige que toda resolución social, vinculante para un grupo de personas, sea aprobada por el individuo que va a estar sometido a la misma. Esta

11 Kelsen, Hans, *Teoría general del Estado*, trad. Luis Legaz Lacambra (de *Allgemeine Staatslehre*, Enziklopädie der Rechts — und Staatswissenschaften, 23, Band, Berlin: Julius Springer, 1925), Barcelona, Labor, 1934, p. 412.

idea llevada a sus conclusiones más consecuentes destruye su propia función, pues es incapaz de fundar conceptualmente la existencia del mundo social. Ella presupone que sólo se puede obligar *autónomamente* a los sujetos, es decir, que la obligación es una restricción *autoimpuesta*, por el propio sujeto, a sus posibles conductas o a su libertad. El fundamento de la obligación social se encuentra en el consentimiento de los sujetos que van a estar obligados por las decisiones sociales. Lo social se atomiza en la suma de las voluntades individuales y los conjuntos se disuelven en los elementos que lo integran. Si la decisión social es obligatoria para los miembros de la comunidad, entonces, bajo estos supuestos, solamente se actualiza dicha obligación en la medida que se encuentre vinculada a la aquiescencia de los miembros de la misma. Como el fundamento de la obligación está en la propia voluntad, estoy obligado en la medida en que así lo quiero. Si por cualquier eventualidad la voluntad no se inclina ante la exigencia social, ésta pierde o no alcanza a tener esa dimensión restrictiva obligatoria. Con esta teoría no puede fundarse el orden social y, menos aún, el principio de mayoría. Es el camino que sigue el concepto de la libertad, el que debería conducir al principio de unanimidad que conduce al dominio negativo del disidente, en tanto que la mayoría, incluso del 99%, no podría establecer el orden social con un cierto contenido, si hubiera un solo sujeto que no estuviera de acuerdo.

Por mi parte, creo que los conceptos que deben utilizarse para fundamentar la reconstrucción conceptual de la democracia con base en el principio de igualdad, son los siguientes:

1. La igualdad de los participantes en la votación.
2. Determinación de las fuerzas reales en el plano representativo.
3. Una métrica de las fuerzas (del poder) y de la lucha a través del cómputo de los votos.
4. La anticipación simbólica de los posibles resultados de una lucha real.

5. La finalidad de la votación mayoritaria es evitar la confrontación violenta por medio de la lucha.[12]

1. *La igualdad de los participantes en la votación*

Una observación previa. El principio de igualdad que se presupone en las votaciones democráticas tiene una función específica y única: es el fundamento conceptual necesario para establecer la métrica de las fuerzas y del poder de los diversos grupos o partidos que participan en la democracia. Además, aceptando el principio weberiano y kelseniano de la neutralidad valorativa, el principio de la igualdad no contiene valoración alguna, sino que sólo opera dentro del ámbito de la democracia para hacer posible la medición del poder y de las fuerzas de los grupos o partidos participantes

Desde siempre se ha afirmado que los miembros de un cuerpo colegiado que participan en la toma de decisiones de acuerdo con el principio de la mayoría deben ser considerados, para los efectos de la votación, como iguales, de manera que el voto de cada individuo

12 Me encontré en la *Sociología* de Simmel un párrafo que contiene tesis idénticas a las que se consignan en este trabajo, el que vale la pena transcribir por su precisión y exactitud. Debo confesar que ajusté mi terminología a la de Simmel: "Aunque, o más bien, porque en una votación los individuos valen igual, la mayoría —lo mismo si se trata de votación propia que de votación por representantes— tendría fuerza física suficiente para forzar a la minoría. La votación entonces tiene por finalidad el evitar que se llegue a una efectiva medición de las fuerzas, anticipando en el escrutinio su resultado eventual, para que la minoría pueda convencerse de la ineficacia de una resistencia efectiva. En el grupo total encuéntranse, por tanto, frente a frente, dos partidos, o, por decirlo así, dos subgrupos, entre los cuales decide la fuerza, medida en este caso por los votos. La votación presta entonces el mismo servicio metódico que las negociaciones diplomáticas, o de otro orden, entre los partidos que quieren evitar la *ultima ratio* de la lucha. En último término, el individuo, en este caso, no cede (salvando algunas excepciones) sino cuando el adversario le demuestra claramente que si llegara a una lucha perdería, por lo menos, tanto como quiere ganar. La votación, como las negociaciones, proyecta las fuerzas reales y su cómputo en un plano espiritual; es la anticipación simbólica del resultado que habrían de tener la lucha y pugnas concretas". Simmel, Jorge, *Sociología*, trad. J. Pérez Bances, Buenos Aires, Espasa-Calpe Argentina, 1939, pp. 190 y 191.

tenga un valor igual al voto de cualquier otro individuo. Este es un presupuesto imprescindible para el correcto funcionamiento plenamente democrático de una asamblea deliberativa y decisoria. En el caso de que este requisito no se cumpliera, la función de la votación sería impedida y se daría lugar a la predominancia de cualquier miembro de ella al que se le adscribiera mayor valor.

Esta igualdad no es un postulado arbitrario, pues no sería válida la afirmación de que la igualdad presupuesta en la votación es absolutamente ficticia, irreal, pues en la vida diaria de los hombres y en sus relaciones sociales no son iguales y, es más, necesariamente no pueden ser iguales. Por ello, desde esta perspectiva, ciega a la función que desempeña socialmente el principio de igualdad, se podría afirmar lo siguiente: el procedimiento democrático y la votación mayoritaria son un *constructo* artificial para favorecer, en términos de la filosofía nietzscheana, de Calicles o de Critias, a los súbditos, a los débiles, para debilitar a los fuertes e imponerse a ellos, utilizando como medios los característicos de esta clase de gentes, la mentira y las ficciones idealizadoras. En verdad, el procedimiento democrático de la votación mayoritaria es una ficción, pero no es una ficción arbitraria, es una idealización, de profundas consecuencias sociales, demasiado reales para descalificarlas con un simple gesto de desdén. En el próximo apartado se verá cuál es esta función. Lo que importa en este lugar es determinar la validez de la ficción de la idealización de la igualdad. Como veremos más adelante, la democracia establece una métrica del poder y esta métrica sólo es posible si se consideran unidades del mismo tipo, *i.e.*, iguales.

2. *Determinación de las fuerzas reales en el plano representativo*

La democracia es un *constructo* social, una institución, cuya función principal es la proyección de las fuerzas reales a un plano superior, simbólico de carácter social. Tenemos tres planos: uno real de los acontecimientos, otro de carácter contrafáctico y otro distinto, también real, de carácter simbólico o representativo. Podemos llamarlos, respectivamente *plano real, plano contrafáctico* y *plano representativo*. El primero está constituido por una serie de acontecimientos reales, que se ha presentado en el curso de la historia de un pueblo y que consiste en los intereses y los conflictos de intereses reales que existen en el grupo social. El plano representativo tiene una referencia al plano real: se refiere a él, en el sentido de que está por él, lo sustituye. El plano contrafáctico sería aquel que se presentaría en la realidad en el caso de que el plano representativo fallara en el cumplimiento de sus funciones sociales. Esto merece una aclaración breve.[13] La conceptuación del juego hecha por G. Bateson tiene

13 Hay un concepto muy interesante que introduce Goffman en *Frame Analysis. An Essay on the Organization of Experience* (Harper and Row Publishers, 1974) para la comprensión de la conducta humana: es el de "llave" o "clave" (*key*). Para introducirlo señala algunas observaciones de G. Bateson sobre el juego de los animales. Las acciones que conforman al juego están realizadas mediante la aplicación de una transformación especial a la que llama "clave" o que podríamos llamar "código". Las acciones del juego son el resultado de una "codificación", de una transformación de la conducta original a la cual se refieren.

"Rather, this play activity is closely patterned after something that already has a meaning in its own terms — in this case fighting, a well-known type of guided doing. Real fighting here serves as a model, a detailed pattern to follow, a foundation for form. Just as obviously, the pattern for fighting is not followed fully, but rather is systematically altered in certain respects. Bitinglike behavior occurs, but no one is seriously bitten. In brief, there is a transcription or transposition — a *transformation* in the geometrical, not the Chomskyan, sense — of a strip of fighting behavior into a strip of play" (p. 41).

Lo que importa destacar de estas observaciones de Goffman, obtenidas de Bateson, son varios hechos, entre muchos otros que pueden obtenerse:

a. Hay una serie de conductas que no existen aisladas, que no son autónomas, sino que son el producto de una transformación de otra serie de conductas; éstas son el modelo de aquéllas. Podemos llamarlas *conductas-modelo* y *conductas-transformadas*.

b. La secuencia de actividades que constituyen las conductas-modelo no son seguidas fielmente ni de manera completa por la serie de conductas-transformadas.

c. La función de las conductas-modelo puede ser distinta e incluso opuesta a la función de las conductas-transformadas.

d. Puede acontecer que las conductas-transformadas tengan como función la exclusión en el mundo real de las conductas-modelo.

grandes similitudes con los conceptos que se expondrán a continuación.

Lo que puede crear alguna dificultad es la expresión de que el plano representativo se refiere al plano real y al plano contrafáctico. Es más exacto decir que el plano representativo sustituye, o está por estos dos últimos planos. El plano representativo es también real, pero tiene una función distinta: es el plano institucional de la democracia tal como la hemos descrito.

El plano real y el contrafáctico se retiran a un trasfondo y sólo aparecen y se manejan dentro del plano representativo. En esto, somos constructivistas. No podemos colocar nuestros pies en el plano real, como si éste estuviera dado. Esta expresión "dado" hay que utilizarla, para rechazar su sentido. Algo ajeno al plano representativo no se puede dar en el ámbito social, pues es precisamente este plano representativo el que constituye o crea la realidad social; la invasión del plano real al plano representativo es algo que no puede ser afirmado.

El plano real sólo puede romper y destruir el plano representativo, no actuar dentro de él. El plano representativo sólo se mueve dentro del propio plano representativo y nunca pasa al plano real, so pena de ya no ser plano representativo. El ciervo europeo sustituye el ataque y la lucha real, en la que ambos contrincantes pueden resultar seriamente lesionados, por una competencia de fuerza consistente en una carrera junto al enemigo, hasta el momento que uno de los beligerantes, por cansancio, desiste.[14] El ciervo europeo cuando corre y camina con

e. La regla de transformación puede establecer una métrica específica de las conductas-modelo o de las situaciones en las que éstas se producen.

Hay muchas otras características que pueden encontrarse en los juegos y otras series de conductas-tranformadas, las que no se expondrán en este lugar, por no ser pertinentes para las finalidades del presente ensayo. Hay una clave muy importante para reconocer cuándo se concibe un proceso como una serie de conductas-transformadas: es la utilización de metáforas que se utilizan en la descripción de las conductas-modelo.

14 En el siguiente párrafo de Lorenz puede verse la formación filogenética de un ritual semejante en el que encontramos la misma proyección de la que hablamos en el

el ciervo con el que está en estado de beligerancia actúa en el plano representativo, toda vez que la carrera es la conducta recíproca que está por el combate real, lo sustituye. Si en un momento determinado, el ciervo deja de correr y empieza a atacar

texto de este ensayo: "Otra forma de amenaza se formó en muchos teleósteos y peces del género perca a partir de una embestida de frente frenada por el miedo. Los dos peces enfrentados se acercan lentamente el uno al otro, con el cuerpo preparado en forma de S, y enroscado como un resorte, listos para atacar. Por lo general abren al mismo tiempo los opérculos de las branquias o hinchan la membrana de éstas, lo cual corresponde al despliegue de las aletas en la amenaza de flanco, ya que también hace aparecer ante al adversario una gran corpulencia. Durante la amenaza frontal, sucede a veces que muchos peces tratan al mismo tiempo de apresar entre sus dientes la boca que les presenta el adversario; y de acuerdo con la situación conflictiva que da origen a la amenaza frontal, no se atacan decidida y furiosamente, en embestida o como lanzándose al abordaje, sino que siempre el encuentro es tímido y cohibido. Esta 'lucha con la boca', se ha transformado en algunas familias, como la de los peces laberinto, que son parientes lejanos de las percas, y en los cíclidos, que son sus mejores prototipos, en pautas agonísticas ritualizadas en extremo interesantes. En ellas los rivales 'miden' literalmente sus fuerzas sin hacerse daño. Estos campeones tienen las mandíbulas protegidas por una gruesa capa de cuero, difícil de atravesar, y tiran con todas sus fuerzas cada quien de las mandíbulas del otro. Así se desarrolla un forcejeo muy parecido al *Hosenwrangeln*, deporte de los antiguos campesinos suizos, que podían durar horas enteras jalándose de los pantalones cuando ambos justadores eran de fuerza igual. Y entre los cíclidos *Aequidens latifrons,* de un hermoso color azul, una vez registramos un forcejeo de este tipo, entre dos individuos de fuerza bastante igual, que duró desde las ocho y media de la mañana hasta las dos y media de la tarde.

Este 'jaloneo de boca', que en algunas especies es más bien 'estrujamiento', porque los peces se empujan en lugar de tirar uno del otro, procede, a mayor o menor distancia en el tiempo según la especie, del primitivo combate en serio. Entonces los peces se tratan sin ninguna inhibición e intentan penetrar en el flanco no protegido del adversario y herirle lo más profundamente que puedan. El ceremonial del duelo ritualizado, de la amenaza sin hacerse daño, seguido por el forcejeo destinado a medir las fuerzas era, pues, primitivamente el preludio al combate asesino destinado a hacer daño. Pero un preludio tan minucioso tiene un papel extraordinariamente importante que desempeñar, puesto que proporciona al rival poco fuerte la ocasión de dejar la palestra si ve a tiempo que no tiene esperanzas de triunfar. De este modo se realiza la función (conservadora de la especie) del encuentro entre dos rivales, que es la selección del más fuerte, sin necesidad de que haya ningún muerto, ni siquiera heridos. Solamente en el caso de que los dos campeones sean de fuerza exactamente igual ha de lograrse la decisión derramando sangre", Lorenz, Konrad, *Sobre la agresión: el pretendido mal*, trad. Félix Blanco, México, Siglo XXI Editores, 1998, pp. 127 y 128.

con los cuernos a su contrincante, el plano representativo ha sido destruido, hecho a un lado y se ha caído en el ataque inmisericorde: se ha colapsado el plano contrafáctico en el plano real, lo que quiere decir que la situación de conflicto ha llegado a tal extremo de tensión que en vez de operar en el plano representativo se está actuando en el plano en el que se ha colapsado el plano contrafáctico. Esto significa que el conflicto ha desembocado en un combate real, que era el que se intenta evitar operando en el plano representativo. Ya no hay función representativa, sólo conductas reales. Dicho de manera más simple y con objeto de presentar intuitivamente estos conceptos, puede decirse lo siguiente:

a) plano real: conflictos de intereses en un grupo o sociedad determinada;

b) plano representativo: ritualización o codificación de los conflictos sociales y medición del poder de cada facción;

c) plano contrafáctico: lucha que se produciría en caso de fallar el plano representativo;

d) colapso del plano contrafáctico: lucha real.

La determinación de las fuerzas operantes en el plano real hecha en el plano representativo es una correspondencia específica entre los dos planos mencionados. No hay adecuación alguna a una realidad dada, sino cuando mucho un cierto isomorfismo entre el plano representativo y el plano real. Aquél no es idéntico al plano real; lo construye. Una vez que se ha creado el plano representativo debe seguir operándose dentro de él y las consecuencias o configuraciones que se obtengan en él, serán consideradas por los sujetos involucrados como consecuencias que podrían producirse en caso de que se colapsara el plano contrafáctico en el plano real. Se maneja la realidad dentro del ámbito del plano representativo y hay un ir y venir, más o menos isomorfo, entre ambos planos. Ejemplo: una votación popular se encuentra en el plano representativo y construye una mayoría social, una fuerza social, respecto de la cual no existe realidad dada con la cual contrastarla. La votación crea la fuerza social correspondiente. No sabemos si uno de los ciervos beligerantes va a ganar en una pelea real, pero en el plano representativo ritual se ha constituido o creado al vencedor, como el más fuerte.

3. *Una métrica de las fuerzas (del poder) y de la lucha a través del cómputo de los votos*

El plano representativo está estructurado de tal manera que se ha establecido una métrica de la lucha y de las fuerzas que operan en el plano real de la vida social. Es cierto que se pueden contar los elementos importantes en el plano real que pudieran tener significación en el caso de un combate concreto; en el caso de los ciervos, el número posible de golpes asestados al enemigo con sus cuernos, la magnitud probable de las heridas inferidas y la gravedad de las mismas por el daño a los tejidos involucrados. Esto no podría establecerlo el ciervo, pero en el plano representativo tiene un elemento que puede experimentar con toda claridad, que indirectamente representa el resultado posible de la lucha. Si por cansancio deja de correr, mientras que el ciervo contrincante continúa la carrera, ese es un signo socialmente constituido de la mayor potencia del contrincante. El plano representativo establece una métrica específica de ciertos elementos relevantes del plano real: en la lucha, la capacidad de inferir heridas o la muerte, es decir, el poder de imponer la propia voluntad al adversario por medio del uso de la violencia física.

En el ámbito social humano, como los bienes son escasos y los conflictos son interminables, la democracia con sus procedimientos de votación ha establecido una métrica de la relativa fuerza o poder de los partidos en pugna. La pluralidad de intereses y posiciones sobre temas de importancia para el grupo social, que con facilidad puede conducir a los conflictos armados y a la lucha real y concreta, con sus consecuentes peligros e inconveniencias, hace necesario que se establezca un procedimiento que determine y construya socialmente la fuerza de cada uno de los partidos en pugna, bajo el supuesto que todos los participantes sean iguales, pues de lo contrario la métrica no es posible conceptualmente. Con ello, existe a disposición del grupo social un método específico, manejable al arbitrio de los participantes, para determinar cuál de los grupos o partidos en pugna saldría vencedor en el supuesto contrafáctico de que se llevara a cabo la lucha por la realización de los intereses que cada grupo o partido propugna. Es un método para determinar el grado de poder que cada partido en pugna pudiera ejercer. La votación mayoritaria favorable a un partido determina que es más fuerte, que tiene más poder y que, por lo tanto, momentáneamente puede imponer su voluntad, en forma de emisión de normas, en general, y leyes, en particular, a la totalidad del grupo que domina. Este es el sentido del principio de mayorías: proporciona el criterio y una métrica del poder.

4. *La anticipación simbólica de los posibles resultados de una lucha real: la regla de mayoría*

En los asuntos humanos, se ha encontrado una métrica determinada, bajo el supuesto de la igualdad de los participantes en la contienda: se cuenta el número de votos y, con ello, se determina la fuerza del contrincante y el posible resultado de una lucha podría desencadenarse por el conflicto. Más votos son, aunque parezca una verdad de perogrullo, una cantidad mayor de votos. La regla de tener por aprobada una decisión determinada con un contenido específico por haberse alcanzado la mayoría, es la representación, en el plano representativo, de la situación que prevalecería en el caso de un conflicto real cuyo resultado sería el contenido de la decisión realizado en el plano real. La operatividad de los elementos en el plano representativo y las configuraciones que se obtengan dentro de él, reflejan en este plano lo que podría acontecer en el plano real en el caso que la acción ahí se verificara. El plano representativo se refiere al plano contrafáctico: si las cosas se llevaran al plano real, lo que no es cierto, acontecería en él, exactamente lo correspondiente a lo que ha acontecido con los elementos del plano representativo. Las configuraciones que se obtienen o se construyen en el plano representativo se refieren a los elementos respectivos en el plano real, el cual tendría la misma configuración de elementos dentro de él, que el que tienen los del plano representativo.

5. *La finalidad de la votación mayoritaria es la evitación de la confrontación violenta por medio de la lucha*

El plano representativo funciona a la manera de un mapa: sustituye al plano real, se refiere a él y contiene los elementos necesarios para identificar sus características relevantes y que interesan políticamente. Es una clave social que constituye simbólicamente dentro del ámbito del código que le sirve de base, los elementos conflictivos operantes en el plano real. Antes de la votación precedida del debate parlamentario, no se sabe cómo están constituidas las fuerzas sociales y el peso de cada partido o grupo participante. Las consecuencias del colapso del plano contrafáctico en el plano real (la lucha, la violencia y la guerra) es algo que, en principio, toda sociedad intenta evitar. La actuación en el plano real es sumamente peligrosa, máxime tratándose de conflictos y luchas. En vez de enterrarse los cuernos en la carne, que puede llevar a la muerte, se puede operar en el plano representativo y anticipar lo que probablemente acontecería en caso de que se colapsara este plano contrafáctico en el plano real.

Cuando el matemático establece las funciones que operan entre ciertas magnitudes, es capaz de determinar cuáles serán las magnitudes que se obtendrían en el caso de que una de ellas variara. El matemático sólo opera en el plano de la matemática y no en el plano de la realidad. Sin embargo, existe un isomorfismo entre sus operaciones y los desarrollos de los sucesos a los que se refieren las magnitudes. Los resultados que se obtienen de resolver sus ecuaciones diferenciales se encuentran relacionados a los sucesos a los que se refieren esas magnitudes, ya sean posiciones, momentos temporales, trechos, volúmenes y cualquier elemento que tenga una magnitud intensiva. No puede decirse que el plano representativo reproduzca con exactitud las operaciones y relaciones entre los elementos en el plano real o del contrafáctico, pero sí permite obtener magnitudes que se refieren a circunstancias externas como resultado del proceso. Es claro que las argumentaciones no son golpes y que los votos no son balazos, pero la mayoría indica con estas palabras el posible triunfo en una contienda de los partidos que han sido representados en las cámaras. La finalidad de todo esto, es evitar la guerra, el combate, la lucha, con todos los costos que esto implica.

El plano representativo es un modelo posible del plano contrafáctico, un modelo que reduce la complejidad de éste, puesto que sólo opera con algunos elementos que se han determinado como importantes del plano real. Ha decidido operar con un conjunto limitado de elementos que se encuentran en el plano real de referencia y a esos elementos les ha dado existencia y dimensión dentro del plano representativo con sus propios medios y sus propias reglas de operación.

La democracia supone la construcción de un modelo minúsculo de la sociedad en su conjunto y la sustitución de las guerras y las luchas en ésta por la argumentación y la oposición argumentativa en aquélla.[15]

Cuando en el plano representativo se ha obtenido una mayoría de votos, ya sea en las elecciones o en el proceso parlamentario,

15 Nuestro lenguaje, que refleja una concepción social válida, lo refleja en la metáfora "La argumentación es una guerra". Lakoff y Johnson (*Metáforas de la vida cotidiana*, trad. Carmen González Marín, Madrid, Cátedra, 1980), presentan esta metáfora con estos ejemplos: Tus afirmaciones son *indefendibles* / *Atacó todos los puntos débiles de mi argumento* / *Sus críticas dieron justo en el blanco* / *Destruí* su argumento / Nunca *le he vencido* en una discusión / ¿No estás de acuerdo? Vale, *¡dispara!* / Si usas esa *estrategia*, te *aniquilará*.

esto significa que se ha hecho una medición de las fuerzas respectivas de los partidos y se ha considerado aceptar la imposición, si se quiere transitoria, de la posición política sustentada por el partido mayoritario. Es el signo de lo que acontecería en el caso de que el plano contrafáctico se llevara a la realidad: si se realizara una lucha violenta.

Dice Clausewitz, el clásico autor sobre la guerra:

> Vemos, por lo tanto, que la guerra no es simplemente un acto político, sino un verdadero instrumento político, una continuación de la actividad política, una realización de la misma por otros medios.[16]

Esto es relativamente cierto. Pero quizá debiéramos invertir el concepto, para establecer una equivalencia: "la actividad política es una continuación de la guerra, una realización de la misma por otros medios".[17]

Si esto es cierto, entonces, podemos establecer una relación de equivalencia entre la guerra y la política, de manera que donde existe una guerra encontramos a la política y toda política se

16 Clausewitz, Karl von, *De la guerra*, trad. R. W. de Setaro, Buenos Aires, Ediciones Mar Océano, 1960, p. 24.

17 En Sartori (*Teoría de la democracia*, trad. Santiago Sánchez González, México, Alianza Editorial, 1996, t. I, p. 65) he encontrado esta misma formulación cuando establece la distinción que denomina "fundamental" entre una *visión beligerante* y una *visión legalista* de la política. "En la primera, la fuerza predomina sobre la persuasión, el poder establece el derecho y se intenta resolver los conflictos en términos de derrota del enemigo... En la última, la fuerza se reserva como *ultima ratio*, como la peor y última razón". Tiene razón cuando observa la inversión que he puesto en el texto de la fórmula de Clausewitz y cuando comenta que "La política es como la guerra... una guerra sin las armas de la guerra, ya que su experiencia central es la *hostilidad*, la percepción del vecino como un enemigo o, en cualquier caso, como un peligro o una amenaza". Si tomamos en serio la inversión de la fórmula de Clausewitz debemos afirmar que toda política es beligerante, si es democrática. El "estado de naturaleza" de Hobbes es consustancial a la sociedad. Es el énfasis de lo insociable en el hombre en el famoso aforismo kantiano de la "sociable insociabilidad" del hombre. No hay sociedad sin conflictos, por lo que la distinción de Sartori no se sostiene: la razón legalista es beligerante por otros medios, pues en la democracia la guerra está institucionalizada. La guerra no está institucionalizada en todos los Estados que no son democráticos.

explica por la guerra que entraña. Esto ya lo había visto Weber. Todo poder —y la política es ejercicio de obtener y mantener el poder o el dominio— genera beligerancia, oposición y es, por tanto, una guerra entre el poderoso y los sometidos o dominados.[18] El poderoso establece cargas a los dominados, los obliga, los condiciona a ciertas conducta que espontáneamente no realizarían y, por ello, existe en éstos la tendencia a desobedecer, a desconocer al poderoso, a incumplir, a decir "no". Sólo que la política no utiliza con exclusividad el medio de la violencia, sino sólo en último extremo, cuando se rompe el ritual político e institucional de la democracia. El dominado es el adversario, el que pugna contra el dominante, el enemigo, que es una de las caras del concepto dual definitorio de la política, según Carl Schmitt.[19]

6. *La ventaja fundamental de la democracia: la paz*

Hay una gran sabiduría en la democracia: es el único sistema de gobierno que en su interior, inmanentemente, en la función de sus propios mecanismos, crea su propia unidad y, además, crea su grupo opositor, sin que destruya a éste, sino que lo conserva y lo protege.

La democracia es el único sistema de gobierno que incorpora dentro de sí, de manera sistemática, al grupo externo y enemigo, de modo que dentro del grupo puede ser dirigida la agresión, ritualizadamente, contra el enemigo. La democracia es el único sistema de gobierno en el que se permite la redireccionalidad de la agresión como método de gobierno, en virtud de que se han proyectado en el plano simbólico los conflictos y en este plano se resuelven y se elimina la agresividad.[20] En la au-

18 Weber, Max, *Economía y sociedad. Esbozo de sociología comprensiva*, México, Fondo de Cultura Económica, 1981, p. 31.

19 Schmitt, Carl, *El concepto de lo político*, trad. Rafael Agapito, Madrid, Alianza Editorial, 1999, p. 56.

20 Sartori observa: "Ahora insistiré en que la democracia tampoco es pura y simplemente el gobierno de la mayoría. A decir verdad, 'el gobierno de la mayoría' es sólo

tocracia simplemente se da la dominación del mamífero dominante, mientras que los demás miembros del grupo sólo les queda obedecer o rebelarse.

7. *La pluralidad de órdenes normativos*

Un supuesto fundamental de las ideas expuestas es que existen muchos órdenes normativos que compiten entre sí, que son efectivos y que de hecho regulan la conducta humana. Quien niegue estos hechos es porque no quiere ver la realidad. Dice Weber:

> Las distintas éticas religiosas se han acomodado de diferente modo al hecho de que vivimos insertos en ordenaciones vitales distintas entre sí. El politeísmo helénico sacrificaba tanto a Afrodita como a Hera, a Apolo como a Dionisos, y sabía bien que no era raro el conflicto entre estos dioses.[21]

una fórmula abreviada del gobierno de la mayoría *limitada*, que respeta los derechos de la minoría", Sartori, *op. cit.*, t. I, p. 55. Guglielmo Ferrero expresó enfáticamente lo mismo al decir: "En las democracias, la oposición es un órgano de la soberanía popular tan vital como el gobierno. Suprimir la oposición es suprimir la soberanía del pueblo (*ibidem*). La justificación de esto, proporcionada por Sartori, no es satisfactoria. *Cfr.* Sartori, *op. cit.*, p. 57. Es cierto que el concepto de 'pueblo' no puede quedar reducido a la mayoría: el pueblo no es sólo la mayoría. Debe incluir a la minoría. Cuando se traduce pueblo por un criterio mayoritario, dice Sartori, se convierte a la minoría en no-pueblo, en una parte excluida. Esto es correcto si por pueblo sólo se entendiera el conjunto de sujetos que participan en el proceso de formación de las decisiones estatales. En realidad, no es un problema de definición. El pueblo tanto participa en la formación de la norma general obligatoria, como es el conjunto de sujetos sometidos a las normas jurídicas obligatorias. La minoría no determina el contenido de la norma obligatoria, pero participa en su proceso de creación: la opinión de la minoría no es coincidente con el contenido de la norma, pero ha participado en el proceso de su formación. Suprimir la minoría es suprimir la democracia, pues se ha destruido y hecho a un lado la métrica para determinar el poder de los grupos en conflicto y aceptar transitoriamente el grupo que tiene más poder. El diálogo es la expresión de la vitalidad de los intereses que participan en la formación de la voluntad estatal. Sin minoría no hay democracia porque se ha eliminado de la vida social y estatal la institucionalización del manejo pacífico de los conflictos.

21 Weber, Max, *La política como vocación*, trad. Francisco Rubio Llorente, Madrid, Alianza Editorial, 1967, p. 168.

Que el orden es "válido" para un círculo de hombres se manifiesta en el hecho de *tener* que ocultar su trasgresión. Pero prescindiendo de este caso límite, muy frecuentemente se limita la trasgresión del orden a contravenciones parciales más o menos numerosas; o se pretende, con mayor o menor grado de buena fe, presentarla como legítima. O existen de hecho unas junto a otras distintas concepciones del sentido del orden, siendo en este caso para la sociología todas igualmente válidas en la extensión en que determinan la conducta real. Para la sociología no presenta ninguna dificultad el reconocimiento de que distintos órdenes *contradictorios* entre sí pueden "valer" unos al lado de otros dentro de un mismo círculo de hombres. Es más, el mismo individuo puede orientar su conducta en diversos órdenes contradictorios; y no sólo de un modo sucesivo, cosa de todos los días, sino aun en una misma acción. Quien se bate en duelo orienta su conducta por el código del honor, pero, tanto si oculta esta acción como si se presenta ante los tribunales, orienta la misma conducta por el código penal. Cuando la elusión o la trasgresión del sentido (como por término medio es entendido) de un orden se convierte en *regla*, entonces la validez de ese orden es muy limitada o ha dejado de subsistir en definitiva. Entre la validez y la no-validez de un orden no hay para la sociología, como existe, en razón de sus fines, para la jurisprudencia, una alternativa absoluta. Existen más bien transiciones fluidas entre ambos casos y pueden valer —como se ha indicado— uno al lado de otro órdenes contradictorios, en la amplitud en que alcance la *probabilidad efectiva* de una orientación *real* de la conducta por ellos.[22]

No sólo para la sociología es posible la existencia de órdenes normativos válidos para un mismo círculo de hombres que sean contradictorios, sino también para la jurisprudencia, lo que no se intentará demostrar en este lugar.[23]

Esta pluralidad de órdenes contradictorios dentro de una sociedad es la que constituye el pluralismo y, como tiene funda-

22 Weber, M., *Economía y sociedad, cit.*, p. 26.

23 *Cfr.* Schmill, Ulises, *Reconstrucción pragmática de la teoría del derecho*, México, Themis, 1997, pp. 165 y ss.

mentos ideológicos distintos, el relativismo, que según Kelsen, es la *Weltanschauung* que fundamenta a la democracia. Ésta evita, mediante la ritualización del proceso democrático, la guerra, la violencia y los costos inimaginables derivados de ella. La función de la ritualización es la obtención de la paz y tiene una función económica prominente.

La ineficacia de un orden normativo es la eficacia de otro orden. Los órdenes normativos existentes dentro de un Estado se encuentran en pugna entre sí, lo que significa que los órganos de cada uno de esos órdenes están encargados de hacer ineficaces las normas que integran los otros órdenes normativos. Es posible observar y de hecho existe una tendencia integradora de la unidad, lo que es una forma particular de expresar el hecho de que unos hombres intentan, con su conducta, imponer su voluntad a otros hombres, de dominarlos y vencer su posible resistencia. Al final, todo esto se traduce en mandatos que son ejecutados por un conjunto de hombres e inejecutados por otro conjunto, que crean órdenes parciales que se individualizan de manera relativa. Con ello, el concepto de la *lucha* obtiene su lugar dentro de la teoría jurídica, como ya lo ha tenido en la teoría sociológica.

> Debe entenderse que una relación social es de *lucha* cuando la acción se orienta por el propósito de imponer la propia voluntad contra la resistencia de la otra u otras partes. Se denominan "pacíficos" aquellos medios de lucha en donde no hay una violencia física efectiva. La lucha "pacífica" llámase "competencia" cuando se trata de la adquisición formalmente pacífica de un poder de disposición propio sobre probabilidades deseadas también por otros.[24]

Toda lucha supone una pluralidad de órdenes. Supone, igualmente, la conducta de aquellos órganos de los órdenes normativos tendentes a invalidar las normas de los órdenes en competencia o en lucha.

24 Weber, *Economía y sociedad, cit.*, p. 31.

Las crisis sociales sólo pueden resolverse democráticamente, si por "solución" entendemos un arreglo institucional que no entrañe el uso de la fuerza física y de la guerra, en virtud de que, como se observó antes, es el único sistema que incorpora en su función institucional el conflicto y la lucha, por medios simbólicos. Y esto supone, como ya lo observó Kelsen, el relativismo de los conocimientos y los valores, antítesis del "fanatismo" del que habla Garzón.

Una observación final: no he considerado a la democracia como un valor ni su concepto como un criterio justificatorio de cualquier decisión. Es posible que la democracia entendida como valor, no sea otra cosa que el reflejo de la paz (ausencia de violencia física) que genera, con todas las implicaciones que esto tiene.

V. Terrorismo y democracia

Aunque parezca chocante a algunos, hemos afirmado que el sistema democrático está basado en un código específico, en una ficción, es un método que puede ser aceptado en la medida que se quiera evitar la confrontación en el plano real de los diversos partidos en pugna dentro de una sociedad. Diríamos que es una ideología, en el sentido no peyorativo de la expresión, y un método para evitar la violencia y la lucha real y cruenta, en la medida que a la lucha y a la violencia las ritualiza en el procedimiento dialéctico de la confrontación parlamentaria. A esto podemos llamarlo el *código de la ideología democrática*. Precisamente, el terrorismo consiste fundamentalmente en el desconocimiento más violento y brutal de este código, en su rechazo definitivo y en la decisión de operar en el plano real de los conflictos de los intereses absolutizados, por el grado o intensidad de los agravios que las partes consideran han sufrido. El terrorista ha colapsado el plano contrafáctico en el plano real. Existe en su acto violento un rechazo radical y absoluto del código o de la clave democráticos. No existe, entonces, ritualización alguna de la lucha real y de los conflictos sociales. Se ha prescindido de la ficción social de la democracia. Sólo aparece la dura cara del absolutismo, de la exigencia impaciente y violenta, con finalidad política, de que otros lleven a cabo las conductas que beneficiarán a los miembros del grupo o del individuo que ejecuta el acto violento terrorista.[25]

El rechazo radical de la ideología y de la clave democrática, con la consecuencia ineludible del colapso del plano contrafáctico en el plano real, es decir, la instalación real de la situación beligerante en los hechos, conduce a afirmar que el terrorista ha negado todas las características que hemos expuesto sobre la democracia. El terrorista no comprende ni distingue el plano social con el plano real. Él vive en el plano real de los hechos brutos de la violencia. El plano contrafáctico no se presenta en sus consideraciones, pues para él es idéntico al plano real y existe una ausencia absoluta del plano representativo, típico de la democracia.

El principio de la igualdad es rechazado tajantemente por el terrorista, pues uno de los supuestos de los que parte es, precisamente, la desigualdad real. Como niega la ideología o la clave democrática no necesita de ningún principio igualitario que constituya el supuesto de una métrica del poder del grupo al que pertenece y del grupo contra el que dirige el acto violento terrorista. Puede afirmarse que la desigualdad de los pertenecientes a los grupos en cuestión opera de manera irrestricta en el terrorista. Quien coloca una bomba en un supermercado o en la calle, se encuentra mentalmente escindido de aquellos a los que hiere o asesina. La igualdad supone reconocer en los otros características que comparten con uno mismo.

25 Aquí anida una paradoja: dentro de un régimen absolutista, nunca dentro de un régimen democrático, un grupo puede recurrir al terrorismo... ¡para obtener un cambio constitucional favorable a la democracia! Sin embargo, el acto terrorista sería la expresión pura de una posición absolutista y, en sí mismo, antidemocrático.

En cuanto a la métrica de las fuerzas de los grupos en conflicto, el terrorista acepta la desigualdad de las fuerzas del grupo al que pertenece en relación con el grupo al que ataca. Precisamente, debido a ello es que opta por el acto *clandestino* de la violencia, porque se considera incapaz de vencer y determinar al grupo contrario en un enfrentamiento abierto y explícito, por la diferencia de poder entre ambos.

Los demás caracteres de la democracia que se han expuesto en párrafos anteriores: me refiero a la anticipación simbólica de los resultados de la lucha real y la evitación de la confrontación violenta, han sido hechos a un lado por el terrorista. Todas estas características del grupo terrorista y de los sujetos que realizan los actos violentos, explican la clandestinidad con la que operan y la violencia con la que actúan.

Es digno de observarse el primitivismo operante en el acto terrorista. Contrariamente a lo que acontece en el acto de emisión del mandato, lo que el terrorista considera una sanción o un castigo, lo dirige indiscriminadamente contra personas "inocentes", como diría Garzón, es decir, está dirigido aleatoriamente a cualquier persona o grupo de personas no pertenecientes a la organización terrorista. Además, estos sujetos a los que lastima el acto terrorista, no han realizado conducta alguna que haya sido considerada una condición necesaria para la realización del acto violento. Hay, por tanto, en la conducta terrorista un supuesto: la responsabilidad objetiva y colectiva, características propias de la mentalidad operante en los órdenes normativos primitivos.

VI. TERRORISMO Y ANARQUISMO

Hay una experiencia inveterada en la comprensión y explicación de las relaciones humanas: se usan conceptos normativos. Esto no es de extrañar, pues puede demostrarse que los conceptos normativos fundamentales reproducen de manera muy esquemática las relaciones funcionales que se dan en el paradigma del mandato. Ya hemos dicho más arriba que la teoría del mandato ha servido para construir una teoría sobre el derecho positivo, tal como lo muestran con mucha claridad Bentham, Austin y Kelsen. También Olivecrona. Es especialmente instructiva la construcción teórica de Austin y sus definiciones de los conceptos centrales de la sanción, de la obligación, etcétera.

Si se lleva a cabo la *interiorización semántica de los elementos del paradigma del mandato*, como lo he expuesto anteriormente, podemos encontrar un isomorfismo muy notable entre los conceptos fundamentales de la norma y los elementos que aparecen en el paradigma del mandato. Ya Kelsen ha expuesto, en múltiples ocasiones, la estructura condicional de los enunciados que expresan el sentido de las normas que pertenecen a un orden coactivo y su relación con el proceso sicológico de la motivación indirecta. Hay dos formas posibles de conseguir que un sujeto lleve a cabo una conducta: premiando la realización de la misma, *i.e.*, reforzándola positivamente o castigando con un mal la realización de la conducta contraria (castigo). Esto aparece con mucha claridad en el paradigma del mandato.

Ahora bien, la multiplicidad de enunciados que se hacen sobre las relaciones entre diversos sujetos utilizan estos conceptos normativos. No es lo mismo decir que A probablemente entregará unos papeles que se llaman billetes a B, que afirmar que A debe a B mil pesos. Es la diferencia que Hart presenta entre los enunciados "A se vio obligado a..." y "A está obligado a...". Esta diferencia fue expresada por Kelsen con anterioridad al libro de Hart con la diferenciación que hizo entre el sentido subjetivo de un acto de mandato y el sentido objetivo del mismo.[26] Nosotros lo podemos expresar del siguiente modo: hay supuestos en todos los enunciados que hacemos en la vida diaria. En especial, los enunciados jurídicos se encuentran pletóricos de su-

26 Kelsen, Hans, *La teoría pura del derecho. Introducción a la problemática científica del derecho*, trad. Jorge G. Tejerina, Buenos Aires, Editorial Losada, 1946, p. 28; *ibid.*, *Teoría pura del derecho*, trad. Roberto J. Vernengo, México, UNAM, 1979, p. 16; en especial pp. 57 y ss.

puestos o presupuestos, como se quiera. Si un ladrón, con una pistola apuntando a mi abdomen, emite el mandato "el dinero o la vida", Hart diría que me vi obligado a entregar mi dinero, pero no afirmaría que estaba obligado a hacerlo. Kelsen diría que el sentido subjetivo de la conducta del ladrón es un deber, pero este sentido subjetivo no es idéntico o no se corresponde con el sentido objetivo del mismo, como sería el caso cuando el funcionario fiscal me exige el pago de un impuesto, claro está con la amenaza de embargo o cárcel, no de la vida. Desde mi punto de vista, la diferencia estriba en los supuestos de los cuales se parte, o si se quiere de los diversos presupuestos implicados, en la emisión de estos juicios. El mandato del ladrón está ayuno de todos los supuestos que entran en operación cuando el que me exige el dinero es un funcionario de hacienda. En este caso del funcionario fiscal se presupone la existencia de un orden normativo positivo, creado por medio de procedimientos establecidos en normas generales y, en último término, en un conjunto específico de normas al que se denomina "Constitución". Pero todos estos presupuestos consisten, en último término, en la aplicación a una gran multiplicidad de hechos, de los esquemas o modelos obtenidos por la interiorización semántica de los elementos contenidos en el paradigma del mandato. Si consideramos que todo mandato **m** ha sido establecido por un acto específico, cuyo sentido es, *i.e.*, **a(m)**, entonces estamos en posibilidad de interiorizar semánticamente los elementos contenidos en **a(m)**. Esto quiere decir que obtendremos una concepción que describe la multiplicidad de mandatos como normas cuyo sentido se expresa en enunciados condicionales, cuya consecuencia es una sanción y cuyo antecedente es la descripción de la conducta (antijurídica) que constituye la condición necesaria de la sanción. De esta estructura, la obligación se deja deducir muy simplemente: es la norma que establece la conducta contraria al acto que es la condición de la sanción. La conducta prohibida es la conducta sancionada. Pero, además, interiorizarse en la semántica de las normas que integran el orden jurídico, los actos de creación o producción de normas, de manera de manera que los mismos se encuentren previstos o regulados por otras normas. Estas normas que han aceptado en su semántica el acto creador o productor de otras normas son las "normas de competencia" o normas que establecen facultades a ciertos órganos. Con ellas se obtiene la estructura interna del orden jurídico. Pero debe observarse que esto sólo es posible en el caso de que se hayan hechos explícitos los supuestos de los enunciados descriptivos de un orden jurídico positivo. Eso intenta expresar la "norma fundante básica" de Kelsen o la "regla de reconocimiento" de Hart.

En resumen, *se obtiene un modelo del orden jurídico si se logran realizar las dos interiorizaciones semánticas de los elementos contenidos en el paradigma del mandato, i.e., tanto de **a** como de **m** en **a(m)**.*

El anarquista es el sujeto que se niega a utilizar los modelos normativos obtenidos como producto de las dos interiorizaciones semánticas mencionadas. Al negar toda dimensión normativa a la sociedad y al Estado está rechazando la utilización de los modelos normativos mencionados, de manera que esto lo conduce a ver en las relaciones sociales la función de meros procesos causales o probables, desprovistos de toda dimensión normativa.

El terrorista no es un anarquista, aunque no puede ser negado que a veces el anarquista realiza actos terroristas. La diferencia se encuentra en el sentido o significado subjetivo que cada uno de ellos atribuye a su conducta. El anarquista quiere destruir toda normatividad, así considerada por otros, pues es ciego ante ella. Desde su perspectiva, quiere romper cadenas causales reiteradas. El terrorista, por el contrario, parte de presupuestos normativos, los acepta, y su conducta no implica o supone la negación de toda normatividad. Lo que desea es el cambio de los contenidos de la normatividad vigente, la que hasta el momento le ha causado los agravios que hemos comentado. Sus finalidades son políticas, económicas religiosas, etcétera. Por lo tanto, quiere que los órganos del Estado u otros grupos importantes de la sociedad lleven a cabo conductas que cambiarán los órdenes normativos existentes y válidos contra los que va dirigido el acto violento terrorista.

En este ensayo no se ha tocado la problemática relativa al terrorismo de Estado o institucional.

VII. BIBLIOGRAFÍA

AUSTIN, John, *Lectures on Jurisprudence*, Verlag Detlev Auvermann KG, Glashütten im Taunus, 1972.

BENTHAM, Jeremy, *Of Laws in General*, editado por H. L. A. Hart, Universidad de Londres, The Athlone Press, 1970.

CHOMSKY, Noam, *El terror como política exterior de Estados Unidos*, trad. Carlos Abousleiman y Octavio Kulesz, Buenos Aires, Libros del Zorzal, 2001.

CLAUSEWITZ, Karl von, *De la guerra*, trad. R. W. de Setaro, Buenos Aires, Ediciones Mar Océano, 1960.

ERVING, Goffman, *Frame Analysis. An Essay on the Organization of Experience*, Harper and Row Publishers, 1974.

GANOR, Boaz, *Defining Terrorism*, The International Policy Institute for Counterterrorism; www.ict.org.il .

GARZÓN VALDÉS, Ernesto, *El terrorismo político no institucional. Una propuesta de definición*, inédito.

HART, H. L. A., *El concepto de derecho*, trad. Genaro R. Carrió, Buenos Aires, Abeledo Perrot, 1968.

HOBBES, Thomas, *Leviatán*, Madrid, Editora Nacional, 1983.

KELSEN, Hans, *Teoría general del Estado*, trad. Luis Legaz Lacambra (de *Allgemeine Staatslehre*, Enziklopädie der Rechts — und Staatswissenschaften, 23, Band, Berlin: Julius Springer, 1925), Barcelona, Labor, 1934.

———, *Teoría pura del derecho*, trad. Roberto J. Vernengo, México, UNAM, 1979.

———, *La teoría pura del derecho. Introducción a la problemática científica del derecho*, trad. Jorge G. Tejerina, Buenos Aires, Editorial Losada, 1946.

LAKOFF, Georg y JOHNSON, Mark, *Metáforas de la vida cotidiana*, trad. Carmen González Marín, Madrid, Cátedra, 1980.

LORENZ, Konrad, *Sobre la agresión: el pretendido mal*, trad. Félix Blanco, México, Siglo XXI Editores, 1998.

OLIVECRONA, Karl, *Law as Fact*, Londres, Stevens & Sons, 1971.

SARTORI, Giovanni, *Teoría de la democracia*, trad. Santiago Sánchez González, México, Alianza Editorial, 1996.

SCHMILL, Ulises, *Reconstrucción pragmática de la teoría del derecho*, México, Themis, 1997.

SCHMITT, Carl, *El concepto de lo político*, trad. Rafael Agapito, Madrid, Alianza Editorial, 1999.

SIMMEL, Jorge, *Sociología*, trad. J. Pérez Bances, Buenos Aires, Espasa-Calpe Argentina, 1939.

WEBER, Max, *Economía y sociedad. Esbozo de sociología comprensiva*, México, Fondo de Cultura Económica, 1981.

———, *La política como vocación*, trad. Francisco Rubio Llorente, Madrid, Alianza Editorial, 1967.

CONSIDERACIONES SOBRE TERRORISMO

Sergio GARCÍA RAMÍREZ*

SUMARIO: I. *Introducción.* II. *Régimen penal del terrorismo.* III. *Casos ante la jurisdicción interamericana de derechos humanos.* IV. *Regulación derivada de los hechos del 11 de septiembre.*

I. INTRODUCCIÓN

La historia de la humanidad, en su relación esencial con el poder —primero, el poder del más fuerte; luego, el poder del investido para ejercer el monopolio de la fuerza: el Estado de la era moderna—, puede analizarse desde una doble perspectiva. Por una parte, los hombres han procurado su seguridad y construido, para ello, las formas de garantizarla a través del desempeño de la autoridad formal; por la otra, se han ocupado en erigir los medios de precaverse contra el ejercicio de la autoridad, siempre tentada al abuso y al exceso, que provienen del arbitrio y de su expresión desmedida: el capricho. En esta difícil dialéctica nos hallamos inmersos todavía, y todo hace suponer que lo estaremos durante mucho tiempo: acaso todo el tiempo. Hechos de ayer y de ahora ponen a prueba los progresos operados en ambas dimensiones de la relación del hombre con el poder.

* Fue secretario del Trabajo y Previsión Social en México y procurador general de la República. Es juez de la Corte Interamericana de Derechos Humanos, investigador en el Instituto de Investigaciones Jurídicas y miembro de la Junta de Gobierno de la UNAM.

No pretendo analizar aquí este asunto crucial, pero tampoco puedo pasarlo por alto cuando se examinan, así sea de manera sucinta, algunos de los problemas que suscita la lucha estatal contra el terrorismo, una de las plagas de nuestro tiempo. Antes de entrar en esas consideraciones —que formularé a la vista de ciertos temas específicos, más bien que a través de un análisis sistemático de la materia— debo traer a cuantas algunos datos fundacionales del Estado de derecho. Contribuirán a zanjar el dilema —un falso dilema, desde luego— que algunos plantean entre las exigencias de la seguridad y las reclamaciones de los derechos fundamentales.

Uno de esos datos básicos del Estado de derecho, que radica en las grandes declaraciones del final del siglo XVIII, enlaza con el grave tema de la seguridad, que puede ser examinado desde diversas perspectivas. En una de ellas, la seguridad constituye un derecho humano —natural e imprescriptible, dijo el artículo 2o. de la *Déclaration* de 1789— directamente exigible al poder público. En rigor —propuso ese mismo instrumento germinal, que influiría en el constitucionalismo posterior, hasta nuestros días—, la tutela de esos derechos constituye el fin de toda asociación política. Poco después, esta fórmula francesa llegaría a la Constitución insurgente de Apatzingán y, al cabo de varias décadas, a la Constitución republicana de 1857.

La seguridad de la que hablo, pensada como muralla frente al gobernante absoluto —la escritura política se erige en el ocaso del absolutismo y se concibe para destruirlo: es, de alguna manera, una carta de liquidación en respuesta a las *lettres de cachet*—, también tiene una vena tendida hacia los otros integrantes de la sociedad. Deseamos y necesitamos seguridad frente y contra el poderoso formal, pero también —y de ahí el surgimiento del Estado— contra el poder informal: el vencedor natural en el ambiente de la selva, cuando en ésta sólo campean el ingenio o el vigor de sus habitantes. Mucho tiempo después, esta idea aparecería en el carácter vinculante de la Constitución —tutela de valores esenciales, radicales— no sólo para el poder público, sino también para todas las personas.

Lo anterior, trasladado directamente al terreno en el que ahora trabajamos, lleva a identificar dos espacios de terrorismo. En uno de ellos trabaja el terrorismo de Estado —o de gobierno, o de instituciones—, que aparece cuando el poder público arremete contra los ciudadanos, y específicamente contra los inconformes, diferentes o disidentes, pretendiendo "uniformar" la sociedad bajo un pensamiento único establecido con violencia. Aquí se plantea un extenso catálogo de hipótesis de abuso del poder, que posee efectos "correctivos" para aquel sobre quien se despliega específicamente, pero también "preventivos" con respecto a aquellos a quienes de pretende intimidar. Obviamente, no me refiero a la natural eficacia disuasiva del aparato penal montado y operado con legitimidad, dentro de las fronteras del sistema penal democrático —en el que campean la mínima intervención del Estado y el despliegue del garantismo—, sino a su versión exacerbada, desmedida, que no sólo impone lo que no se debe imponer, sino actúa como no se debe actuar. No se trata sólo de un matiz, aunque pudiera parecerlo en un examen superficial de las normas: entre la intimidación terrorista y la prevención general legítima media un abismo.

La segunda versión del terrorismo, que es el objeto de las presentes consideraciones, se ejerce desde otro punto de la pirámide social: la base, en sus más oscuras regiones, no obstante que entre los terroristas militen estudiantes e intelectuales. Es posible que se aliente o se tolere desde algún centro de poder, interno o externo, aunque lo frecuente es que se halle fuera de éste y se proponga obtener la abolición de la autoridad formal del Estado, la realización de ciertos actos por parte de los gobernantes o la transferencia del poder. A estas desviaciones se suele reservar la denominación de terrorismo. Hay, por supuesto, numerosas conductas ilícitas y punibles que se clasifican de otro modo —aunque luego se reunifiquen como terrorismo, según ocurre en la regulación internacional—, atendiendo a las características del hecho, de la víctima o del daño: ataques contra la seguridad de la aviación, toma de rehenes, violación de inmunidades, etcétera.

Ni podemos ni queremos prescindir de la seguridad: ésta confiere paz a nuestras vidas y certeza a nuestras relaciones. El poder público, constituido a través de una hipotética cesión de libertades afirmada en cierto contrato social, tiene la encomienda de garantizar la seguridad de todos los ciudadanos. Ahora bien, esa garantía no puede ejercerse de cualquier manera: Leviatán, con las manos desencadenadas, pondría fin a nuestras libertades bajo el pretexto de la seguridad colectiva y el beneficio común. Ha sucedido y puede ocurrir muchas veces más. Por ello la estructura normativa, institucional y aplicativa del Estado cuenta con dos elementos característicos. Al control del poder político a través de los medios de "autocontrol", en una instancia, y de "heterocontrol" democrático, en la otra, que implican contención de aquél en su relación con las personas, se agrega el control de éstas —individuos o grupos— por medio de ciertas normas e instituciones llamadas, ante todo, a impedir el desbordamiento, y luego a sancionarlo, cuando la prevención fracasa. La vigilancia de la conducta —lo mismo la del gobernante que la de los conciudadanos— se ejerce a través del principio de legalidad, que constituye la frontera para uno y otros.

Vale agregar que la garantía de la seguridad implica, so pena de caer en la utopía, la existencia y el despliegue de la fuerza pública, que es más que una gendarmería o una institución armada; y que esta fuerza se halla instituida —cito ahora el artículo 12 de la *Déclaration* francesa— "en beneficio de todos y no para la utilidad particular de aquellos a quienes es confiada". En fin de cuentas, la legalidad democrática reside en la idea de que "la ley es la expresión de la voluntad general" (*id.*, artículo 6o.), y debe reunir, para que sea legítima y atendible, ciertos rasgos que la jurisprudencia de la Corte Interamericana de Derechos Humanos ha puesto en relieve al sostener —en la Opinión Consultiva 6/86, del 9 de mayo de 1986— que las leyes a las que se refiere el artículo 30 (de la Convención Americana sobre Derechos Humanos) son "actos normativos enderezados al bien común, emanados del Poder Legislativo democráticamente elegido y promulgados por el Poder Ejecutivo" (párr. 35).

La ley que garantiza la seguridad y la observancia de otros derechos, fija también las hipótesis en las que éstos pueden verse restringidos o suspendidos. Se trata de supuestos de gravedad extrema, en los que se autoriza al poder público a acudir a expedientes de fuerza inadmisibles en condiciones normales. Para que éstos resulten legítimos es preciso que las alteraciones en el sistema de derechos sean razonables y proporcionales al peligro que se trata de enfrentar. Además, hay fonteras infranqueables: ciertos derechos no pueden ser desatendidos en ninguna circunstancia. Mencionemos algunos ejemplos, a la luz del artículo 27 de la misma Convención Americana: el derecho a la vida, el derecho a la integridad personal, los principios de legalidad e irretroactividad y las garantías judiciales indispensables para la protección de todos ellos (así, *habeas corpus* y amparo).

Dije antes que se ha planteado un falso dilema entre seguridad pública y derechos humanos, dilema que también pudiera invocarse —y se invoca— en el encuentro entre esos derechos y la seguridad nacional. La falacia del dilema radica, en la gran mayoría de los casos, en la supuesta necesidad de arrasar los derechos para preservar la seguridad. Los derechos serían, así, el obstáculo para la seguridad. Puesto en otros términos, la vigencia de la Constitución significa desprotección de la sociedad. Empero, dista mucho de hallarse probada la necesidad de "desmontar el Estado de derecho" para asegurar la observancia del derecho mismo y garantizar los derechos de los individuos. Peor aún, el desmontaje de la legalidad —erosionada desde diversos extremos— pudiera anunciar la ruina futura del orden jurídico y el retorno a condiciones de tiranía, más o menos encubiertas, de las que hace tiempo salió una buena parte de la humanidad.

Estos razonamientos enlazan con una convicción: el Estado no puede emplear las armas que utiliza el infractor; el Estado no debe convertirse en infractor; la violación de la norma y el desprecio de la ética, que son característica del criminal, no pueden serlo del Estado llamado a combatir la criminalidad. El Estado dispone de otros medios —legítimos y eficaces— infinitamente más poderosos que aquellos de los que podría valerse el delincuente: debe emplearlos a fondo, en vez de acudir a los que éste utiliza. Para ilustrar estas afirmaciones conviene mencionar el caso de la tortura: no existe justificación alguna para el tormento como medio de investigación criminal o de sanción penal. El ejercicio de la justicia no responde solamente al objetivo de la eficacia —que, por supuesto, no se puede perder de vista—, sino también al de la ética y la legitimidad. Esto, que por definición no interesa al delincuente, debe interesar —también por definición— al poder público en la moderna sociedad democrática.

En algunos instrumentos internacionales de reciente fecha se ha cargado el acento sobre la necesidad de combatir con energía el terrorismo y preservar con firmeza los derechos fundamentales. En la Convención Interamericana contra el Terrorismo, de 2002 —que analizaré *infra, sub* II—, el artículo 15 lleva el epígrafe "Derechos humanos". El párrafo 1 de este precepto señala que "las medidas adoptadas por los Estados parte de conformidad con esta Convención se llevarán a cabo con pleno respeto al Estado de derecho, los derechos humanos y las libertades fundamentales". El párrafo 2 previene que quedan incólumes los derechos y obligaciones de los Estados y de las personas conforme al derecho internacional, y particularmente las normas de las Cartas de las Naciones Unidas y la Organización de los Estados Americanos, el derecho internacional humanitario, el derecho internacional de los derechos humanos y el derecho internacional de los refugiados. Finalmente, el párrafo 3 asegura los derechos y garantías de los detenidos, los encausados y las personas contra quienes se adopten medidas vinculadas a la lucha contra el terrorismo, en los términos de la citada Convención.

En la Asamblea General de la OEA en la que se suscribió esa Convención Interamericana, México prohijó y obtuvo una resolución bajo el rubro de "Derechos humanos y terrorismo". Se resolvió "reafirmar que la lucha contra el terrorismo debe realizarse con pleno respeto a la ley, a los derechos humanos y a las instituciones democráticas para preservar el Estado de derecho, las libertades y los valores democráticos en el hemisferio" (1); y "corroborar el deber de los Estados miembros de garantizar que todas las medidas adoptadas para luchar contra el terrorismo se ajusten a las obligaciones del derecho internacional" (2). Se trata, en fin de cuentas, de cargar el acento sobre pretensiones que ya figuran —además, con carácter jurídicamente vinculante— en la Convención del 2002. El énfasis agregado por la resolución pone de manifiesto las corrientes preocupaciones en torno a los problemas y peligros que entraña el combate al terrorismo.

Las acechanzas contra el orden jurídico, aligerado o desvanecido, condicionado o reducido, obedecen a factores que no podemos ignorar. Éstos han militado desde hace tiempo —y esa militancia crece— en el catálogo de fundamentos del dilema seguridad-derechos humanos al que me he referido. Entre ellos destaca la persistencia de la criminalidad tradicional, exacerbada, y la aparición y desarrollo —hasta límites insospechados e inaceptables— de una criminalidad más o menos novedosa que se distingue de los delitos tradicionales por la organización en gran escala —dentro y fuera de un país: trascendencia criminal—, el empleo creciente de la tecnología, la difusión del peligro y la capacidad de causar daño indiscriminado y devastador. En algunas de sus manifestaciones más inquietantes, esa (relativa-mente) nueva criminalidad esgrime lemas políticos, éticos o religiosos con los que pretende "justificar" sus depredaciones. Difícilmente habría mejor ejemplo de esta situación que el terrorismo, tema de mis actuales comentarios.

En las líneas anteriores he procurado sugerir, someramente, algunas referencias que debe considerar el análisis jurídico-político del terrorismo en la actualidad. Obviamente, ninguna de las reflexiones que he expuesto o de las que en seguida manifestaré podría interpretarse, ni remotamente, de manera que justifique o modere el juicio adverso hacia el terrorismo, que es preciso combatir sin tregua y uno de cuyos datos más deplorables es la siembra de peligro y la producción de daño —físico o moral— en agravio de personas inocentes. Sólo pretendo examinar el marco de las acciones públicas en este campo, llamadas a fortalecer la defensa del Estado de derecho, la libertad y la democracia, sin generar, en esta empresa, daños mayores precisamente para los bienes que se procura defender. De ocurrir lo contrario, caeríamos en una amarga paradoja y retrocederíamos en el camino de la historia.

II. RÉGIMEN PENAL DEL TERRORISMO

La regulación penal sobre terrorismo se extiende en dos vertientes, y en cada una de ellas cuenta con diversas manifestaciones. Hay normas en el plano internacional y en el nacional, que es el objeto preferente de las siguientes líneas. Se ha querido articular una "coraza" protectora del ser humano contra aquellas expresiones de la criminalidad. Las piezas nacionales —abundan las normas domésticas sobre terrorismo— y las internacionales se articulan como elementos de esa coraza, que deben operar en forma concertada y eficiente. Estas tareas no suelen disponer del punto de referencia que parecería indispensable para contar con un sistema homogéneo y seguro: una definición del terrorismo, pacíficamente aceptada. En un amplio y bien informado estudio acerca del terrorismo, particularmente en la legislación española y en el plano internacional, Consuelo Ramón Chornet concluye que "es evidente que hasta hoy ninguna (de las definiciones aportadas sobre aquél) ha resultado verdaderamente satisfactoria, por constituir, normalmente, definiciones incompletas que no abarcan la complejidad del fenómeno". Éste suscita múltiples cuestiones: origen, motivos, sujetos activos, medios, efectos, finalidades, trascendencia... De todo ello derivan los problemas para acotar, en una caracterización final y uniforme, el tema del terrorismo.

En el ámbito internacional ha sido constante el esfuerzo por establecer la obligación de los Estados de actuar contra el terrorismo, con los consiguientes compromisos específicos, sus medios, instrumentos y límites. Dejo de lado los precedentes de mayor o menor significación, entre ellos particularmente los Convenios de Ginebra, de 16 de noviembre de 1937, para la Prevención y Represión del Terrorismo y para la creación de un Tribunal Criminal Internacional. Abiertos a firma el 16 de noviembre de ese año, el primer convenio fue suscrito por 24 Estados, pero sólo ratificado por la India, y el segundo fue firmado por 13 y no tuvo ninguna ratificación. Hay diversos instrumentos vigentes de alcance universal o regional. Por razón de su fecha, cito en primer término el Convenio Europeo sobre Represión del Terrorismo, del 27 de enero de 1977, que gira en torno a la extradición entre los Estados contratantes. Se ha dicho —cito nuevamente a la profesora Chornet— que más que un pacto sobre terrorismo lo es acerca de la extradición de responsables de actos teroristas.

La Organización de las Naciones Unidas ha abordado esta cuestión en diversas oportunidades, a través de varias resoluciones de la Asamblea General, entre ellas la número 49/60, de 9 de diciembre de 1994, por la cual aprobó una importante declaración sobre medidas para eliminar el terrorismo internacional. Agreguemos —sin pretender agotar, en modo alguno, el ancho panorama de esta materia— el Convenio Internacional para la Represión de los Atentados Terroristas cometidos con Bombas, del 12 de enero de 1998, y el Convenio Internacional para la Represión de la Financiación del Terrorismo, del 10 de enero de 2000. En el ámbito americano se cuenta con la muy reciente Convención Interamericana contra el Terrorismo, suscrita el 3 de junio de 2002, durante el Trigesimosegundo Periodo Ordinario de Sesiones de la Asamblea de la Organización de los Estados Americanos. Interesa mencionar que la propia Asamblea adoptó también la resolución sobre "Derechos humanos y terrorismo" que mencioné en la primera parte de estos comentarios.

Más que aportar una definición del terrorismo, sobre la cual se construyan los compromisos internacionales, se ha optado generalmente por remitir a una serie de instrumentos en los que se previenen diversas conductas punibles y de cuyo conjunto se infiere un concepto, no siempre claro y seguro, acerca del terrorismo. Esto se observa en algunos de los instrumentos mencionados en los párrafos anteriores —significativamente el Convenio europeo y la Declaración del 9 de diciembre de 1994, que recuerda 17 tratados internacionales vigentes relativos a diversos aspectos del terrorismo internacional—. Sesenta años antes, el primer artículo del proyectado Convenio de 1937 suministraba un concepto interesante acerca del terrorismo: "hechos criminales dirigidos contra un Estado y cuyo fin o naturaleza sea provocar el terror en personalidades determinadas, grupos de personas o entre el público", noción complementada con la referencia limitativa a una serie de actos específicos que revestían aquel carácter.

Por todos los instrumentos internacionales, citaré la relación a la que remite la Convención Interamericana del 2002, cuyo objeto explícito es "prevenir, sancionar y eliminar el terrorismo"; con esta finalidad, los Estados "se comprometen a adoptar las medidas necesarias y fortalecer la cooperación entre ellos" (artículo 1o.). La Convención Interamericana entiende como "delito", para los efectos del propio instrumento, los ilícitos establecidos en una serie de convenios, que devienen aplicables precisamente bajo el concepto de persecución del terrorismo. Los mencionaré en el orden que acoge ese documento continental —de manera semejante a otros de alcance mundial—: Convenio para la represión del apoderamiento ilícito de aeronaves (La Haya, 16 de diciembre de 1970), Convenio para la represión de actos ilícitos contra la seguridad de la aviación civil (Montreal, 23 de septiembre de 1971), Convención sobre la prevención y el castigo de delitos contra personas internacionalmente protegidas, inclusive los agentes diplomáticos (AG de Naciones Unidas, 14 de diciembre de 1973), Convención internacional contra la toma de rehenes (AG de Naciones Unidas, 17 de diciembre de 1979), Convenio sobre la protección física de los materiales nucleares (Viena, 3 de marzo de 1980), Protocolo para la represión de actos ilícitos de violencia en los aeropuertos que prestan servicios a la aviación civil internacional, complementario del Convenio para la represión de actos ilícitos contra la seguridad de la aviación civil (Montreal, 24 de febrero de 1988), Convenio para la represión de actos ilícitos contra la seguridad de las plataformas fijas emplazadas en la plataforma continental (Roma, 10 de marzo de 1988), Convenio Internacional para la Represión de los Atentados Terroristas cometidos con Bombas (AG de Naciones Unidas, 15 de diciembre de 1997) y Convenio Internacional para la Represión del Financiamiento del Terrorismo (AG de Naciones Unidas, 9 de diciembre de 1999).

La Convención Interamericana no alude expresamente a otras conductas que pudieran quedar abarcadas por el sistema de regulación que instituye. En este sentido pudiera tener mayor alcance el Convenio Europeo sobre Represión del Terrorismo, que sin referirse a instrumentos específicos contempla cualesquiera actos que ataquen la vida, la integridad corporal o la libertad de personas con derecho a protección internacional, los delitos que impliquen rapto, toma de rehenes o secuestro arbitrario, los delitos que impliquen utilización de diversos instrumentos explosivos "en los casos en que dicha utilización represente un peligro para las personas", la tentativa de comisión de los delitos mencionados por el Convenio y la participación —a título de coautor o cómplice— en la perpetración o la tentativa de comisión de aquéllos (1, c, d, e y f).

La misma Convención continental prevé un amplio conjunto de medidas de colaboración interestatal para la lucha contra el terrorismo, favorece la incorporación de los Estados a los instrumentos internacionales mencionados, pone acento en los supuestos de financiamiento de actividades terroristas, lavado de dinero y aseguramiento de bienes, regula la extradición y el traslado bajo custodia, niega la condición de delitos políticos a los ilícitos recogidos en aquellos instrumentos, impide que se conceda asilo o se atribuya la calidad de refugiados a los inculpados por esos delitos, preserva la jurisdicción territorial de los Estados partes, etcétera.

Creo pertinente formular aquí algunas consideraciones complementarias acerca del derecho penal internacional, y especialmente en torno a la jurisdicción penal de este alcance, llamada a pronunciarse sobre delitos de trascendencia internacional, como puede ser el terrorismo. La preocupación mundial a la que me he referido acredita la pertinencia de sujetar este género de delitos a esa jurisdicción.

Ya es larga —de más de un siglo— la historia del derecho penal internacional, sustentado en la identidad cultural sobre los bienes mayores de la vida social, en la trascendencia creciente del delito y en el rechazo a la impunidad. Desde un punto de vista práctico, la persecución de los criminales, más allá de las fronteras de una comunidad, pudo revestir escasa importancia —y carecer de urgencia, por lo mismo— en la era de las sociedades más o menos aisladas e incomunicadas. El crimen sólo alcanzaba a unas cuantas personas y se resolvía en un pequeño espacio humano y territorial. El antiguo delito tenía cierto aire doméstico: el victimario y la víctima se hallaban identificados, aquél solía actuar por motivos *intuitu personae*, el peligro o el daño quedaban encerrados en el recinto de un hogar, un barrio, una ciudad. En éste se consumaba el delito, se desplegaba el juicio y se aplicaba —por mano de la víctima o sus allegados, o bien, por mano del poder público— la sanción correspondiente. Era menor, en general, el riesgo de que el delito quedase impune, a no ser por la fuerza incontrastable del infractor, que subordinaba la capacidad de reacción del ofendido. Por otro lado, la propia comunidad ofendida podía optar igualmente por el extrañamiento del infractor: la expulsión de la ciudad, el destierro, la exclusión civil.

Las cosas cambian cuando se modifican las características de la criminalidad, al parejo de la evolución de las relaciones sociales. Algunos delitos —cuyo número y complejidad crecen— van más allá del antiguo recinto: trascienden las fronteras del barrio o la ciudad, y en ocasiones las de la nación, sea porque las conductas que los constituyen tengan ese alcance, sea porque sus consecuencias se desplieguen más allá del sitio en el que se comete la infracción. Por otro lado, la vulneración de bienes que interesan a un sector cada vez más extenso de la humanidad, representado por un número cada vez mayor —hasta acercarse a la unanimidad— de los Estados modernos, suscita igualmente una reacción muy amplia que ya no se reduce por las fronteras nacionales. La mundialización de la delincuencia obliga a la mundialización de la lucha contra la criminalidad y prohíja un régimen jurídico de gran alcance.

Sin desbordar necesariamente o cancelar aquellas fronteras, la reacción demanda una actividad concertada, sistemática y duradera que persiga al delincuente dondequiera que se encuentre. El brazo de la justicia debe ser tan largo como lo requieran la captura y el enjuiciamiento del criminal, aunque ese brazo no corresponda a quien dictó la norma violentada. Surge la nueva obsesión, concretada en una expresión beccariana: que no haya lugar en el que encuentre asilo el criminal; la punición, contrapartida de la impunidad, constituye la naciente divisa del sistema penal; punición que enlaza, por lo demás, con una de las finalidades de este sistema y de las sanciones que contempla: la prevención general, la intimidación de los no culpables, potenciales infractores, como consecuencia del castigo de los culpables, delincuentes actuales.

Todo esto genera, finalmente, un derecho penal internacional que modera los rasgos de territorialidad sustantiva, adjetiva y ejecutiva del derecho penal clásico. La persecución allende las fronteras se expresa en diversas formas. Una de ellas es la operación de la justicia penal nacional, convenientemente internacionalizada o transnacionalizada: persecución de delitos perpetrados fuera de la jurisdicción nacional del Estado que persigue, sea que se realicen en lugares sobre los que no se extiende ninguna jurisdicción nacional —el mar libre, por ejemplo—, sea que se ejecuten en lugares sobre los que existe cierta competencia nacional, que en la especie no actúa, cuando también se presentan otros datos que justifican la actuación del perseguidor: *verbi gratia*, que la víctima sea de la nacionalidad de éste.

Sin embargo, esa persecución por encima de las fronteras sigue correspondiendo al ejercicio de un solo poder nacional; aún no tiene, propiamente, el signo de una verdadera persecución internacional, es decir, realizada "entre" naciones. Ésta se presenta, en cambio, cuando más de un país interviene, colaborando con otro y al amparo de normas que los obligan o los facultan, en la investigación o el enjuiciamiento de un hecho delictuoso. Aquí se plantea ya el derecho penal internacional. Cherif Bassiouni destaca las dos acepciones de este concepto. Una de ellas, que se concentra en las expresiones internacionales del derecho penal, implica la asistencia penal entre Estados soberanos y corresponde, sobre todo, a los temas procesales de la persecución: así, la práctica de investigaciones o el cumplimiento de actos de auxilio jurisdiccional, como son los desencadenados por el régimen de extradición.

Otra de esas acepciones versa sobre la aplicación internacional de normas de este mismo orden, que crean delitos y ordenan penas, más allá del ámbito legislativo de un solo Estado. Atañe a los temas sustantivos de la persecución. Se trata, en la especie, de expresiones penales del derecho internacional: a éste corresponde, en efecto, la tipificación criminal de las conductas ilícitas, la definición de las sanciones aplicables, el enjuiciamiento de los responsables y la ejecución de las penas. Es evidente que esta segunda versión del derecho penal internacional significa una más genuina persecución internacional, con desplazamiento —finalmente— de las jurisdicciones nacionales (sin perjuicio de que éstas conserven la calidad de originales, principales o preferentes, y aquéllas la condición de subsidiarias o complementarias, como ocurre en el Estatuto de la Corte Penal Internacional, pero no en los estatutos de los tribunales para la ex Yugoslavia y Ruanda), y refleja una determinación radical en contra de la impunidad. Significa, por lo demás, una etapa más avanzada en la construcción del derecho internacional convencional.

El derecho penal internacional, en el segundo de los sentidos a los que me he referido, tiene una historia casi centenaria a partir de las propuestas vinculadas a la tutela de las normas humanitarias aplicables en casos de conflictos bélicos. Este planteamiento, que no prosperó, se vincula con las preocupaciones generosas de Gustave Moynier y la Cruz Roja Internacional. Hubo luego otras propuestas —entre ellas la muy relevante, ya citada, que se concreta en los proyectos de Ginebra, de 1937— para el establecimiento de la jurisdicción internacional. No pretendo recorrer el camino formador del actual Estatuto de la Corte Penal Internacional, de 1998, que entró en vigor en julio de 2002 y en cuyo sistema cuentan numerosos Estados —más de 80 en septiembre de este último año—, no todavía México. Ese camino se inició, propiamente, al cabo de la Segunda Guerra Mundial, sobre las huellas de los tribunales de Nüremberg y Tokio.

El Estatuto de la Corte Penal Internacional —o Estatuto de Roma— es un ordenamiento penal sustantivo, adjetivo, ejecutivo y orgánico. En él se acogieron las disposiciones incriminadoras y sancionadoras que debieron ser materia —conforme a los trabajos previos— de un código penal internacional. Hoy, éste se aloja en el Estatuto. El difícil concierto de las naciones, que significa conciliación de fuerzas e ideas políticas, pero también de doctrinas, dio como resultado una preceptiva penal muy discutible. El catálogo de los delitos sujetos a la competencia material de la Corte Penal Internacional, que integran, desde la óptica sustantiva, el ámbito material de vigencia del derecho penal internacional, abarca el genocidio, los crímenes de lesa humanidad, las infracciones más graves del derecho humanitario, los delitos contra la administración de justicia —cuatro categorías a las que ya se extiende la jurisdicción de la Corte— y el delito de agresión

—categoría pendiente de inclusión formal, no en balde se refiere a uno de los temas más controvertidos y delicados en la relación entre las naciones.

No figuran en ese catálogo, pues, otros crímenes, no obstante que éstos se hallan en la génesis de la justicia penal internacional moderna. Tales son, destacadamente, los casos del terrorismo y el narcotráfico, temas que provocaron, en su momento, movimientos conducentes al establecimiento de una jurisdicción internacional. Se echa de menos, particularmente en esta hora, la inclusión del terrorismo entre los delitos de los que conocerá la Corte Penal Internacional. Si este vacío se colmara, acaso podrían desaparecer del horizonte internacional los fenómenos de fuerza y las decisiones unilaterales que suscita este crimen. En otros trabajos, reunidos en el volumen *La Corte Penal Internacional*, publicado en 2002 por el Instituto Nacional de Ciencias Penales, me he referido a las ventajas de contar con una jurisdicción penal internacional. No desconozco los problemas que ésta entraña —particularmente desde el ángulo de la soberanía de los Estados, destacado por los países que han sufrido, como es el caso de México, atropellos a manos de potencias invasoras o intervencionistas—, pero tampoco se puede ignorar que el trato internacional de estas cuestiones ganaría mucho si la situación que ha prevalecido hasta ahora fuese relevada por un nuevo orden de cosas —como comienza a ocurrir, con infinidad de tropiezos— caracterizado por la existencia de un sistema de justicia internacional acordado por la comunidad de las naciones a través de un amplio consenso.

Vayamos ahora a la legislación mexicana correspondiente al delito de terrorismo, que se ha procurado definir —tipificar— en la ley penal para satisfacer la observancia del principio de legalidad previsto en el artículo 14 constitucional. Anticipemos que la descripción de estos hechos punibles afronta, como es obvio, los mismos problemas que han enfrentado y enfrentan los trabajos nacionales e internacionales de la misma naturaleza. Difícilmente se podría construir una caracterización penal a salvo de objeciones o reproches. No lo está, desde luego, el tipo penal en el derecho mexicano.

El Código Penal Federal recoge la figura del terrorismo en el artículo 139. Este tipo no existía en la versión original del código, que data de 1931. Fue incorporada por reforma de julio de 1970, cuando se llevó adelante una amplia modificación de varios preceptos, que trajo consigo, entre otros cambios del régimen penal, la supresión de la muy controvertida figura de disolución social, la incorporación de los tipos de terrorismo y sabotaje y diversas adiciones sobre privación ilegal de la libertad.

El 18 de noviembre de 1969, el Senado envió a la Cámara de Diputados una minuta con iniciativa aprobada —presentada por los senadores Juan José González Bustamante, Armando Arteaga Santoyo y Fausto Pintado Borrego— que incorporaba en el Código Penal —entonces para la Federación y el Distrito Federal, en sus respectivas jurisdicciones— el delito de terrorismo. El 13 de julio se presentó una nueva iniciativa en la que figuraban todos los temas que abarcaría la reforma penal de julio de 1970, entre ellos, desde luego, el relativo al terrorismo. Esta iniciativa —de la que proviene la reforma— aparece suscrita por un grupo de senadores y diputados, y fue entregada a la Comisión Permanente durante el receso del Congreso. Varios suscriptores habían participado en las audiencias públicas convocadas para escuchar puntos de vista en torno a la posible derogación del delito de disolución social; otros legisladores que suscribieron la iniciativa se integraron más tarde en el grupo promotor de la reforma. Para conocer el proyecto se convocó al Congreso a un periodo extraordinario de sesiones. El dictamen formulado en la Cámara de Diputados traería consigo nuevos cambios, hasta culminar en el texto finalmente aprobado, que en este punto no ha recibido modificaciones.

En su exposición de motivos, los tres senadores citados —autores de la primera iniciativa— señalaron que la aparición de nuevas formas de delincuencia en nuestro país tendientes a mantener a la sociedad en constante sobresalto, por su complejidad, requieren la inmediata intervención de los órganos del Estado encargados de la prevención y la represión de los delitos, pero dichos órganos se encuentran en la imposibilidad de actuar en tanto no existan en el derecho positivo las normas que lo establezcan.

Los últimos atentados cometidos en diversos lugares de la ciudad de México y al parecer, en algunas regiones de la República, han merecido unánime condenación social en virtud de que sus autores que actúan en la sombra, aprovechan las altas horas de la noche o la falta de vigilancia, para cometer esta clase de actos ocasionando daños en el patrimonio de las personas y en su integridad física. La misión del legislador en casos de esta índole, es estar pendiente de todo aquello que dañe o pueda dañar los intereses colectivos; pero no creemos que sea necesaria la repetición de actos de esta naturaleza para que sean punibles. Independientemente de los delitos que resulten cometidos, estas conductas deben sancionarse de diverso modo para que, aplicando las reglas del concurso, la penalidad que corresponda tome en cuenta su gravedad. Juzgamos que no se trata de un delito plurisubsistente como lo denomina Sebastián Soler ni tampoco un delito de varios actos como lo llama Edmundo Mezger, pues será suficiente con que en una sola vez haga su aparición, para que se integre el tipo delictivo.

El delito de terrorismo, como ha sido clasificado en algunas legislaciones extranjeras, ha merecido una alteración constante por los efectos dañosos que produce y sus resultados forman una gran escala. La Convención Internacional reunida en Ginebra, votó el 16 de noviembre de 1937 la recomendación para que los Estados firmantes, incluyeran en sus leyes punitivas el terrorismo como una figura delictiva autónoma. Las actividades delictuosas pueden ir desde la propagación de noticias falsas con el ánimo de sembrar el terror o el pánico en una colectividad determinada, hasta los delitos más graves contra la vida, la integridad corporal o el patrimonio de las personas.

El proyecto del 13 de julio analiza prolijamente los hechos que determinaron la propuesta legislativa, la regulación de estos temas en diversos países y numerosos antecedentes en declaraciones, conferencias y acuerdos internacionales. Los proyectistas abordan cada uno de los delitos sujetos a consideración. En lo que hace al terrorismo, se pondera la provocación de "un estado anímico, individual o colectivo, de miedo, espanto, pavor de un mal que amenaza o de un peligro que se teme, de angustia, aflicción, congoja o desesperación". Se dice que el terrorista atenta contra el individuo, la sociedad, la nación y el Estado, con la finalidad de "alarmar, amedrentar en alto grado, es decir, aterrorizar al medio social, con objeto de alterar la paz pública, provocar el desorden o compeler a las autoridades para que satisfagan peticiones sin apego a las normas legales".

En cuando a los medios de los que se vale el terrorismo, los proyectistas consideraron que

> en un principio, los actos de fuerza sobre las personas y el manejo de detonantes, explosivos, elementos incendiarios y armas de fuego, fueron inseparables de la actividad terrorista. Hoy en cambio la posibilidad del empleo de sustancias tóxicas, capaces de diezmar inadvertidamente a una población y los medios de comunicación masiva, han permitido nuevas formas de acción a los terroristas. En efecto, a la sociedad se le puede atemorizar, no sólo dinamitando un ferrocarril, incendiando un edificio o destruyendo una embajada u oficina de gobierno, sino también envenenando alimentos de consumo diario, como el agua, el pan, las verduras o la leche y acaso, con mayor efectividad, proporcionando falsas noticias de una inminente invasión extranjera o de una calamidad pública cuyos efectos se exageran.

Finalmente, al analizar los elementos del delito la iniciativa consideró que

> en el terrorismo aparece como núcleo central la intimidación mediante actos que pueden o no ser violentos, de tal suerte que el agente activo para lograr los fines inmediatos que se propone, emplea elementos subjetivos y objetivos o se vale de cualquier medio para producir un estado de inquietud en una población o en un grupo o sector de la misma, a fin de crear un clima propicio a los objetivos mediatos que se hayan trazado.

El proyecto de artículo 139 quedó como sigue:

> Se impondrá prisión de dos a cuarenta años y multa hasta de cincuenta mil pesos, sin perjuicio de las penas que correspondan por los delitos que resulten, al que utilizando explosivos, sustancias tóxicas, armas de fuego o por incendio, inundación, o por cualquier otro medio violento, realice actos en contra de las personas, las cosas o servicios al público, que persigan producir o produzcan alarma, temor, terror en la población o en un grupo o sector de ella, o perturben la paz pública, o traten de menoscabar la autoridad del Estado, o presionar a la autoridad para que tome una determinación. Cuando los mismos efectos se produzcan por medios no violentos, la sanción será de uno a diez años de prisión y multa hasta de quince mil pesos.

El dictamen formulado en la Cámara de Diputados el 23 de julio se refirió a las características del terrorismo y a la persecución de éste, y planteó algunos cambios con respecto al proyecto contenido en la iniciativa. Los dictaminadores sostuvieron que

> el terrorismo, en todas sus formas y cualesquiera que sean sus resultados, configura uno de los delitos más graves, es una de las conductas más ofensivas a la sociedad y constituye delito calificado por premeditación, ventaja, alevosía y traición.
>
> En la ejecución de su conducta delictuosa, el terrorista piensa, premedita lo que va a realizar y tiene la intención de causar daño; obra con ventaja porque, en virtud de los medios empleados en la comisión del delito, no corre peligro alguno en su integridad física; obra con alevosía porque se vale de la clandestinidad, la acechanza para causar el daño; y, finalmente, en múltiples ocasiones, actúa con traición al faltar a la confianza que se le guarda porque se ignoran sus actividades y los fines que persigue.
>
> El terrorismo, es a la vez un medio y un fin; es delito de peligro y finalista. Sus medios son los actos violentos que se realizan con explosivos, incendio, armas de fuego, tóxicos y otros para causar espanto, miedo, pánico, terror o angustia en la colectividad para des-

quiciarla; esa situación sicológica que se pretende crear en la multitud, es también medio para llegar al extremo final que persigue de menoscabar la autoridad del Estado, obligar a la autoridad a realizar un acto determinado y, en última instancia, a derrocarla o modificar la estructura e instituciones del Estado.

El terrorista, en un sistema democrático como en el que vivimos, en que el pueblo y las autoridades se rigen por las disposiciones constitucionales y por la aplicación del derecho, no ha logrado ni logrará los fines que lo impulsan, pero desgraciadamente su conducta ocasiona numerosas víctimas inocentes y daña a la colectividad.

La víctima del terrorismo es el pueblo, que siente cólera y desprecio hacia quien coloca o lanza el instrumento de la destrucción. El terrorista es anónimo, cobarde, inhumano, despiadado y cruel. No combate a cara abierta sino que asesina o destruye a mansalva y propende a hacer víctimas inocentes; el acto terrorista no tiene dedicatoria personal. Destruye a ciegas.

La repulsa hacia el terrorismo ha sido general en el mundo y ha unificado a todos los pueblos en su contra; de ahí la necesidad de tipificar y sancionar con energía los actos de terrorismo.

Los cambios que sugirió el dictamen, recogidos en la redacción que actualmente presenta el artículo 139, fueron los siguientes: *a)* adición de las palabras "pena de" antes de la voz prisión, en la primera parte del precepto; *b)* supresión de las palabras "persigan producir" —sólo queda la expresión "produzcan"— en esa misma primera parte, "con el fin de evitar la posible interpretación de que se pretende crear un delito de tendencia"; y *c)* eliminación del segundo párrafo, en virtud de que el terrorismo "se caracteriza por el empleo de medios o resultados violentos para lograr el fin propuesto"; se elimina aquel párrafo "a fin de evitar posibles interpretaciones extensivas, ajenas a la intención de los proponentes".

En el debate sobre la iniciativa y el dictamen, realizado el 24 de julio, se discutió largamente la propuesta relativa al artículo 139. Las objeciones tuvieron que ver, sobre todo, con la imprecisión del tipo y el empleo de expresiones que pudieran abarcar hipótesis alejadas del objetivo de la reforma: sancionar actos de suma gravedad que producen las más severas consecuencias. En esa misma jornada, las comisiones sugirieron la incorporación de un segundo párrafo en el precepto que ahora nos interesa. Esta sugerencia a propósito de la denuncia de particulares contra autores de terrorismo igualó el caso de este delito con otros previstos en la iniciativa: espionaje y sabotaje. La propuesta fue aprobada y el texto sugerido figura como segundo párrafo del artículo en vigor. Al cabo de la discusión, se aprobó el precepto por 129 votos a favor y 26 en contra.

El artículo 139 integra el capítulo VI del título primero del libro primero de aquel ordenamiento. Si nos atenemos al epígrafe del título —en el que debiera instalarse el bien jurídico protegido, aunque no haya sido ésta la técnica uniformemente seguida por el legislador penal— concluiremos que con esa figura se ampara la seguridad de la nación. El tipo de terrorismo comparte esta condición con otros de diverso carácter: traición a la patria, espionaje, sedición, motín, rebelión, sabotaje y conspiración (para cometer cualquiera de esos delitos, acordando los medios de llevar a cabo su determinación). Originalmente se distinguía entre delitos contra la seguridad interior y contra la seguridad exterior de la nación. La diferencia ya no existe.

El terrorismo consiste en: *a)* realización de actos, *b)* en contra de las personas, las cosas o servicios al público, *c)* que produzcan alarma, temor, terror en la población o en un grupo o sector de ella, *d)* para perturbar la paz pública o tratar de menoscabar la autoridad del Estado, o presionar a la autoridad para que tome una determinación, y *e)* utilizando para ello explosivos, sustancias tóxicas, armas de fuego o mediante incendio, inundación o por cualquier otro medio violento. La punibilidad es de dos a cuarenta años de prisión y de hasta cincuenta mil pesos (que deben convertirse en días multa conforme a la tabla de conversión que resultó de la reforma de 1983, vigente en 1984, que introdujo en la legislación penal mexicana el sistema general de días-multa). Se sancionarán separadamente los delitos que pudieran ser resultado de las acciones terroristas.

¿Concierne el terrorismo, por su propia naturaleza, solamente al orden federal? Esta pregunta se debe contestar en sentido negativo. Puede haber terrorismo en el orden común y en el federal. Pensemos, por ejemplo, en la posibilidad de que el agente pretenda forzar decisiones del gobierno estatal, municipal o distrital, no del federal. En este mismo sentido ha marchado la legislación de varios estados (en algún caso, analizada por la jurisprudencia, aunque ésta no se haya referido a la constitucionalidad de la legislación misma, en virtud de la competencia de la autoridad que la expide). Pero otros ordenamientos optan por una solución diferente. Tal es el caso en el nuevo Código Penal para el Distrito Federal. Esta opción suscitaría interrogantes a la hora de perseguir actos de terrorismo que tengan la finalidad a la que me refiero en este párrafo.

De la caracterización legal del terrorismo se desprenden varios elementos que ameritan análisis. En primer término, el terrorismo sólo se comete por acción, no por omisión. No hay terrorismo culposo, sino sólo doloso. Así lo indican tanto las características mismas del terrorismo (otra cosa sería crear una situación de grave alarma social, sin proponerse los fines que entraña el terrorismo), como el régimen penal actual sobre la culpa. El terorismo no figura en el número (*numerus clausus*) de los abarcados por el título de culpa. El tipo establece contra quién o contra qué se dirigen las acciones terroristas: personas, cosas o servicios al público. Es posible suponer que las "personas" atacadas pueden ser tanto físicas como colectivas, y no sólo aquéllas, a condición de que el ataque pretenda o produzca el resultado que adelante mencionaré (si no se acepta esta posibilidad, el ataque a personas colectivas pudiera concretarse, no obstante, en el ataque a cosas o servicios). En cuanto a estos últimos, es razonable concluir que se trata de cualesquiera servicios que se suministren a la población en general, por cuanto la ley no distingue entre servicios públicos o privados, prestados directamente por el Estado o sus organismos o concesionados o permitidos a ciertos particulares, etcétera, también a condición de que el ataque genere el resultado lesivo que el tipo reclama.

La descripción legal previene el empleo de ciertos medios comisivos; en ausencia de éstos no existirá terrorismo, aunque se reúnan los demás elementos del tipo. El agente debe valerse de explosivos, sustancias tóxicas, armas de fuego, incendio, inundación o "cualquier otro medio violento". Aquí se alude a violencia física, no a violencia moral: así lo sugiere la referencia a los medios o instrumentos señalados explícitamente, todos los cuales se relacionan con aquella forma de violencia, que es su común denominador. Se trata, pues, de instrumentos o de medios que pueden generar daños de cierto alcance, amplios, generalizados, como sucede en los casos de explosivos, incendio o inundación. Otra cosa son las armas de fuego. Pudiera venir a cuentas un arma con escaso potencial de daño: no es lo mismo un cañón o una ametralladora que un revólver de calibre reducido.

La referencia a "cualquier otro medio violento" abre un horizonte muy amplio que pudiera llevar a conclusiones excesivas. El riesgo no se acota en función del medio, sino de lo que por este conducto se obtiene y del resultado que en fin de cuentas se pretende: esto sustenta la alusión a cualesquiera medios violentos. Es notorio que en la especie no se ha considerado el empleo de medios ingeniosos, como la difusión de versiones inquietantes, la propalación de rumores que generen desazón o temor, la amenaza de causar daños, etcétera. El desechamiento de los medios no violentos viene de los cambios de redacción introducidos por las comisiones dictaminadoras de la iniciativa en la Cámara de Diputados; originalmente —como antes indiqué— el proyecto también consideraba la comisión del terrorismo por medios no violentos.

La jurisprudencia federal ha tenido ocasión de pronunciarse sobre este punto (y acerca de otros, como adelante se verá), al examinar el tipo penal de terrorismo contenido en la legislación de Baja California. Conviene observar desde ahora que la descripción del correspondiente código penal coincide con la del ordenamiento federal, salvo en dos extremos. Por una parte, la de Baja California señala que las finalidades perturbadoras que se propone el agente pueden enderezarse contra "la autoridad del Estado o municipios"; y por la otra dispone punibilidades diferentes: dos a cuarenta años de prisión y hasta quinientos días multa para el terrorista, y uno a cinco años de prisión y hasta doscientos días multa para quien omite denunciar las actividades de un terrorista y su identidad, teniendo conocimiento de ellas.

En el A.R. 237/93, resuelto el 21 de septiembre de 1993, el Primer Tribunal Colegiado del Décimo Quinto Circuito estimó que

> los medios violentos a que se refiere el tipo penal del delito de terrorismo previsto por el artículo 279 del código penal del Estado, deben reputarse como aquellos que, aun cuando fueren rústicos, como los define el juez de amparo (palos, varillas, etc.), produzcan alarma, pánico o terror en la población, o un sector de ella, y con ellos se quebrante el orden público, por lo que es inexacto que para que se configure tal ilícito, sea menester que los medios violentos sean similares a las sustancias tóxicas, armas de fuego o explosivos, pues basta, como ya se dijo, que con ellos se produzca alarma, terror o pánico en la población o en un sector de ella.

Esa jurisprudencia abre la puerta a la consideración de los restantes datos del tipo. La conducta del agente, dirigida contra personas, cosas o servicios y realizada de la manera que hemos visto, debe generar cierta situación y orientarse a un objetivo específico, que el agente se propone como resultado. Aquélla, característica del terrorismo, es la siembra de "alarma, temor, terror en la población o en un grupo o sector de ella". El *Diccionario de la Lengua Española* describe la alarma como "inquietud, susto o sobresalto causado por algún riesgo o mal que repetinamente amenace" y reconoce las siguientes acepciones de temor, pertinentes para este asunto: "Pasión del ánimo, que hace rehuir o rehusar las cosas que se consideran dañosas, arriesgadas o peligrosas" y "recelo de un daño futuro". Por último, define al terror como "miedo muy intenso". Esos fenómenos anímicos pueden corresponder, pues, a otros tantos grados de una alteración sicológica que culminaría en pánico: "miedo grande o temor muy intenso".

No ha sido muy feliz, en este punto, la descripción del ilícito. Nótese el desacierto de olvidar la disyunción "o" entre temor y terror; difícilmente se podría suponer que se ha querido acumular todos esos conceptos, exigiendo la reunión de todos —que tienen comunidad básica— en un solo producto. Se alude indistintamente, pues, a cualquiera de las tres categorías de alteración anímica. Por ello parece bastar con que haya simple temor (posibilidad que se rechaza en una resolución de nuestros tribunales federales, que adelante señalaré), aunque no exista verdadero terror, concepto que es, por otra parte —y con toda justificación—, lo que se trata de prevenir a través de la tipificación penal de esta conducta. El tribunal —y previamente el Ministerio Público que investiga y ejercita la acción penal— deberán apreciar cuidadosamente el estado de ánimo que ha generado la conducta del agente. ¿Será perseguible, a título de terrorismo sancionable con hasta cuarenta años de prisión, la producción de un leve recelo de mal futuro, que ya es temor? ¿Lo será la generación de una mera inquietud, que ya es alarma?

Tampoco resulta particularmente acertada la identificación de los sujetos en quienes deben producirse esos fenómenos sicológicos. Señala el Código Penal Federal, como vimos, que se trata de "la población" o de "un grupo o sector de ella". Es clara e inobjetable la referencia a la población: los habitantes de cierto territorio. El problema surge cuando se alude a grupo o sector. Volvamos al *Diccionario de la Lengua Española.* Grupo es "pluralidad de seres o cosas que forman un conjunto, material o mentalmente considerado", y sector es, en sentido figurado, "parte de una clase o de una colectividad que presenta caracteres peculiares". En rigor, un grupo puede hallarse integrado por unas cuantas personas: tres, cuatro, diez...; y un sector puede estar constituido, asimismo, por un número pequeño o pequeñísimo de sujetos, a condición de que entre ellos exista cierto factor que los unifique y que sirva para acreditar, en esta hipótesis, el "carácter peculiar": sexual, religioso, profesional, político, étnico, por ejemplo.

La jurisprudencia ha examinado la configuración del terrorismo en función del temor que la conducta genera sobre la población o un sector de ésta. No existe terrorismo —sostuvo el primer Tribunal Colegiado del Décimo Quinto Circuito en el A.R. 237/93, resuelto el 21 de septiembre de 1993—

> cuando los actos violentos realizados no produzcan en la población o en uno de sus grupos pánico, terror o alarma, y por ende, no altere la paz pública ni traten con ello de menoscabar la autoridad del Estado a fin de que tome una determinación, por lo que si el quejoso, junto con un grupo de personas, se presentan en unas instalaciones de gobierno, llevando botes con piedras, varillas y palos, los cuales estrellan contra el suelo, originando un escándalo que motive que suspendan las labores momentáneamente, aunque alguno de los testigos manifiesten que tal escándalo produjo en ellos cierta alarma y temor, ello no es configurativo del ilícito en comento, pues el tipo penal se refiere al terror o pánico como elemento constitutivo del delito y no al simple temor, que como consecuencia única, tenga simplemente una suspensión momentánea de labores en sus oficinas donde acontecieron los hechos, pero que no se pusiera en peligro alguno la integridad física de las personas, ni jurídica de la nación, ni la seguridad del Estado.

Aquella tesis promueve ciertas consideraciones. El hecho de que el agente no obtuviera el resultado buscado no elimina el delito. Puede existir tentativa de terrorismo si se está en los casos previstos por el artículo 12 del Código Penal Federal: el agente "realiza en todo o en parte los actos ejecutivos (es decir, actúa en contra de personas, cosas o servicios al público, por los medios requeridos en el artículo 139, generando la alteración anímica que este precepto señala) que deberían producir el resultado" (la perturbación de la paz, el menoscabo de la autoridad o la presión a la autoridad), si éste "no se consuma por causas ajenas a la voluntad del agente".

El resultado típico de la acción terrorista es perturbar la paz pública, tratar de menoscabar la autoridad del Estado (el Estado federado o los municipios, en hipótesis de terrorismo previsto por leyes locales) o presionar a la autoridad para que tome una determinación. Perturbar la paz es alterar las condiciones de seguridad, tranquilidad o confianza en las que regularmente se desenvuelve la vida social; trastornar ésta, generar un estado de cosas que impida u obstruya el curso normal de la existencia. No podría pretenderse solamente una alteración, un impedimento o una obstrucción de escasa monta, irrelevantes, que dejen incólumes, en sustancia, las condiciones de paz prevalecientes. Se necesita mucho más que eso para satisfacer la exigencia finalista del tipo.

Es cuestionable la expresión "tratar de menoscabar la autoridad del Estado"; se debió decir: "menoscabar la autoridad", que es el fin verdaderamente querido por el agente. De lo contrario, sólo intentaría algo; el intento consumaría el delito; el agente apenas se propondría una tentativa. La pretensión, el propósito, la finalidad procurada es deteriorar la capacidad del Estado para ejercer sus atribuciones; la autoridad del Estado debe referirse a éstas, tal como se hallan establecidas en el orden jurídico. En cuanto al fin de presionar a la autoridad para que tome una determinación, no hay distinción acerca de la autoridad presionada: cualquier autoridad, en cualquier órgano del Estado. Tampoco es necesario que ésta ceda a la pretensión o se halle en la inminencia de ceder. El tipo no alude a la naturaleza de la determinación que se pretende arrancar a la autoridad: dentro o fuera de sus atribuciones, positiva o negativa, justa o injusta. Sólo se considera la presión para forzar la voluntad de quien ejerce la atribución que se quiere orientar. La formulación del tipo genera interrogantes que deberá resolver la interpretación judicial. No hay duda de que sólo la puntual conexión entre los diversos y numerosos elementos del tipo penal permitirá incriminar una conducta a título de terrorismo, sorteando las dudas y aclarando las zonas oscuras que cada uno de ellos, por sí mismo, plantea.

El terrorismo se puede perpetrar bajo los conceptos de autoría o participación mencionados en el artículo 13 del Código Penal Federal. Ahora bien, en este punto hay que tomar en cuenta la disposición contenida en el artículo 141 acerca de la conspiración, a la que antes aludí. En el *iter criminis* de los delitos contra la seguridad de la nación, ésta se coloca en una etapa anterior a los actos preparatorios, en sentido estricto. Efectivamente, existe conspiración punible cuando un número plural e indeterminado de personas —pueden ser dos o más, si se atiende a la expresión puntual del artículo 141— resuelven de concierto cometer uno o varios de los delitos abarcados por el título relativo a ilícitos contra la seguridad de la nación y acuerdan los medios de llevar a cabo su determinación. Eso es todo: no se requiere que además adelanten un paso en la ejecución de lo que acuerden; no se necesita que haya un punto de realización —que es el dato clave en el artículo 13— concretado en actos conducentes a la comisión del terrorismo (o de los otros delitos comprendidos en el título citado). Existe controversia sobre esta forma de anticipación de la responsabilidad penal y, por lo tanto, de la función persecutoria del Estado, que se amplía considerablemente. No hay duda de que en el mundo entero —y no sólo para los casos de terrorismo, por supuesto— ha avanzado la incriminación de la *conspiracy*.

La jurisprudencia se ha ocupado de la conspiración para cometer delitos contra la seguridad de la nación. En efecto, en el A.D. 4339/74, de Eugenio Peña Garza, con fallo del 16 de abril de 1980, la Primera Sala de la Suprema Corte de Justicia consideró que en el artículo 141 del Código Penal

> se recoge un tipo penal de los denominados de "resultado cortado" o "resultado anticipado", ya que en estricto rigor la ley ha elevado a la calidad de delito autónomo una mera resolución manifestada, respecto a la comisión futura de otras conductas, atentatorias éstas, de la seguridad de la nación (traición a la patria, espionaje, sedición, motín, rebelión, terrorismo y sabotaje). En este orden de ideas, el

> delito de conspiración requiere, para su demostración plena, no sólo de un franco y positivo acuerdo para llevar a cabo alguno de los delitos ya citados, sino además que tal acuerdo abarque la concreción de los medios de ejecución del delito o delitos propuestos, sin que se advierta de la descripción legal la necesaria comisión del delito específico. En consecuencia, es elemento esencial de la conspiración el concierto criminal, con independencia de los actos de ejecución o el grado de ésta a que se llegue. Como mera resolución manifestada, el delito de conspiración exige, sin embargo, la prueba fehaciente del acuerdo o concierto tomado y de la concertación de los medios pertinentes para llevar a cabo el o los delitos concretos ya señalados.

También hay que considerar el trato específico que el artículo 142, ubicado entre las "Disposiciones comunes para los capítulos de este título" (el relativo a delitos contra la seguridad de la nación, entre ellos el terrorismo), da a quien instigue, incite o invite a la ejecución de varios de aquéllos, en cuya relación figura el terrorismo. Más severo es el trato, en general, cuando se instiga, incita o invita a militares en ejercicio. Esta separación de participantes en el terrorismo —o bien, de autores de un delito autónomo de instigación, incitación o invitación— genera problemas con respecto a la figura del autor intelectual del delito, al que se refiere la actual fracción V del artículo 13: el que determina dolosamente a otro a cometer el delito. Una redacción anterior, que se hallaba vigente en la época de la reforma que ahora examinamos, incluía entre los responsables de los delitos, bajo la fracción II del artículo 13, a "los que inducen o compelen a otros a cometerlos". El problema de "entidad y límites" se reduce, desde el punto de vista práctico, si se atiende a que el artículo 142 ordena aplicar en los supuestos de participación —o autoría— a los que se refiere, la misma penalidad señalada para el delito de que se trate, pero en el supuesto de los que instigan a militares la punibilidad es más severa en su término mínimo: de cinco a cuarenta años de prisión, en vez de la asignada a los autores de terrorismo: dos a cuarenta años.

Otro extremo que conviene tomar en cuenta es la construcción de un tipo de encubrimiento —aledaño al encubrimiento por favorecimiento— en el supuesto de terrorismo, que no existe en otras hipótesis delictuosas. El segundo párrafo del artículo 139 del Código Penal Federal dispone la aplicación de uno a nueve años de prisión y multa hasta de diez mil pesos "al que teniendo conocimiento de las actividades de un terrorista y de su identidad, no lo haga saber a las autoridades". Aquí se instituye, pues, un deber de denuncia, que fue incorporado en el debate sobre la reforma en la Cámara de Diputados, a sugerencia de las comisiones dictaminadoras y conforme a lo establecido acerca del espionaje y el sabotaje. No existe semejante deber a cargo de los particulares en la casi totalidad de los casos, a cambio de que lo haya de las autoridades que con motivo o en el ejercicio de sus funciones tienen conocimiento de la comisión de un delito.

La punibilidad correspondiente al terrorismo es una de las más altas que recoge la ley penal mexicana; en su momento, se ubicó en el punto más elevado: dos a cuarenta años de prisión y multa hasta de cincuenta mil pesos, pero resulta inferior a la que hoy día corresponde a otros crímenes de notoria gravedad: homicidio calificado, *verbi gratia*: treinta a sesenta años de prisión (artículo 320 del Código Penal Federal). Sin embargo, es preciso tomar en cuenta dos factores de agravamiento posible en casos específicos. Uno de ellos es el que derivaría del concurso, aun cuando en esta hipótesis no se puede ir más allá de la sanción máxima prevista en el libro primero del código (*id*., artículo 64). Otro, el que resultaría del supuesto de delincuencia organizada, en su caso. Uno más, la calificativa en función de la calidad del agente como servidor público.

El terrorismo se construye, realiza y sanciona por sí mismo, autónomamente, con independencia de los resultados de daño o peligro que las acciones del autor traigan consigo; y éstas no se subsumen en aquél. Así, es posible que por el empleo de explosivos —cuyos manejo y uso pueden constituir conductas punibles, conforme a la legislación de armas de fuego y explosivos— se cause la muerte de alguna persona o se le infieran lesiones; o bien, se ocasionen daños a propiedades públicas o privadas; o se afecten las vías de comunicación, y así sucesivamente. Cada uno de estos hechos —implicados en el fenómeno terrorista, pero escindibles del conjunto de datos que conforman el terrorismo— puede ser considerado, juzgado y sancionado bajo el título penal que corresponda; esto se deduce de la expresión contenida en el propio artículo 139 del Código Penal federal en el sentido de que las sanciones aplicables al terrorismo se impondrán "sin perjuicio de las penas que correspondan por los (otros) delitos que resulten". En esta línea insiste el artículo 143, que se halla entre las disposiciones aplicables a los diversos delitos contra la seguridad de la nación: "Cuando de la comisión de los delitos a que se refiere el presente título resultaren otros delitos, se estará a las reglas del concurso". Así, será pertinente disponer la acumulación prevista por las normas sobre el concurso.

Conviene que nos detengamos un momento en la conexión del terrorismo con la delincuencia organizada, que surge a partir de la muy defectuosa Ley contra la Delincuencia Organizada. Este ordenamiento establece el tipo penal de delincuencia organizada, que ya no es, como se pretendió en un principio, una forma de comisión de los delitos. El tipo correspondiente (artículo 2o.) plantea los supuestos para la sanción de aquella delincuencia, que existe "cuando tres o más personas acuerdan organizarse o se organicen para realizar, en forma permanente o reiterada, conductas que por sí o unidas a otras, tienen como fin o resultado cometer alguno o algunos de los delitos" que la misma ley menciona, y entre los que figura, en primer término, el terrorismo previsto en el artículo 139, párrafo primero, del Código Penal Federal. Por ello, todo el régimen sustantivo, procesal y ejecutivo de la aludida Ley contra la Delincuencia Organizada se aplica en las hipótesis de terrorismo cuando éste constituye —como es frecuente en la realidad de estos fenómenos— un "delito-objetivo" de la organización criminal.

Si el agente del terrorismo —como de los otros delitos contra la seguridad de la nación— es funcionario o empleado de los gobiernos federal o estatales, o de los municipios, de organismos públicos descentralizados, de empresas de participación estatal o de servicios públicos, federales o locales, las punibilidades son: prisión de cinco a cuarenta años (la mínima en el caso básico es de dos años) y multa de cinco mil a cincuenta mil pesos (calculable en días multa) (en el supuesto básico no se prevé el término mínimo de la multa, que en tal virtud podría ser, conforme al artículo 29, un día de salario mínimo).

Las punibilidades del terrorismo no se agotan en las penas de prisión y multa. Conforme al segundo párrafo del artículo 143, los ilícitos contra la seguridad de la nación perpetrados por mexicanos traen consigo la suspensión de derechos políticos hasta por diez años (cuarenta, en los casos de traición a la patria y espionaje) que se cuentan a partir del cumplimiento de la condena.

Algunos de los problemas —pero no todos— que plantea la descripción típica del terrorismo en el Código Penal Federal quedan resueltos en las caracterizaciones aportadas por códigos de más reciente factura. En el de Morelos se sanciona con cinco a veinticinco años de prisión, cien a quinientos días multa y suspensión de derechos políticos hasta por diez años,

> al que por cualquier medio violento realice actos en contra de las personas, las cosas o servicios al público, que produzcan alarma, temor o terror en la población o en un grupo o sector de ella, para perturbar la paz pública o menoscabar la seguridad del Estado, la integridad de su territorio o el orden constitucional, o presionar a la autoridad para que tome una determinación (artículo 263).

El de Tabasco, en cambio, toma datos del Federal y del morelense al establecer su propia descripción:

> utilizando explosivos, sustancias tóxicas, armas de fuego o por incendio, inundación o por cualquier otro medio violento realice actos

en contra de las personas, las cosas o servicios al público, que produzcan alarma, temor o terror en la población o en un grupo o sector de ella, para perturbar la paz pública o menoscabar la autoridad del Estado, la integridad de su territorio o el orden constitucional, o presionar a la autoridad para que tome una determinación (artículo 362).

En los mismos términos se pronuncia el artículo 450 del proyecto de Código Penal Federal elaborado en 2001 en el Instituto de Investigaciones Jurídicas de la UNAM.

III. CASOS ANTE LA JURISDICCIÓN INTERAMERICANA DE DERECHOS HUMANOS

En la segunda mitad del siglo pasado, al término de la Segunda Guerra, la lección de la catástrofe en el dominio de los derechos humanos trajo consigo un bien precioso, que no ha cesado de adquirir prestigio y grandeza, aunque ahora tropiece con renovados obstáculos: la preocupación internacional por los derechos humanos. De ahí proviene una nueva manifestación del derecho de gentes: el derecho internacional de los derechos humanos, con sistemas, instituciones y figuras característicos. La Declaración Universal sobre esta materia, de 1948 —precedida, en algunos meses, por la Declaración Americana de los Derechos y Deberes del Hombre—, constituye, en cierto modo, la frontera entre dos épocas en la historia del derecho: a partir de entonces —sostuvo Verdross— esos derechos dejan de ser un asunto doméstico, confinado a la buena voluntad de los Estados —que son, muchas veces, los atacantes de los derechos de sus ciudadanos— y pasan a ser una cuestión que atañe a la humanidad en su conjunto.

La nueva visión de los derechos humanos se recoge en aquellas declaraciones, cuya condición vinculante fue punto de polémica, y se explayó posteriormente con eficacia jurídica inequívoca —dentro del marco del derecho de gentes— en sendos tratados, pactos y convenciones. La primera aparición de éstos en la escena ocurrió a través de la Convención (europea) sobre Derechos Humanos y Libertades Fundamentales, suscrita en Roma, en 1950, de la que ha derivado la Corte Europea de Derechos Humanos, como antes también —hasta la expedición del Protocolo 11 de dicha Convención— la Comisión de la misma territorialidad y especialidad. Luego llegó, tras un largo proceso deliberativo, la Convención Americana sobre Derechos Humanos o Pacto de San José, suscrita en esta ciudad de Costa Rica en 1969.

La Convención Americana consolidó la Comisión Interamericana, que databa de años atrás, y dio cimiento a la Corte Interamericana, instalada en 1979, con doble competencia, como es frecuente en tribunales internacionales: consultiva y contenciosa. En el primer caso, la tarea jurisdiccional culmina en opiniones a las que algunos reconocen valor vinculante, y que en todo caso poseen relevante fuerza política y moral. En el segundo, la jurisdicción, animada mediante demanda formal —ejercicio de la acción procesal internacional—, se traduce en sentencias de observancia forzosa, con las que se resuelve un litigio concerniente a supuestas violaciones de derechos humanos perpetradas por agentes de algún Estado del sistema interamericano, de entre aquellos que han reconocido la obligatoriedad de la jurisdicción contenciosa, como es el caso de México desde el final de 1998.

Antes de ir al tema que corresponde a este apartado, conviene tener en cuenta algunas particularidades de la jurisdicción internacional de derechos humanos. Se trata, en la especie, de una verdadera función jurisdiccional que asume el conocimiento y la solución de controversias al través de un juicio y por medio de una sentencia. Esta jurisdicción se sustenta en el acuerdo de los Estados: es, pues, una manifestación del derecho internacional convencional. Los Estados que crean el tribunal y aceptan el procedimiento y sus consecuencias, convienen también en sujetarse a las resoluciones de aquél, que deben ser puntualmente cumplidas. Más que ser esto una pérdida de soberanía, constituye —y así lo he sostenido con insistencia— la expresión de una determinación soberana: el Estado se integra en un sistema jurisdiccional de derechos humanos por dos actos de aquel carácter, que finalmente lo vinculan y lo obligan: la decisión de incorporarse, a título de parte, en un convenio internacional de derechos humanos —que a partir de ese momento constituye ley suprema de la Unión, en los términos del artículo 133 de la Constitución mexicana—, y la decisión de aceptar la jurisdicción contenciosa de la Corte Interamericana, en los términos de una cláusula facultativa del tratado, que permite a los Estados signatarios de éste incorporarse en el sistema jurisdiccional o mantenerse fuera de él.

El tribunal internacional no constituye un tribunal penal que declare responsabilidades criminales individuales, ni significa una tercera instancia con respecto a los medios nacionales de control de los actos de autoridad. Lo que hace la Corte Interamericana es verificar la conformidad de cierto hecho —trátese de la conducta de un funcionario, trátese de un acto del poder público: Legislativo, Ejecutivo o Judicial, federal o local— con las normas de la Convención Americana, o bien, en sus casos, las de otros acuerdos internacionales que otorgan competencia material a la Corte: Convención Interamericana para Prevenir y Sancionar la Tortura y Convención Interamericana sobre Desaparición Forzada de Personas. En este sentido, la tarea del tribunal internacional se asemeja —pero no se asimila, lo subrayo— a la de una corte de constitucionalidad, cuando establece que un acto contraviene la norma suprema cuya tutela incumbe a ese órgano judicial. Ésta es, en el caso de la corte constitucional, la ley suprema nacional; y en el de la corte internacional, el tratado de este alcance. La declaración de la Corte Interamericana posee un notable valor jurídico, en la medida en que los Estados se han comprometido a darle cumplimiento y han contraído asimismo el deber —instalado en las convenciones de la materia: obligaciones generales— de ajustar sus legislaciones y subordinar sus actos y funciones a lo previsto en el tratado internacional.

Es preciso puntualizar lo anterior antes de entrar al estudio de algunas sentencias de la Corte Interamericana que se relacionan con casos de terrorismo. En efecto, ese tribunal del derecho de gentes no juzga a los responsables de terrorismo, y en tal virtud no los absuelve o condena. Mucho menos impide que los Estados cumplan sus obligaciones en los órdenes de la seguridad pública y nacional, que los comprometen a luchar enérgicamente contra la criminalidad y especialmente contra aquella que, como el terrorismo, trae consigo males gravísimos. Por ello, la Corte nunca ha entrado a considerar las responsabilidades individuales de los acusados de terrorismo, ni se ha pronunciado al respecto; ese pronunciamientio compete, única y exclusivamente, a la jurisdicción nacional. Así se ha reconocido insistentemente. Lo que la Corte hace, como he dicho, es verificar que la actividad de los agentes y órganos del Estado se ajusten —en estas situaciones y en cualesquiera otras— a las normas de la Convención Americana. Cuando esto no ocurre, así se declara, para los efectos correspondientes, que no implica, en modo alguno, la impunidad de los delincuentes.

En el curso de medio siglo de actividad jurisdiccional, la Corte Europea de Derechos Humanos ha conocido muchos casos en los que se plantean asuntos relacionados con el terrorismo. Destacan, por su número e importancia, algunos juicios concernientes al Reino Unido. En su propio ámbito, la Corte Interamericana de Derechos Humanos ha tenido a la vista litigios semejantes, de los que me ocuparé en seguida brevemente. Conviene advertir que en ninguno de ellos se ha cuestionado la función de seguridad pública que corresponde al Estado y que éste debe ejercer con firmeza, constancia y legitimidad. Se han cuestionado, eso sí, ciertas actuaciones o decisiones que pueden significar violación de derechos consagrados en la Convención Americana. Entre éstos destacan los relativos a la vida, la integridad, la seguridad, la libertad y el acceso a la justicia. Veamos, en primer término, cuáles son los preceptos y derechos más frecuentemente invocados en las demandas y, por lo tanto, mayormente examinados en los procesos, en la inteligencia de que aquéllos tienen equivalente —más o menos fiel— en otros instrumentos del sistema internacional, particularmente el Pacto Internacional de Derechos Civiles y Políticos.

El artículo 4o. de la Convención Americana reconoce el derecho a la vida y prohíbe la privación arbitraria de ésta. Sobra ponderar la importancia de este derecho, de cuya salvaguardia depende la eficacia de todos los restantes, y la pertinencia de establecer normas de protección adecuadas que impidan disponer caprichosamente de la vida humana, así se haga invocando motivos que *prima facie* pudieran parecer persuasivos. El artículo 5o. preserva el derecho a la integridad física, síquica y moral. En este orden destaca la proscripción de la tortura —que es materia de un tratado interamericano específico—, el respeto a la dignidad humana de los detenidos, el trato adecuado de quienes se encuentra sujetos a proceso y la finalidad reformadora y readaptadora de la pena privativa de libertad.

El artículo 7o. se refiere a la libertad y a la seguridad personales. Prohíbe detenciones arbitrarias, sujeta la privación de libertad al imperio de la ley y garantiza el acceso del detenido a un órgano judicial que controle la legalidad de la detención. El artículo 8o. del Pacto de San José contiene un apreciable número de derechos y garantías, cuyo conjunto establece lo que se suele denominar, con una expresión de antigua raíz anglosajona, el "debido proceso legal". Éste no constituye un concepto de contenido estático; por el contrario, la integración del debido proceso crece constantemente y modifica las fronteras de la protección jurídica. En mi voto particular sobre la Opinión Consultiva 16/99 de la Corte Interamericana de Derechos Humanos (correspondiente a *El derecho a la información sobre la asistencia consular en el marco de las garantías del debido proceso legal*, 1o. de octubre de 1999), expresé

> lo que conocemos como el debido proceso penal, columna vertebral de la persecución del delito, es el resultado de [una] larga marcha, alimentada por la ley, la jurisprudencia —entre ella, la progresiva jurisprudencia norteamericana— y la doctrina... Los desarrollos de los primeros años se han visto superados por nuevos desenvolvimientos, y seguramente los años por venir traerán novedades en la permanente evolución del debido proceso dentro de la concepción democrática de la justicia penal.

Entre esos derechos y garantías figuran algunos frecuentemente invocados en los procesos ante la Corte Interamericana: juez competente, independiente e imparcial —"juez natural"—, plazo razonable, presunción de inocencia, defensa, derecho al silencio y a la no autoincriminación, proposición y crítica de pruebas, impugnación ante un órgano superior, *ne bis in idem* y publicidad del juicio. El artículo 9o. consagra la legalidad penal y la irretroactividad desfavorable. El artículo 25 —otra norma considerada en varios casos— establece el derecho a un recurso sencillo y rápido que ampare al individuo contra actos que violen sus derechos fundamentales.

Es pertinente mencionar también el artículo 27, relativo a la suspensión de garantías, al que aludí en la primera parte de este ensayo. No sobra recordar que este sistema constituye un método de protección de la constitucionalidad agraviada; en tal sentido, concurre a preservar el Estado de derecho contra los atentados que pretenden socavarlo o destruirlo. Para ello es necesario, en ocasiones, recurrir a medios extraordinarios: grandes males, grandes remedios. Sin embargo, esos medios, que a veces implican restricciones o limitaciones radicales de los derechos y las libertades civiles, deben ser acotados y observados con sumo cuidado. Se corre el riesgo de dar paso a lo que se ha llamado, expresivamente, una "dictadura constitucional". Puede surgir la opresión en nombre de la libertad. La frecuencia con que ello ha ocurrido —bien lo sabe nuestra América— nos obliga a poner la mayor atención y el máximo celo en este asunto. La necesidad, la pertinencia, la racionalidad, la temporalidad, son otros tantos criterios para el adecuado manejo de la suspensión de garantías, mejor perfilada en la Convención Americana que en nuestra Constitución.

Ya señalé que ciertos derechos no pueden ser suspendidos, a cambio de la posibilidad de suspensión indiscriminada, ciertamente excesiva, que parece autorizar la ley fundamental mexicana. No son suspendibles, pues, el derecho a la vida (artículo 4o.), el derecho a la integridad personal (artículo 5o.), el principio de legalidad y retroactividad (artículo 9o.) y las garantías judiciales indispensables para protegerlos. También estipula la Convención que los Estados que hagan uso de la facultad de suspender garantías, deben informarlo inmediatamente a los demás Estados partes por conducto de la Secretaría General de la Organización de los Estados Americanos. La referencia a estas disposiciones convencionales es particularmente adecuada en el estudio de los problemas que entraña la lucha contra el terrorismo, en virtud de que ésta ha constituido, a menudo, el sustento de disposiciones de suspensión o restricción de derechos.

La Corte Interamericana se ha referido a las garantías judiciales que deben mantenerse incólumes aun en casos de guerra, peligro público u otra emergencia que amenace la independencia o seguridad del Estado. Tal es el caso del *habeas corpus* analizado en la Opinión Consultiva OC-8/87—, que no puede ser suspendido. La Corte entiende que la vigencia del *habeas corpus* incluye la posibilidad de controlar, por este medio de tutela, la legitimidad de la detención, aun cuando se halle suspendido el ejercicio del derecho a la libertad personal; en la especie, el órgano judicial deberá verificar que la detención se ajuste a los términos en que el estado de excepción la autoriza (párr. 40).

Uno de los litigios interesantes para los fines de las presentes consideraciones es el Caso Castillo Páez (Perú), sometido a la Corte por la Comisión Interamericana mediante demanda del 12 de enero de 1995 y vinculado con las acciones de la autoridad en contra del grupo subversivo "Sendero Luminoso". En este caso, la Corte estimó que el Estado había violado los derechos a la libertad personal, a la integridad personal, a la vida y a un recurso efectivo ante los tribunales, y resolvió que aquél debía reparar las consecuencias de las violaciones. Reviste particular importancia este caso, en mi concepto, porque en él se planteó por primera vez el criterio de la Corte —que se reiteraría en los Casos Loayza Tamayo y, particularmente, Barrios Altos— a propósito de la ineficacia (o incompatibilidad con la Convención Americana) de los ordenamientos de "autoamnistía" como valladar para la investigación, enjuiciamiento y condena de los responsables de los hechos violatorios.

Tómese en cuenta que uno de los aspectos más relevantes de las reparaciones por violación de derechos es la sanción de los responsables: lo que he denominado el "deber de justicia penal", que no está sujeto a acuerdo entre la víctima y el Estado victimario. La amnistía puede impedir las indagaciones que permitan el enjuiciamiento y castigo de los violadores de derechos humanos. En rigor, es eso, precisamente, lo que se pretende. Así se abre la puerta a la impunidad, que la Corte ha definido como "la falta en su conjunto de investigación, persecución, captura, enjuiciamiento y condena de los responsables de las violaciones de los derechos protegidos por la Convención Americana" (Caso Paniagua Morales y otros, Sentencia de 8 de marzo de 1988, párr. 173). En fin de cuentas, el tribunal interamericano desestimó las llamadas "dificultades del orden interno" para proceder contra los infractores y condenó al Estado a "investigar los hechos del presente caso, identificar y sancionar a sus responsables y adoptar las disposiciones necesarias en su derecho interno para asegurar el cumplimiento de esta obligación".

En mi voto concurrente a la sentencia del Caso Castillo Páez, al que ahora me remito, he analizado el tema de la autoamnistía. Cabe

> distinguir —señalé— entre las llamadas "autoamnistías", expedidas a favor de quienes ejercen la autoridad y por éstos mismos, y las amnistías que resultan de un proceso de pacificación con sustento

democrático y alcances razonables, que concluyen la persecución de conductas realizadas por miembros de los diversos grupos en contienda, pero dejan abierta la posibilidad de sancionar hechos gravísimos, que ninguno de aquéllos aprueba o reconoce como adecuados. Las normas de la primera categoría han sido severamente cuestionadas (párr. 9).

Es obvio que aquí nos hallamos precisamente en el punto de confluencia entre las consideraciones de seguridad y pacificación, que solicitan el uso de la fuerza (de manera legítima), y las reclamaciones inherentes a la tutela de los derechos humanos. No siempre es fácil establecer la frontera entre la persecución legítima y el desbordamiento de la fuerza. Sin embargo, es indispensable hacerlo.

En la sentencia relativa al Caso Barrios Altos, del 14 de marzo del 2001, la Corte reiteró su criterio adverso a las leyes de automanistía, "que conducen a la indefensión de las víctimas y a la perpetuación de la impunidad, por lo que son manifiestamente incompatibles con la letra y el espíritu de la Convención Americana". En tal virtud,

> carecen de efectos jurídicos y no pueden seguir representando un obstáculo para la investigación de los hechos que constituyen este caso ni para la identificación y el castigo de los responsables, ni pueden tener igual o similar impacto respecto de otros casos de violación de los derechos consagrados en la Convención Americana acontecidos en el Perú (párrs. 43 y 44).

Posteriormente se sometió a la Corte una solicitud de interpretación de su sentencia de fondo en este caso, a fin de establecer si las precisiones del tribunal acerca de las leyes de autoamnistía se aplicaban sólo al caso *sub judice* o podrían extenderse a otros en los que se hubiese aplicado la misma legislación. La respuesta de la Corte fue inequívoca y consecuente con la naturaleza de la violación al pacto a través de un acto de alcance general: una ley, en la especie. "La promulgación de una ley manifiestamente contraria a las obligaciones asumidas por un Estado parte en la Convención constituye *per se* una violación de ésta y genera responsabilidad internacional del Estado". De ello se sigue que lo resuelto en la sentencia del Caso Barrios Altos "tiene efectos generales" (párr. 18 de la sentencia de interpretación del 3 de septiembre del 2001).

Otro juicio interesante, que se conecta con el tema que estamos examinando, es el relativo al Caso Neira Alegría y otros (Perú), iniciado ante la Corte por demanda de la Comisión Interamericana del 10 de octubre de 1990. En este asunto, dos personas que se hallaban recluidas en el penal de "El Frontón" desaparecieron cuando se amotinó un grupo de reclusos —muchos de ellos responsables o presuntos responsables de terrorismo— e intervinieron las Fuerzas Armadas para sofocar el motín. Otro asunto similar —personas desaparecidas en esa misma circunstancia— es el Caso Durand y Ugarte. Se analizó la responsabilidad del Estado como "garante de los derechos de los detenidos" y se examinó el empleo de la fuerza para someter a los amotinados; "hubo —entendió la Corte— un uso desproporcionado de la fuerza". De ello provino la declaración de violaciones y la condena a reparación.

También es relevante el Caso Castillo Petruzzi (Perú), abierto por demanda de la Comisión ante la Corte, de fecha 22 de julio de 1997. Se trataba de varios ciudadanos chilenos, detenidos por la Dirección Nacional contra el Terrorismo, y juzgados y condenados por un tribunal militar, "sin rostro", por el delito de traición a la patria, previsto por disposiciones expedidas en el marco de la lucha contra el terrorismo. En un primer momento, la Corte debió atender las excepciones preliminares opuestas por el Estado, y entre ellas la relativa a la facultad soberana del Estado para enfrentar la delincuencia interna y sancionar a los infractores.

Con respecto a esa excepción preliminar, la Corte resolvió —en sentencia del 4 de septiembre de 1998— que al suscribir y ratificar la Convención Americana, el Estado aceptó las obligaciones convencionales consagradas en ésta en relación con todas las personas bajo su jurisdicción, sin discriminación alguna. No sobra decir —añadió la Corte— que el Perú, al igual que los demás Estados parte en la Convención, aceptó ésta precisamente en el ejercicio de su soberanía.

El Estado hizo ver que los responsables de terrorismo habían violado la legislación y la propia Convención Americana. Al respecto, la Corte señaló que esta conducta contraventora de los inculpados "puede acarrear consecuencias penales como lo manifiesta el Perú, pero no releva al Estado de cumplir las obligaciones que éste asumió como Estado parte en la Convención mencionada" (párrs. 101 y 103). Sobra decir que tampoco se releva al Estado —cualquiera que éste sea—, en modo alguno, de la obligación que le incumbe, ante sus propios nacionales, de luchar eficazmente contra la delincuencia y brindar seguridad a quienes se hallan sujetos a su jurisdicción.

En la sentencia de fondo del citado Caso Castillo Petruzzi, del 30 de mayo de 1999, la Corte abordó las diversas violaciones aducidas por la Comisión Interamericana: derecho a la integridad personal (artículo 5o.), garantías judiciales (artículo 8o.), derecho a la nacionalidad (artículo 20) y normas de interpretación (artículo 29, en combinación con la Convención de Viena sobre Relaciones Consulares), además de la violación a las obligaciones generales estatuidas por los artículos 1o. y 2o. de la Convención. En un apartado inicial de sus consideraciones, el tribunal internacional debió puntualizar el alcance de sus atribuciones y su posición ante los cargos —ciertamente muy graves— formulados contra los individuos cuyos derechos se decían violados. Aquí se abordó un punto de suma importancia al que anteriormente me referí: la diferencia entre la justicia nacional y la internacional de derechos humanos, cada una con atribuciones específicas que no se cancelan mutuamente.

La Corte no está facultada —aclaró ésta— para pronunciarse sobre la naturaleza y gravedad de los delitos atribuidos a las presuntas víctimas. Toma nota de las alegaciones del Estado acerca de estos puntos y manifiesta, como lo ha hecho en ocasiones anteriores, que un Estado "tiene el derecho y el deber de garantizar su propia seguridad"... aunque debe ejercerlos dentro de los límites y conforme a los procedimientos que permiten preservar tanto la seguridad pública como los derechos fundamentales de la persona humana.

Se debe destacar una declaración de la Corte: "Obviamente, nada de esto conduce a justificar la violencia terrorista —cualesquiera que sean sus protagonistas— que lesiona a los individuos y al conjunto de la sociedad y que merece el más enérgico rechazo". Finalmente, el tribunal interamericano advirtió que "tiene atribuciones para establecer la responsabilidad internacional de los Estados con motivo de la violación de derechos humanos, pero no para investigar y sancionar la conducta de los agentes del Estado que hubiesen participado en esas violaciones". Por lo tanto, "señalará si existe o no responsabilidad del Estado por violación de la Convención y no examinará las manifestaciones de las partes sobre la presunta responsabilidad de las supuestas víctimas, materia que corresponde a la jurisdicción nacional" (párrs. 89-90).

Más adelante, el tribunal volvería sobre sus reflexiones en torno al aparente dilema entre la persecución de graves delitos y la observancia de los derechos humanos. Está

> más allá de toda duda que el Estado tiene el derecho y el deber de garantizar su propia seguridad. Tampoco puede discutirse que toda la sociedad padece por las infracciones a su orden jurídico. Pero por graves que puedan ser ciertas acciones y por culpables que puedan resultar los reos de determinados delitos, no cabe admitir que el poder pueda ejercerse sin límite alguno o que el Estado pueda valerse de cualquier procedimiento para alcanzar sus objetivos, sin sujeción al derecho o a la moral. Existe un amplio reconocimiento de la primacía de los derechos humanos, que el Estado no puede desconocer ni violentar (párr. 204).

En la sentencia de la que doy cuenta, la Corte debió abordar el problema de la legalidad penal, a partir de los Decretos-Leyes

25.475 y 25.659, que aluden al terrorismo y a la traición a la patria —cargo, este último, que se hizo en contra de los inculpados ante la justicia nacional—, que constituye una forma de terrorismo agravado. La consecuencia de que unos hechos sean clasificados bajo el título de traición a la patria, y no bajo el de terrorismo —no obstante la notoria similitud entre las conductas encuadradas bajo uno y otro conceptos—, es que conozca de ellos un tribunal militar "sin rostro", que se juzgue a los inculpados en procedimiento sumarísimo, con reducción de garantías, y que les sea aplicable la pena de cadena perpetua.

La Corte estimó quebrantado el artículo 9o. de la Convención en la tipificación de las conductas punibles. Sobre este punto, examinó la elaboración de los tipos penales: en ellos

> es preciso utilizar términos estrictos y unívocos, que acoten claramente las conductas punibles, dando pleno sentido al principio de legalidad penal... La ambigüedad en la formulación de los tipos penales genera dudas y abre el campo al arbitrio de la autoridad, particularmente indeseable cuando se trata de establecer la responsabilidad penal de los individuos y sancionarla con penas que afectan severamente bienes fundamentales, como la vida o la libertad (párr. 121).

Un punto de especial importancia en este caso fue el referente a la naturaleza del tribunal que juzgó a los presuntos terroristas. En virtud de la legislación aplicable, se trató de un órgano de la jurisdicción militar. Sobre este tema, la Corte observó que dado que las fuerzas armadas que combaten a los grupos subversivos son las encargadas de enjuiciar a los integrantes de éstas, se "mina considerablemente la imparcialidad que debe tener el juzgador" (párr. 130).

> [Los] tribunales militares que han juzgado a las supuestas víctimas por los delitos de traición a la patria no satisfacen los requerimientos inherentes a las garantías de independencia e imparcialidad estable-

cidas por el artículo 8.1 de la Convención Americana, como elementos del debido proceso legal (párr. 132).

El hecho de que se trate de "jueces sin rostro, determina la imposibilidad para el procesado de conocer la identidad del juzgador y, por ende, valorar su competencia. Esta situación se agrava por el hecho de que la ley prohíbe la recusación de dichos jueces" (párr. 133).

IV. REGULACIÓN DERIVADA DE LOS HECHOS DEL 11 DE SEPTIEMBRE

No parece necesario señalar a qué 11 de septiembre me refiero. El correspondiente al año 2001 es una fecha crucial e inolvidable. Ese día, una manifestación brutal de terrorismo cobró millares de vidas en los Estados Unidos de América: vidas de personas inocentes, indefensas y atacadas por sorpresa. Terroristas bien entrenados y preparados, movidos por una profunda xenofobia, estrellaron aviones comerciales, con tripulación y pasajeros a bordo, en las Torres Gemelas de Nueva York —contra las que hubo otros ensayos de terror—, testimonio del esplendor urbano, *clisé* del poder económico y el desarrollo tecnológico, y en el edificio del Pentágono, sede administrativa de las Fuerzas Armadas norteamericanas, expresión del mayor poder militar que ha conocido la humanidad, un poder aparentemente invulnerable. De esta forma adquiría una dimensión extraordinaria —y también inadmisible— la versión monstruosa del choque de civilizaciones, del que habla Samuel P. Huntington en una obra aleccionadora.

A partir del 11 de septiembre del 2001 y de aquel hecho homicida que movilizó las conciencias y, con ellas o sin ellas, alzó la potestad persecutoria de naciones poderosas, a la cabeza los Estados Unidos de América —el país directamente combatido y agraviado—, entró en una nueva etapa la lucha contra el terrorismo. También, por cierto, el curso mismo de la historia y la suerte de la justicia internacional. Este asunto, de enorme importancia, ha comenzado a motivar análisis y a determinar acciones, que no es del caso examinar ahora. Hasta entonces el terrorismo de nuestra era, que había cobrado innumerables víctimas, se había confinado en unos cuantos países, que libraban su batalla con fuerzas propias y sólo ocasionalmente contaban con cierta colaboración internacional. Me refiero a las acciones de ese carácter en Irlanda del Norte y en España, sobre todo, donde el terrorismo de origen religioso o nacionalista se ha mantenido vigente durante muchos años. También es posible mencionar acciones del mismo carácter, aunque con otras fuentes, en países americanos: por ejemplo, el Perú fue escenario de estos hechos, durante varios años, y lo sigue siendo Colombia. Esta vez, sin embargo, el terrorismo y la lucha para contenerlo y desmontarlo adquirieron otro signo, anticipado por grupos y acciones que habían ido más allá de las que pudieran ser sus "fronteras nacionales naturales". Los golpes perpetrados a gran distancia del punto de encuentro entre los combatientes originales —tal, el espectacular atentado en los Juegos Olímpicos de Münich— y los realizados contra terceros países —señalados o no como militantes en alguna trinchera de la acción terrorista o antiterrorista— han traído consigo una amplísima reacción que alcanza al conjunto de las naciones.

El discurso prevaleciente acredita al terrorismo como un "enemigo de la humanidad" en su conjunto, un "mal" universal que reclama la respuesta del mundo entero. Es así que se ponen en pie de guerra fuerzas policiales y militares incalculables, dispuestas a librar batalla contra un enemigo que, a diferencia de los adversarios militares convencionales, no desarrolla su contienda a campo abierto o en guerrillas tradicionales, carece de mandos formales y visibles, no enarbola banderas nacionales y tampoco ha formalizado un proyecto final que anuncie determinada organización futura de la política o la economía. Por lo pronto, el terrorismo sigue correspondiendo a un movimiento hondamente visceral, irracional, impetuoso, que hoy se atreve a "golpes" de mayor alcance, valiéndose de capacidades económicas y tecnológicas con las que antes no contaba.

La reacción ha tenido un alcance insólito. Por una parte, se ha generado un orden jurídico novedoso, que desarrolla y lleva al extremo ciertas tendencias que se hallaban a la vista. Por la otra, se ha producido un nuevo ambiente de guerra que permite o suscita acciones —con el acuerdo o el desacuerdo de numerosos países: se trata, finalmente, de un ejercicio universal de fuerza— sobre o entre naciones. Esto crea nuevos equilibrios o desequilibrios nacionales e internacionales y prohíja una cultura característica en amplios sectores de la población. Esta cultura de la "defensa", que tiene su otro rostro, a la vuelta de la medalla, en una cultura del "ataque" —como defensa "preventiva", se dice— recibe con reticencia o sospecha algunos de los principios jurídicos acuñados a lo largo de los siglos XIX y XX (con el paréntesis del derecho autoritario en el este y el oeste) y pone en tela de duda y en proceso de revisión los avances del derecho penal y del enjuiciamiento penal que hemos conocido bajo la calificación de "democráticos".

Recordaré ahora algunos comentarios a propósito de las primeras disposiciones norteamericanas en torno a este asunto, que formulé en un artículo aparecido en *Criminalia*, la revista de la Academia Mexicana de Ciencias Penales, y en las adiciones de la tercera edición de mi libro acerca de *Delincuencia organizada* (México, Porrúa-UNAM, 2002).

El 13 de noviembre del 2001, el presidente de los Estados Unidos —a quien previamente había dotado el Congreso con poderes muy amplios para enfrentar los hechos del 11 de septiembre y sus consecuencias, a los que en seguida me referiré— dictó una Orden Militar sobre "Detención, trato y juicio de ciertos no-ciudadanos en la guerra contra el terrorismo". Este acto se sustentó, expresamente, en las facultades del presidente como titular del Poder Ejecutivo y como Comandante en Jefe de las Fuerzas Armadas, conforme a la Constitución y a otras leyes de los Estados Unidos. Entre éstas figura la "Autorización para el empleo de la Fuerza Militar" concedida por el Congreso norteamericano (Public Law 107-40, 115 Stat. 224) y las secciones 821 y 836 del título 10 del Código de los Estados Unidos. En el poder y en la acción presidenciales coinciden, pues, la facultad civil y la atribución militar, pero el acto del que se trata posee, esencialmente, este segundo carácter. Consecuentemente, militariza todo el ámbito que abarca, en el que se hallan la justicia penal y los derechos y garantías que le son inherentes.

En la parte de la Orden denominada *Findings* —sección 1—, que contiene lo que denominaríamos la motivación del instrumento, su autor menciona los motivos del acto que realiza y de los efectos que éste acarrea: *a)* los "terroristas internacionales, incluidos los miembros de Al Quaeda", han incurrido en acciones que "crean un estado de conflicto armado"; *b)* a raíz de los hechos del 11 de septiembre, el presidente declaró una "emergencia nacional" (14 de septiembre de 2001, Proc. 7463, "Declaración de emergencia nacional con motivo de ciertos ataques terroristas"); *c)* los terroristas "poseen tanto la capacidad como la intención" de llevar adelante nuevos ataques de este género; *d)* la posibilidad de prevenir esos ataques, proteger a los Estados Unidos y a sus ciudadanos y apoyar esfuerzos similares por parte de países aliados, "depende en forma significativa del empleo de las Fuerzas Armadas norteamericanas para identificar a los terroristas y a quienes les brindan colaboración, impedir sus actividades y eliminar su capacidad de conducir o sustentar esos ataques"; *e)* es necesario que los responsables de tales conductas criminales sean juzgados por "violaciones a las leyes de la guerra y otras leyes aplicables, por tribunales militares"; *f)* "no es posible aplicar en las comisiones militares (constituidas al amparo de la orden presidencial) los principios de derecho y las reglas de prueba generalmente reconocidos en el enjuiciamiento penal por parte de las cortes distritales de los Estados Unidos"; y *g)* la magnitud de los hechos que es necesario enfrentar implica que "existe una emergencia extraordinaria para efectos de defensa nacional, que esa emergencia implica un urgente y apremiante interés de gobierno, y que es necesaria la expedición de la presente Orden (militar presidencial) para hacer frente a la emergencia".

En la sección 2 de la Orden aparecen algunas disposiciones esenciales de carácter penal sustantivo. Se fijan tanto el ámbito de validez subjetiva de la Orden, es decir, el universo de los destinatarios de ésta, como la descripción de conductas punibles que se sujetarán a los órganos, procedimientos y medidas instituidos por ese instrumento. En este punto aparece una distinción de gran relevancia: la Orden no es aplicable —ni lo son, en consecuencia, sus previsiones jurisdiccionales— a personas de nacionalidad estaounidense, sino solamente a los extranjeros. Para que éstos se hallen sujetos a la Orden y puedan verse alcanzados por sus consecuencias, se requiere un nuevo acto de individualización presidencial. Es necesario, en efecto, que el Presidente determine que existe motivo para suponer que el extranjero, que aquí pasa a ser indiciado: *a)* es o fue miembro de la organización denominada Al Quaeda; *b)* ha participado en actos de terrorismo internacional o conspirado para cometerlos o prepararlos, que "hayan causado, puedan causar o se pretenda que causen daños o efectos adversos para los Estados Unidos, sus ciudadanos, la seguridad nacional, la política exterior o la economía", o *c)* ha brindado auxilio o encubierto conscientemente a aquél.

En el examen de estas prevenciones, que son el cimiento de las medidas persecutorias contempladas en la Orden presidencial, conviene observar la imprecisión que existe en la descripción de las conductas punibles. No me refiero solamente al problema de la conspiración —ya mencionado en la exposición, *supra, sub* II, acerca de la ley mexicana—, que es un aspecto crítico del actual derecho penal nacional e internacional, por medio del cual se anticipa la incriminación, que opera antes de los actos preparatorios mismos. A lo que aludo es a la imprecisión —que abre un vasto espacio para el arbitrio— de las expresiones referentes a haber causado o pretender causar daños en ámbitos tan extensos como los Estados Unidos, la seguridad nacional, la política exterior o la economía. Recuérdese la preocupación del derecho penal moderno, de orientación democrática, por asegurar el rigor en la descripción de las conductas punibles, que corresponde a una verdadera operación del principio de legalidad: *lex stricta, scripta* y *praevia.* En otro lugar de estos comentarios invoco la posición de la Corte Interamericana de Derechos Humanos, establecida en la sentencia de fondo del Caso Castillo Petruzzi, sobre la formulación de los tipos penales, que deben cerrar cuidadosamente la vía al arbitrio y al equívoco.

Hasta aquí, la determinación y la consecuente aplicación de la Orden se subordinan a ciertos criterios específicos de incriminación: la conducta de los sujetos, esto es, los hechos cuyo carácter delictivo se establece. Sin embargo, es preciso que concurra además otro factor que atiende enteramente al criterio de oportunidad o conveniencia. Efectivamente, la determinación presidencial debe establecer, asimismo, que "corresponde al interés de los Estados Unidos que dicho individuo quede sujeto a esta Orden" del Ejecutivo. De nuevo campea el principio de oportunidad que ha ganado amplio terreno en el derecho nacional y en el orden internacional, a costa del principio de legalidad. No ignoro razones a favor de la oportunidad, que ahorra excesos y modera persecuciones, pero tampoco se podría olvidar el ingrediente de inseguridad que aquélla representa. Compete al secretario de la Defensa llevar adelante las acciones necesarias para que las personas sujetas a la Orden sean detenidas y, en su caso, procesadas en los términos del mismo instrumento.

Una sección de la Orden aborda las atribuciones del secretario de la Defensa en materia de detención. Tienen que ver con detención en lugares adecuados, fuera o dentro de los Estados Unidos, como sería, en su momento, la base militar de Guantánamo, ubicada en Cuba, para la concentración de prisioneros afganos; trato humano, sin discriminación; provisión de alimento adecuado, agua potable, alojamiento, ropa y tratamiento médico; libertad para la práctica religiosa, en forma compatible con los requerimientos de la detención; y "otras condiciones que puede resolver el secretario de la Defensa".

Otra sección se refiere a las atribuciones del mismo funcionario con respecto al enjuiciamiento de los inculpados. Aquí figuran las normas procesales más relevantes, así como algunas disposiciones sustantivas acerca de la punibilidad de las conductas delictuosas señaladas en la Orden. En síntesis, esta parte de la regulación señala: *a)* el juicio de los inculpados se seguirá ante tribunales militares ("comisiones militares"); *b)* éstos órganos podrán imponer las sanciones previstas por las leyes aplicables, inclusive prisión perpetua o pena capital; *c)* el secretario de la Defensa dispondrá lo conducente para la constitución de las comisiones militares y el proceso mismo; y *d)* las disposiciones respectivas abarcarán, entre otros puntos, las etapas anteriores al juicio, los procedimientos de juicio y las diligencias posteriores a éste, las pruebas, el desarrollo del proceso y las calidades que deben reunir los abogados participantes. He aquí uno de los aspectos más importantes e inquietantes de la Orden, en concepto de los analistas jurídicos que se han ocupado en estudiarla y, a menudo, en cuestionarla. La justicia militar desplaza a la civil y se crea circunstancialmente y con fundamento en la apreciación determinante de un jefe militar, al que se halla sujeto el sistema procesal entero, que en la etapa moderna del enjuiciamiento se organiza —como garantía del ciudadano y frontera del poder público— al amparo de una minuciosa legalidad.

Los ordenamientos que expida el secretario de la Defensa contemplarán los siguientes puntos: i) las comisiones militares se instalarán en el tiempo y lugar que determine este funcionario; ii) juicio completo y justo ante la comisión militar, que resolverá sobre los hechos y aplicará el derecho; iii) admisión de medios a los que se pueda atribuir, razonablemente, valor probatorio; iv) uso de material probatorio e informativo y acceso al expediente de conformidad con las normas relativas a información clasificada o clasificable (en los términos de la Orden Ejecutiva

12958 del 17 de abril de 1995 y otros mandamientos); v) desempeño de la acusación por parte de abogados que designe el secretario de la Defensa, y defensa del inculpado a cargo de abogados; vi) emisión de la sentencia mediante el voto de las dos terceras partes de los integrantes de la comisión, con asistencia de la mayoría de éstos; y vii) envío de las actuaciones para revisión y decisión final por parte del presidente de los Estados Unidos o del secretario de la Defensa, si éste fue facultado para ello por el propio presidente. El secretario de la Defensa está facultado para emitir las reglas necesarias para el cumplimiento de la Orden, en el ejercicio de su función militar y a la luz de la mencionada sección 1 de aquélla. Deberá ejercer sus atribuciones conforme a lo previsto en la sección 113(d) del título 10 del Código de los Estados Unidos.

La última parte de la Orden —sección 7— contiene diversos mandamientos de notable relevancia. En primer término, advierte que ninguna disposición de aquélla se interpretará en el sentido de: *a)* permitir el acceso a secretos de Estado de personas no facultadas para ello; *b)* limitar la autoridad del presidente como Comandante en Jefe de las Fuerzas Armadas, o su potestad de conceder indultos o perdones, o *c)* restringir la autoridad del secretario de la Defensa, o de los comandantes militares, funcionarios o agentes de los Estados Unidos o de un estado (esta expresión abarca cualquier estado de la Federación, distrito, territorio o posesión de los Estados Unidos), para detener o procesar a una persona que no se encuentre sujeta a las disposiciones de la Orden.

En segundo término, y por lo que atañe a quienes se hallan sometidos a esta Orden, la misma sección dispone que: *a)* la jurisdicción para conocer de los delitos previstos en la Orden corresponde exclusivamente a los tribunales militares; y *b)* los inculpados no podrán someterse a ni beneficiarse de procedimientos o recursos, directa o indirectamente, en otros tribunales de los Estados Unidos o de un estado de éstos, en cortes de otras naciones o en tribunales internacionales.

En tercer término, la sección 7 indica que la Orden no genera ningún derecho, beneficio o privilegio, sustantivo o procesal, reclamable en derecho o en equidad, contra los Estados Unidos, sus dependencias, agencias y entidades, sus funcionarios o empleados, u otras personas. El presidente se reserva la potestad de transferir del secretario de la Defensa a otra autoridad el control de cualquier persona sujeta a la Orden Militar; las disposiciones de ésta no limitan la facultad de la autoridad a la que se hace dicha encomienda para procesar al sujeto que se coloque bajo su control.

Nos hallamos, pues, ante un verdadero régimen de excepción que se proyecta sobre los Estados Unidos de América y su sistema de justicia penal —con desplazamiento de la civil en favor de la militar—, pero también puede trascender a otros Estados y a la organización internacional en su conjunto. Algunos de los aspectos más relevantes de esa Orden, que nutren la controversia, atañen al principio de legalidad (la fuente de este régimen penal no es una ley, propiamente, sino un mandamiento del Ejecutivo, en su condición de jefe militar); a la igualdad de todos los hombres ante la ley (que se diluye cuando existe un régimen punitivo para nacionales y otro para extranjeros: aquél con garantías ordinarias y éste con derechos recortados); al órgano jurisdiccional que conocerá de los delitos imputados (que no es el juez independiente, imparcial y competente —juez natural, en fin— al que se refieren los sistemas nacionales y los ordenamientos internacionales); al derecho de audiencia y defensa; al derecho de impugnación; a la extensa discrecionalidad de las autoridades participantes en este sistema, que pueden "construirlo" o "modificarlo" con gran holgura; a la exclusión unilateral de las instancias del derecho de gentes, etcétera.

Cada uno de estos extremos podría ser analizado a la luz del Pacto Internacional de Derechos Civiles y Políticos o de la Convención Americana sobre Derechos Humanos, como manifestaciones de un estándar internacional, sin perjuicio de la posición que los Estados Unidos guardan con respecto a cada uno de estos instrumentos. También se podría estudiar el punto en relación con los principios que generalmente han gobernado la materia penal y procesal nacional e internacional —en la que hay, es cierto, numerosas variaciones— para determinar su conformidad con el estado actual de la materia, al cabo de una larga evolución histórica.

En la Orden ha cobrado presencia la posición del procurador estadounidense, John Ashcroft, ante el fenómeno del terrorismo: los terroristas —sostuvo este funcionario, según refiere Josj Tryangiel en su artículo "And justice for...", en la revista *Time* del 26 de noviembre de 2001, "no merecen la protección de la Constitución de los Estados Unidos". Habría, pues, normas y valores constitucionales para unas personas, la inmensa mayoría, que se niegan a otros: el reducido número de los responsables de estos crímenes. La selección milita, no obstante los motivos —por la fuerza de una indignación explicable— que la inspiran, contra el principio de igualdad ante la ley, que es uno de los progresos más relevantes en la historia moral de la humanidad, desde los *bills of rights* de la aurora constitucional norteamericana y la *Déclaration* francesa.

En la misma publicación periódica aparece el artículo de Charles Krauthammer "In defense of secret tribunals", que justifica diversas medidas —hasta ahora proscritas— en aras de la guerra: de la tortura en adelante. No es posible, arguye, que en estas circunstancias extraordinarias se monte un "circo legal' y se naufrague en delicadezas jurídicas. Habrá que prescindir de ciertos derechos comúnmente reconocidos a los inculpados. Hay que hacer a un lado las *Miranda niceties*, sostiene en alusión al famoso caso de la jurisprudencia estadounidense que hace algunas décadas revolucionó el sistema procesal de ese país y avanzó un paso de gigante en la tutela de los derechos del imputado. Sólo un "idiota moral" —sentencia— podría oponerse a las medidas que reclama la nueva circunstancia.

En la otra trinchera no ha sido menor el sacudimiento. La crítica proviene de escritores, politólogos y juristas. Algunas organizaciones no gubernamentales han elevado su voz para reprochar las medidas excepcionales. A las pocas horas de la emisión de la Orden —el 15 de noviembre—, la organización Human Rights Watch hizo llegar al presidente de los Estados Unidos una carta en la que critica aquélla severamente. Hace ver que el mismo gobierno que la expidió había censurado o condenado, anteriormente, medidas como las que ahora adoptaba, dictadas o proyectadas por Perú, Nigeria, Egipto y Rusia. Human Rights Watch señala que las disposiciones de la Orden entran en conflicto con compromisos internacionales contraídos por los Estados Unidos. Human Rights Watch observa que difícilmente se podría exigir la observancia del debido proceso en otros países, si se niega en los propios Estados Unidos.

En un artículo titulado "Libertades públicas y seguridad nacional", que apareció en el diario *Reforma* el 3 de diciembre de 2001, Carlos Fuentes previno que "el terror no se combate con el terror, ni la ilegalidad con más ilegalidad en nombre del antiterrorismo". La "violación masiva de una legalidad consagrada en la Constitución y las leyes de EE. UU. crea.... un régimen de terror interno". Un crítico incisivo, el jurista norteamericano Robert Goldman —miembro y ex presidente de la Comisión Interamericana de Derechos Humanos—, autor del artículo "Why President Bush's Military Order Runs Afoul of the Law", reprueba las enormes facultades asumidas por el presidente estoadounidense y subraya el conflicto que se plantea entre las disposiciones de la Orden Militar y las normas del derecho internacional y nacional.

EL TERRORISMO INTERNACIONAL, UNA AMENAZA PARA LA PAZ: ALGUNAS REFLEXIONES PUNTUALES

Emilio J. CÁRDENAS*

El 11 de septiembre, al golpear a Nueva York, el terrorismo mutiló el paisaje más orgulloso del mundo. El horror superó las peores ficciones.

Dominique de Villepin, *Le cri de la gargouille.*

I. INTRODUCCIÓN

Los atentados terroristas cometidos el 11 de septiembre de 2001 en las ciudades de Nueva York y Washington —por su cobardía

* Embajador. Ex representante permanente de la República Argentina ante la ONU. Fue presidente del Consejo de Seguridad como miembro no permanente y representante personal del secretario general de Naciones Unidas en Iraq.

y brutal magnitud— parecen haber alterado profundamente la visión internacional respecto del fenómeno del terrorismo.

Porque, entre otras cosas, aceleraron su "desmistificación". En múltiples escenarios. A pesar de las formas y disfraces de toda índole con las que frecuentemente se visten los movimientos terroristas, para disimular la verdadera naturaleza de sus actividades. Tarde o temprano, tenía que ocurrir.

El terrorismo internacional es —por definición— un crimen de "lesa humanidad". Con todas las serias consecuencias que de ello se derivan. Crimen que, por su naturaleza, resulta absolutamente injustificable, cualquiera sea la "razón" o "causa" que se pretenda esgrimir para tratar de excusarlo. Por su calidad, entonces, los crímenes del terrorismo internacional son imprescriptibles, no amnistiables y, según las circunstancias, pueden hasta abrir la jurisdicción internacional.[1]

Lo cierto es que el terrorismo internacional, que apunta al asesinato sistemático de civiles inocentes, no puede condonarse por ningún concepto. Pueden, quizás, existir "buenas" y "malas" causas, pero nunca habrá terroristas "buenos", ni atentados terroristas "buenos". Porque no hay aspiración —de ningún tipo— que pueda jamás justificar el asesinato deliberado de civiles inocentes.[2]

1 Blischenko, Igor y Zhdanov, Nikolai, *El terrorismo como crimen internacional*, Moscú, Progreso, 1983, pp. 16 y ss. y 257 y ss.; Talbot, Strobe y Chanda, Nayan, *The Age of Terror*, Basic Books, Yale Center for the Study of Globalization, 2001, pp. vi-xix; Heymann, Philip, *Terrorism and America. A Common Sense strategy for a Democratic Society*, The MIT Press, 1998, pp. 1 y ss.; Carr, Caleb, *The Lessons of Terror*, Nueva York, Random House, 2002; Stern, Jessica, *The Ultimate Terrorists*, Harvard University Press, 1999, pp. 11 y ss.; Blaksley, Christopher L., *Terrorism, Drugs, International Law and the Protection of Human Rights*, Nueva York, Transnational Publishers Inc., 1992, pp. 34 y ss.

2 Garton Ash, Timothy, "Is There a Good Terrorist?", en Robert Silvers y Barbara Epstein (eds.), *Striking Terror*, Nueva York, Review Books, 2002, pp. 169 y ss.; Baudrillard, Jean, *Lo Spirito del Terrorismo*, Rafaello Cortina Editore, 2002; Netanyahu, Benjamín, *Fighting Terrorism*, Nueva York, The Noonday Press-Farrar Straus Giroux, pp. 21 y ss.

El terrorismo, cuyo nivel de atrocidad ha aumentado significativamente, contiene siempre un elemento de violencia, que apunta —premeditadamente— contra la población civil con el propósito de (i) generar pánico y (ii) difundirlo a través de los medios de comunicación masiva, de modo de forzar así conductas o reacciones en línea con los objetivos que circunstancialmente pretende. Esto es, provocar —a través de la realización de crímenes aberrantes— el pánico social. Y utilizarlo como instrumento.[3]

Nuestro propósito es el de reflexionar sobre distintas cuestiones puntuales referidas al terrorismo internacional, con algún énfasis en las experiencias vividas en la Argentina. Sin por ello dejar de identificar, al propio tiempo, algunas carencias contemporáneas en lo que hace a la lucha contra el terrorismo internacional que es imperioso identificar, para tratar de corregirlas. Algunas de ellas son, en nuestra opinión, bastante significativas.

II. Una primera mirada retrospectiva

Ante la enormidad y magnitud de lo acontecido, es hora de volver a reflexionar acerca de la relación que pueda existir entre lo ocurrido y nuestras respectivas experiencias históricas recientes.

Desde la compasión, ciertamente. Y sin negar la necesidad de apuntar —siempre— hacia la reconciliación social. Aun en aquellos casos en los que el terrorismo, en cualquiera de sus formas, o su represión, hubieran lastimado el plexo social.

Porque, por ejemplo, en la Argentina de los setenta presenciamos —ciertamente— abusos graves, cometidos desde el poder. Absolutamente injustificables. Pero —es hora de decirlo— también sufrimos las consecuencias de la acción —notoria— del terrorismo internacional, que es hora de no idealizar ya más.

3 Rubinstein, Richard E., *Alchemists of Revolution. Terrorism in the Modern World*, s. p. i., 1987, pp. 17 y ss.

Porque ese terrorismo asesinó —despiadadamente— a demasiados civiles inocentes. En rigor, a centenares de ellos. Esos crímenes se consumaron con ayuda y cooperación externa, canalizada entonces principalmente desde Cuba y desde Libia. Según lo admitiera expresamente el propio Fidel Castro en tardío reconocimiento, tan desenfadado como público.[4]

En ese entonces, algunos de los principales movimientos terroristas que actuaban en la Argentina lo hacían con apoyo externo. Utilizando "bases" ubicadas fuera del país y contando con importante apoyo logístico y financiero obtenido desde otros Estados. Como bien se sabe ahora, en algunos casos la asistencia al terrorismo llegaba desde Lima, La Habana o Montevideo. Algunos de quienes fueran sus protagonistas parecen —pese a todo— haber adquirido una cierta notoriedad, sin que sus crímenes pasados —a los que se suele silenciar, quizás con algún remanente de temor— hubieren siquiera sido motivo de suficiente análisis.

El referido "apoyo externo" permitió en su momento a algunos conocidos terroristas argentinos no solamente desplazarse tácticamente, sino hasta transferir al exterior (utilizando la "valija diplomática" cubana) el dinero producido por los "rescates" por ellos obtenidos en distintos secuestros de personas. Además, la obtención de dinero y armamentos, así como entrenamiento. Y la posibilidad de encontrar oportuno "refugio" táctico para quienes estaban enrolados en las actividades terroristas.

Lo recientemente ocurrido hace que el pasado adquiera, de repente, una dimensión distinta que obliga a un nuevo análisis, sin prejuicios de ninguna naturaleza.

4 Acuña, Carlos Manuel, *Por amor al odio. La tragedia de la subversión en la Argentina*, Ediciones del Pórtico, 2000, pp. 683 y ss.; Alonso Piñeiro, Armando, *Crónica de la subversión en Argentina*, Editorial Depalma, 1980; Gasparini, Jua, *Montoneros, final de cuentas*, De la Campana, 1999; Leoni Houssay, Luis, *La conexión internacional del terrorismo*, Depalma, 1980; Centro de Estudios del Círculo Militar, *Violencia en la Argentina*, 2001, pp. 145 y ss.

III. UNA AMENAZA LATENTE

En su accionar, el terrorismo internacional utiliza —cada vez más— las herramientas y los instrumentos propios de la globalización, que detesta. Particularmente todos aquellos que pertenecen al capítulo de las comunicaciones. Pero también las más avanzadas técnicas financieras, societarias y hasta logísticas. Y ahora apunta —para preocupación universal— hacia la utilización de armas de destrucción masiva, en lo que —de concretarse— puede ser un catastrófico nuevo paso hacia la tendencia al aumento constante de su nivel de atrocidad al que aludimos más arriba.[5]

Ello obliga a millones de personas —en todas las latitudes— a "tener que vivir" inmersos en un nivel de inseguridad y vulnerabilidad hasta ahora inédito. Con la fea trama de ansiedades y sobrecostos consiguientes, que han deteriorado —en extremo— sus estilos de vida.

Ocurre que, de pronto, nos hemos visto sumergidos en una suerte de primera guerra mundial de la globalización. Enfrentados con un enemigo difuso. Distinto. Asimétrico, se nos dice. Desestabilizador, en extremo. Que utiliza tanto armas convencionales conocidas, como nuevas. Que opera en la oscuridad, con lazos amorfos y una verticalidad mínima en el plano de la organización.

Pero amalgamado funcionalmente mediante unas pocas afinidades básicas cohesionadoras, que aglutinan a sus miembros a la manera de intransigente evangelio.

Con cientos de "caras nuevas". Muchas de ellas dispuestas a morir, de ser necesario. Con células operativas bien entrenadas y financiadas, siempre latentes. O, más bien, "dormidas". Porque

5 Lake, Anthony, *6 Nightmares*, Little, Brown and Company, 2000, pp. 1 y ss.; Miller, Judith, Engenberg, Stephen y Broad, William, *Germs. Biological Weapons and Americas Secret War*, Simon & Schuster, 2001; Roman, Peter J., "The dark Winter of Biological terrorism", *Orbis*, vol. 46, núm. 3, 2002, pp. 469 y ss.

—como surge de la experiencia reciente— son capaces de despertar en cualquier momento para sembrar la muerte y la destrucción. Repentinamente.

Enfrentar al terrorismo internacional supone coordinar la tarea con el resto de la comunidad internacional. Con un nivel de constancia y esfuerzo que debe ser infatigable y permanente. Basado en comprender que se trata de prevenir y defender, más que pretender terminar con él. Para ello es necesario actuar en el plano de la inteligencia. Con paciencia y tenacidad, desde un alerta que debe ser constante. Conscientes de la gravedad de la cuestión. Porque, frente al terrorismo internacional, los riesgos se miden desgraciadamente en términos de vidas inocentes. Casi siempre civiles.

Tanto, que se puede afirmar que en nuestros días la población civil está realmente más expuesta a sus ataques que las propias fuerzas armadas. Lo que es uno de los perfiles distintivos de la horrible realidad del terrorismo internacional.

En la Primera Guerra Mundial se estima que solamente un 10% de las víctimas fatales por ella provocadas fueron civiles. En cambio, en la Segunda Guerra Mundial la proporción de víctimas civiles creció dramáticamente. Hasta alcanzar nada menos que el 60%.

En los conflictos contemporáneos la situación es aún más grave, desde que las víctimas civiles están ya en el orden del 90% del total. Lo que exterioriza ciertamente un condenable cambio cualitativo.

IV. La evolución reciente

El terrorismo que operara en la década de los setenta tuvo —en gran medida— una connotación ideológica en la que prevaleció el marxismo, exteriorizada a su vez en un discurso preñado de fuertes tonos antimperialistas. Pero con frecuencia tenía características predominantemente domésticas. Pese a que la "guerra fría" lo ligó más de una vez con las potencias en conflicto.

Ese fue el caso de algunos de los llamados "movimientos de liberación nacional". Me refiero a los que —particularmente en África— se impusieron en la lucha anticolonialista. Aunque cabe reconocer que, con alguna frecuencia, esa ideología aparecía acompañada de tonos de subido color nacionalista o étnico.

Pero fue también el caso del "Ejército Rojo" alemán. Aquel que, con perfiles maoístas, iniciara su accionar criminal en 1968, extendiéndolo por décadas, hasta 1998. Y el de las "Brigadas Rojas" italianas. Las que fueron derrotadas en 1982, gracias sobre todo a la actitud de decenas de "arrepentidos" ("pentitis") que permitieron a las autoridades descifrarlo primero y enfrentarlo después, con todo éxito. También el de la "Acción Directa" francesa; el de la "Células Comunistas" belgas; el del casi mitológico movimiento terrorista griego "17 de Noviembre" que, operativo desde 1975, acaba de ser sustancialmente desmantelado por la policía griega; el del "Ejército Rojo" japonés, todavía activo; el de la poderosa "FARC" colombiana, aún vigente; y el del implacable "Sendero Luminoso" peruano, de corte maoísta que, pese a sufrir la captura de su líder Abimael Guzmán, en 1992, sigue aparentemente en actividad, con algunas células menores que están —aún hoy— operativas.[6]

También puede rastrearse esa misma afiliación ideológica en la Argentina de los setenta. Nucleada en torno a las más diversas figuras, entre las que algunos incluyen a personajes en apariencia insospechados, como el del periodista Horacio Verbitsky, quien habría actuado en diversas posiciones, incluyendo el haber estado alguna vez a cargo de la base de Lima del movimiento "Montoneros", en coordinación estrecha con las embajadas cubanas de la región.

Hubo asimismo terrorismo de otro tipo. El de extrema derecha. Peligrosísimo también. Su presencia se hizo más notoria en

6 Strong, Simon, *Shining Path. Terror and Revolution in Perú*, Times Books, 1992.

la década de los ochenta. Actuó con ideologías patológicas, de corte nacionalsocialista o fascista. Este tipo de terrorismo apareció en Alemania, Austria, Francia, Italia y en diversos países del antiguo Pacto de Varsovia. Con cabezas rapadas, o sin ellas. Identificado por un feo denominador común, exteriorizado en muy distintas formas de indecencia racista. No está, para nada, terminado.

V. AL QAEDA Y EL "PERFIL RELIGIOSO"

El grupo más peligroso y notorio del terrorismo internacional de nuestros días —Al Qaeda— tiene en cambio raigambre religiosa. Es fundamentalista en su visión. Esto es, totalitario. En todo el sentido real de esta palabra.[7]

Porque, para su punto de vista, "todo" es religioso. Hasta la concepción misma del Estado, al que sólo conciben organizado como "teocracia". Desde que —para ellos— la soberanía no reside en el pueblo, sino en la divinidad. Sordo, además. Por su ostensible incapacidad de escuchar. Fanático, entonces.

En su devoción sin límites, los fundamentalistas postulan que sustancialmente "todo" ha sido revelado por Dios a los hombres. Y está pautado en normas de conducta definidos a partir de la "interpretación" de los textos sagrados. Lo que, como cabe suponer, es un privilegio monopólico que se reservan esmeradamente para sí los circunstanciales dirigentes de estos movimientos.

7 Reeve, Simon, *The New Jackals. Ramzi Yousef, Osama Bin Laden and the future of terrorism*, Northeastern University Press, Boston, 1999, pp. 178 y ss.; Rapoport, David, "Sacred Terror: A Contemporary example from Islam", *Origins of Terrorism. Psychologies, Ideologies, Theologies, States of Mind*, Ed. Walter Reich, Woodrow Wilson Center Press, 1998, pp. 103 y ss.; Taylor, Peter, *States of Terror. Democracy and Political Violence*, BBC Books, 1993, pp. 1 y ss.; Juergensmeyer, Mark, *Terror in the Mind of God. The Global Rise of Religious Violence*, University of California Press, 2000; Lewis, Bernard, *The Assassins. A Radical Sect in Islam*, Oxford University Press, 1967.

Al Qaeda, cuya extendida red actúa todavía en unos sesenta países, es la organización terrorista internacional directamente responsable de los atentados del 11 de setiembre pasado. Aquellos que —por sus características y magnitud— marcaran un "antes" y un "después", que parece haber alterado nítidamente el curso de la historia del terrorismo.

Su ideología se edifica sobre la noción del "Umma". Esto es, en el proyecto común de construir una sola "gran nación islámica". Como objetivo central.

Sus credos y códigos se nutren en la variante radical —y extremista— del Islam conocida como *salafi*. Aquella que postula la necesidad de regresar a la visión y costumbres musulmanas "puras", esto es las prevalecientes en los tiempos del Profeta. Es un movimiento *sunni* —pero no unificado— que apunta a conquistar los corazones y las almas de todos los musulmanes, sin excepción, y a imponer sobre sus fieles el "sharia". O sea, la ley religiosa.

Al Qaeda tiene una concepción del mundo de corte pan-islámico. No acepta, en consecuencia, los componentes nacionalistas. Porque para su visión de las cosas, el nacionalismo es *shirk*. O sea una inaceptable forma de idolatría o politeísmo. En esto hay, entonces, una importante diferencia conceptual, que lo distingue de otros movimientos terroristas islámicos, como los palestinos, que tienen en cambio un fuerte componente nacionalista.

Para sus líderes, los Estados Unidos de América son el principal enemigo. Mas aún, la encarnación contemporánea de los ídolos falsos (*Hubals*) del siglo VII. Por esa razón, ese país es objeto directo de la "guerra santa" (*jihad*) formalmente declarada por algunos clérigos fundamentalistas en su contra.[8]

Hasta no hace poco, sus líderes principales priorizaban la lucha "interna" contra los gobiernos seculares que ejercen el poder en la mayoría de los países predominantemente islámicos. Hoy,

8 Rashid, Ahmed, *Jihad. The Rise of Militant Islam in Central Asia*, Yale University Press; Guolo, Pace, *I fondamentalismi*, Roma-Bari, Editori Laterza, pp. 29 y ss.

en un cambio ostensible de táctica (originado, según cabe suponer, en la suma de fracasos acumulados en sus intentos vernáculos), ellos prefieren arremeter contra quienes identifican como los enemigos "externos". Para tratar de unificar así al pueblo musulmán, en su afán de poder

Pero el objetivo final y principal, reiteramos, pareciera ser el de tratar de conquistar el corazón y las almas del "Umma", la "gran nación islámica". Lo que supone, en última instancia, acceder al poder.

Al Qaeda ha revelado ciertamente una capacidad enorme de daño. Hasta ahora, con armas, tácticas y operaciones no sólo simples, sino también relativamente baratas.

Como ejemplo del caos económico que ha generado, cabe apuntar que el costo "directo" de los atentados del 11 de setiembre pasado se estima en unos 50 billones de dólares. A lo que hay que adicionar grandes costos "indirectos", como los producidos a algunos sectores en particular que resultaron dramáticamente afectados. Por ejemplo el transporte aéreo, el turismo y la actividad aseguradora. Así como las consecuencias de "tener que vivir" asumiendo lo peor. Y extremando, en consecuencia, la precaución y las medidas de seguridad. Lo que desde luego tiene sus costos en dinero, incomodidades y tiempo.

Además, esos atentados parecen haber contribuido significativamente a una fuerte desaceleración de la economía mundial, en por lo menos un punto del producto bruto. Esto es, en un orden de magnitud cercano a los 700 billones de dólares.

Al Qaeda ha galvanizado ciertamente a buena parte del mundo árabe. Profundamente. Pero apunta al total de los 280 millones de personas que lo componen. Su desaparecido líder, Osama Bin Laden, que según algunos podría estar aún vivo, es un líder que, a la manera de Lenin, Castro, Guevara, Qadaffi, o del propio Saddam Hussein, actúa con proyección internacional.

Hoy Al Qaeda procura demostrar que su capacidad operativa está pese a todo, vigente. Así lo testimonian algunos recientes atentados, como el que sufriera la sinagoga de Djerba, en Túnez.

O el que pretendiera inyectar cianuro en las cañerías de la embajada de los Estados Unidos en Roma. Todo esto obliga —a todos— a mantener el máximo alerta. Y a estar dispuestos a intercambiar —permanente y eficientemente— inteligencia e información. Tanto preventiva, como reactiva.

VI. UNA PESADILLA UNIVERSAL QUE NO TERMINA DE DESVANECERSE

Pese a la derrota del Talibán, parece mentira, pero todavía no hay certeza acerca de si el cerebro del terror islámico, Osama Bin Laden, está muerto o vivo.[9]

Algo parecido puede —lamentablemente— decirse del líder talibán que le brindara santuario y terminara siendo su socio y compinche, el Mullah Mohamed Omar, hasta hace poco el hom bre más poderoso de Afganistán. Pese a que este último acaba de difundir algunos mensajes en los que promete "recuperar" el poder que sugieren que —escondido— sigue siendo un notorio factor de inestabilidad a tener en cuenta.

Ambos, como algunos otros dirigentes terroristas de Al Qaeda, podrían —cabe presumir— estar ocultos en algún lugar de Afganistán, Paquistán o en algún otro país de la región. Prófugos de la justicia, naturalmente.[10]

9 Bodansky, Yossef, "Bin Laden. The Man Who Declared War on America", *Forum*, Prima Publishing, 1999; Bergen, Peter, *Holy War, Inc. Inside the Secret World of Osama Bin Laden*, The Free Press, 2001, pp. 143 y ss.; Aruffo, Alessandro, *LIslamismo Militante. Dal Maghreb allAsia Centrale*, Datanews, pp. 171 y ss.; Prados, John, "America Confronts Terrorism. Understanding the Danger and How to Think About It. A Documentary Record", *Ivan Dee*, Chicago, 2002, pp. 169 y ss.; *Through our EnemiesEyes. Osama Bin Laden, radical Islam and the Future of America*, Anonymous, Brasseys Inc, Washington, 2002.

10 Magnus, Ralph H. y Naby, Eden, *Afghanistan. Mullah, Marx, and Mujahid*, Westview Press, 1998, pp. 179 y ss.; Margolis, Eric S., *War at the Top of the World. The Struggle for Afghanistan, Kashmir and Tibet*, Nueva York, Routledge, 2000, pp. 2 y ss.; Rashid, Ahmed, *Taliban. Militant Islam, Oil and Fundamentalism in Central Asia*, Yale University Press, pp. 17 y ss.; Mardsen, Peter, *The Taliban. War, Religion and the New Order in Afghanistan*, 1999, pp. 43 y ss.

1. *El apresamiento de Abu Zubaydah*

Un avance importante —en términos de poder apresar a la dirigencia terrorista de Al Qaeda, de modo de desarticular el andar de esa organización— ha sido la detención de Abu Zubaydah, un líder "pesado", de origen palestino. El encargado de reclutar y entrenar a los terroristas del grupo y planificar algunas de sus operaciones, incluyendo la del fatídico 11 de setiembre, en los Estados Unidos. No es poca cosa.

Cayó capturado gracias a la eficaz colaboración de la inteligencia y policía paquistaní. En Faisalabad, una ciudad a escasos 200 kilómetros de Islamabad, la capital del Paquistán. No estaba, entonces, recluido en cueva o "aguantadero" alguno. Ni oculto en zonas montañosas, desérticas o escarpadas. Estaba, en cambio, en una zona urbana a la que había llegado a través de una frontera porosa, difícil de vigilar, escapando presurosamente a la persecución de las tropas de los Estado Unidos y sus aliados.

Abu Zubaydah tiene apenas 31 años. Es el primer dirigente terrorista capturado que puede ciertamente proporcionar información valiosa acerca del accionar y de la estructura operativa de la organización criminal Al Qaeda. Particularmente respecto de sus "células dormidas", todo a lo largo y ancho del mundo. Cabe destacar que resultó herido de bala, varias veces, al tiempo de ser capturado, razón por la cual es posible que pase algún tiempo antes de que esté en condiciones físicas plenas para poder proporcionar la información que se supone tiene.

Su detención destaca la importancia fundamental de la cooperación en el campo de la inteligencia, cuando de combatir al terrorismo internacional se trata.

Tal como ocurriera antes, en el caso de los asesinos del periodista Daniel Pearl, los laureles se comparten con Paquistán. Y con su corajudo líder (que acaba de ganar —abrumadoramente— un referéndum que le permitirá seguir por algunos años más en el timón de su convulsionado país), el general Pervez Musharraf.

A diferencia de lo que él mismo hubiera presumiblemente ordenado en Afganistán, Abu Zubaydah no será torturado. Ni vejado. Ni, mucho menos, ejecutado sumariamente. Será, en cambio, juzgado. De acuerdo a un proceso y reglas que —por exigencia de la opinión pública estadounidense— se reformularon para asegurar, al máximo posible, el "debido proceso legal".

2. *El "desbande" ordenado por Ayman Zawahiri*

Según documentación obtenida en Afganistán, el segundo líder de la organización terrorista Al Qaeda, el mentado Ayman Zawahiri (según algunos, su principal cerebro ideológico y táctico) al advertir la intensidad de la reacción militar estadounidense en Afganistán ordenó el "desbande" de sus fuerzas. La desconcentración, entonces. Con la idea de reagruparse más adelante y continuar accionando en función de sus objetivos de terror.

En una suerte de "testamento" escrito mientras caían las bombas, decidió evadir el combate que intuyó desigual. Zawahiri, que algunos suponen habría muerto, y otros no, promete que la organización continuará con su "guerra santa" (Jihad) contra los Estados Unidos y Occidente.

Médico de profesión, Zawahiri condujo por algunos años las actividades terroristas del *Jihad* egipcio, que estaba empeñado en una lucha sin cuartel contra el gobierno secular y los militares de su país. Hasta que, luego de asesinar al presidente Anwar Sadat y a otros cientos de personas (incluyendo la espantosa matanza de turistas, llevada a cabo en Luxor) y —curiosamente— de visitar en dos oportunidades a los Estados Unidos, tuvo que escapar en 1998, para unirse a Bin Laden, en Afganistán. Como fugitivo, lo que más temía era ser capturado, naturalmente. Y la humillación consiguiente.

Para Zawahiri, la lucha contra los Estados Unidos (e Israel) es crucial para el Islam. Para ello recomienda golpearlos particularmente en aquellos lugares en los que su presencia en los países musulmanes que componen la "gran nación islámica" es manifiesta.

Aconseja asimismo que se continúe tratando de ganar —y mantener— la simpatía de quienes componen el mundo musulmán. Utilzando para ello las posibilidades que derivan del extendido funcionamiento de las múltiples organizaciones musulmanas de beneficencia y educación. Como ha venido ocurriendo hasta ahora. A la manera, entonces, de otras organizaciones del terror, como Hamas y Hezbollah. Con idénticas tácticas. Y una estrategia coincidente.

3. *La captura de Ramzi Bin Al Shibh*

Gracias al rastro dejado por el uso imprudente de un teléfono celular, Paquistán pudo recientemente atrapar a otro hombre clave de Al Qaeda. Me refiero al extremista Ramzi Bin Al Shibh, un ciudadano yemení de apenas 30 años, a quién el periodista Yosri Fouda, de la cadena Al Yazira, había sindicado como el sucesor natural de Osama Bin Laden, a quien sospecha muerto.

La detención ocurrió en un barrio residencial de Karachi, lo que sugiere que buena parte de la dirigencia de Al Qaeda podría estar escondida en los centros urbanos de Paquistán, tratando de pasar desapercibida.

La trascendencia de la detención de Al Shibh, a quien se buscaba intensamente desde hace un año, parece evidente si se advierte que se trata de un peligroso y cerebral individuo que participó activamente en la preparación y planeamiento de los cruentos atentados del 11 de setiembre del 2001. Después de haber intentado sin éxito poder participar en los mismos, como el vigésimo integrante del equipo suicida que consumara los atentados. Por ello está seguramente familiarizado con la estructura logística y financiera de Al Qaeda, lo que permite pensar que podría aportar datos capaces de mejorar el escaso nivel de conocimiento que la comunidad internacional tiene de la capacidad operativa de la organización criminal a la que pertenece.

La reciente captura del mencionado Al Shibh demuestra que los principales responsables del horror, pese a su fuga y ocultamiento, están realmente expuestos a tener que enfrentar sus culpas y asumir sus responsabilidades. Como debiera ser.

4. *Los nuevos "Bin Ladens"*

En distintas latitudes, mientras Osama Bin Laden parece haberse desvanecido, otros dirigentes —con similar nivel de fanatismo e intransigencia— están asumiendo roles y papeles parecidos.

Con un mensaje calcado del del terrorista saudita. El más notorio de ellos es Abu Bakar Bashir, un clérigo de Indonesia, de 63 años. Su mensaje es siempre de contenido ideológico. Pero muchos sospechan que es también el líder de una gran organización terrorista.

Sus redes (estructuradas en Indonesia, en torno a un grupo terrorista conocido como "Jemaah Islamiah") parecen extenderse velozmente y cubrir también a Malasia y Singapur, donde las autoridades están plenamente conscientes y —naturalmente— muy alertas acerca de sus actividades.

Su objetivo es separatista, desde que propugna crear un "gigantesco Estado islámico" en la región que comprende a Indonesia, Malasia, Singapur y a la parte musulmana de Filipinas (donde también actúa el notorio terrorista Abu Sayyef, hoy buscado por el ejército filipino con la colaboración —en el terreno— de unos 650 militares estadounidenses). Y donde están apareciendo campos de entrenamiento, en los que la colaboración de Al Qaeda luce notoria.

En Singapur, varios de los miembros del "Jemaah Islamiah" fueron apresados en diciembre de 2002, cuando trataban de volar objetivos estadounidenses. Precisamente en el momento en que estaban a punto de consumar esos atentados. Algunos de ellos habían sido entrenados por Al Qaeda, en Afganistán.

En Malasia, donde el referido Abu Bakar Bashir ejerció su ministerio religioso durante las décadas de los ochenta y noventa, ya han ocurrido distintos atentados con explosivos y una intensa ola de robos, de diversa índole. Todos ellos han sido atribuidos a su gente.

La aparición del "Jemaah Islamiah" se nutre en el descontento generado por la implosión económica y política de Indonesia que siguió a la caída del régimen dictatorial y corrupto de Suharto. En 1998. La comprobación de la existencia de campos de entrenamiento, con presencia de instructores de Al Qaeda, detectados en la isla Sulawesi, no ha hecho sino aumentar el nivel de preocupación en una región que contiene a la población islámica más numerosa del mundo.

Por el momento, el gobierno de Megawati Sukarnoputri, probablemente en función de la ostensible debilidad de la coalición política que encabeza, no se ha decidido a enfrentar abiertamente a Abu Bakar Bashir, en Indonesia. Por temor a la inestabilidad que de ello podría derivarse. Y a sus remesones.

Como suele suceder, al costado del grupo terrorista Abu Bakar Bashim ha organizado una fuerza "paralela", presuntamente política. Ella se denomina Consejo de Mujahideenes de Indonesia. Fue fundada hace ya casi dos años y propugna, como sus organizaciones hermanas, la adopción generalizada del *sharia*, o derecho religioso islámico, cual factor aglutinador para toda la "nación islámica". Algo así como el Corán cual Constitución. Pero en una particular interpretación —rígida e intransigente— de sus postulados. La suya propia.

La influencia del pensamiento y accionar de Osama Bin Laden y los suyos sigue entonces siendo grande en ese rincón de Asia. Su prestigio también. Porque su "visión" del mundo atrae las simpatías de las masas musulmanas. Ella aparece también en la inspiración de las organizaciones terroristas que actúan a imagen y semejanza de Al Qaeda en Indonesia, Malasia, Singapur y Filipinas. Como si ellas fueran herederas —o quizás partícipes— de sus profundos odios y resentimientos. Pero también de sus objetivos.

Queda visto que aún hay mucho por hacer en la lucha contra esa expresión del terrorismo internacional conocida como Al Qaeda. Y que estamos lejos, muy lejos, de poder "bajar la guardia". Porque está bien claro que sus huestes están -desgraciadamente- creciendo organizadamente en diversas latitudes y prestas a entrar "en acción".

VII. Nuevas técnicas operativas

Al Qaeda utiliza en su accionar algunas conocidas técnicas modernas. Como la del *networking*. La misma que utilizaran sorpresivamente —con todo éxito— los movimientos "antiglobalizadores" en la ahora llamada "batalla de Seattle". Y asimismo el "Zapatismo", en México.[11]

Esa técnica permite a organizaciones de tipo horizontal, blandas y hasta dispersas (aunque siempre amalgamadas por una mezcla de coincidencias doctrinarias mínimas y de estructuras operativas compartidas), planificar y concertar acciones comunes, aumentando así el impacto de sus apariciones públicas.

Para ello se recurre también al *swarming*. Otra técnica moderna, que descansa en la coordinación anticipada de la acción de unidades individuales que están dispersas, pero que —de pronto y disciplinadamente— convergen todas sobre el mismo objetivo o blanco de acción común, en función de planes y criterios prestablecidos. Esas distintas unidades aparecen —sorpresivamente— conjugando al unísono su acción en las calles. Provocando *shocks*. Para luego dispersarse y refugiarse en sus respectivos universos. Permaneciendo alertas e interconectadas para ejecutar nuevas acciones conjuntas.

Se recurre también, y cada vez más, al andar conjunto y cooperativo con otros movimientos terroristas internacionales. A la

11 Lesser, Ian O. *et al.*, *Countering the New Terrorism*, RAND, 1999; Arquilla, John y Ronfeldt, David, *Networks and Netwars*, RAND, 2001.

manera de las FARC que —está visto— actúan en estrecha vinculación con el ETA y con el IRA. O con el narcotráfico. O con el crimen organizado, en cualquiera de sus distintas variantes. Todo lo cual es peligrosísimo porque unos potencian a otros, multiplicando la capacidad de daño.

Estas diferentes nuevas técnicas están siendo —hasta ahora— utilizadas más por las organizaciones que podríamos denominar como "de la nueva generación", a la que pertenece, por ejemplo, Hammas. A diferencia del estilo mucho más tradicional —y vertical— que caracteriza a las organizaciones más "maduras", como el Castrismo o a la misma Organización de Liberación Palestina.

A ellas recurren también —según enseña la experiencia reciente— distintos activistas sociales. Incluyendo a utópicos, nihilistas, o anarquistas. Y a las variantes más extremas del marxismo. Que, de ese modo, intentan "ganar la calle", llenándola de ruido y de gritos. Para aturdir. Como si de ello —y no de la discusión serena y ordenada de las ideas— pudiera salir la razón.

Esa "campana de resonancia", así fabricada, tiene por objeto —además— capturar la atención de los medios, sin el auxilio de los cuales el terrorismo vería desdibujadas sus pretensiones. Todo un tema, del que nos ocuparemos específicamente más abajo.

Muchos de quienes quedaron —de repente— frustrados o desubicados al caer el muro de Berlín encuentran en este tipo de accionar la posibilidad de seguir "luchando" contra un sistema en el que no creen. Ahora "desde adentro". Sin perjuicio, claro está, de que las mayorías silenciosas existen. Y de que ellas hacen oír —inexorablemente— su voz a través del veredicto inapelable de las urnas.

Estas técnicas nuevas deben ser estudiadas, identificadas y comprendidas debidamente. Para poder enfrentarlas con posibilidades de éxito. Ellas confieren a la acción contra el terrorismo una perspectiva compleja y necesariamente larga. Y requieren que exista auténtica disposición para concertar el andar de la comunidad internacional a través de (i) la diplomacia; (ii) la ley (a la que, respetando a rajatablas las libertades individuales, cabe remozar con urgencia para que pueda ganar en eficacia. Particularmente cuando es obvio que muchos de los tiempos y tipos de procesos judiciales y/o administrativos tradicionales son claramente ineficientes para enfrentar las nuevas realidades del terror);[12] y (iii) el accionar concreto de las áreas de defensa, inteligencia y seguridad, que deben modernizarse y coordinar con precisión sus respectivas labores para poder prevenir y reaccionar adecuadamente frente a la constante amenaza a la paz y seguridad internacionales que supone el terrorismo internacional que se ha transformado ya en un azote de nuestros tiempos.[13]

VIII. Los medios de comunicación y el terrorismo

Alguna vez, en sus tiempos, Carlos Marx sostuvo que el poder dependía del control de los medios de producción. Parafraseándolo, en nuestros días el poder está mas bien asociado al control de los medios de comunicación.

El terrorismo internacional conoce perfectamente la importancia de actuar a través de los medios. En rigor, sus acciones y atentados apuntan más al público en general que los contempla a través de los medios de comunicación masiva, que a quienes —en cada caso particular— pueden resultar sus desprevenidas víctimas.[14]

12 Freestone, David, "International cooperation against terrorism and the development of international law principles of jurisdiction", y Daudet, Yves, "International action against State terrorism", *Terrorism and International Law*, Rosalyn Higgins y Maurice Flory (eds.), Londres y Nueva York, Routledge, 1999; Wilkinson, Paul, *Terrorism versus Democracy. The Liberal State Response*, Londres y Portlnad, Or., Frank Cass, 2002, pp. 188 y ss.

13 Berkowitz, Bruce, "Intelligence and the War on Terrorism", *Orbis*, vol. 46, núm. 2, 2002, pp. 289 y ss.

14 Nacos, Brigitte L., *Terrorism & The Media. From the Iran Hostage Crisis to the Oklahoma City Bombing*, Columbia University Press, 1994; Oliverio, Annamarie, *The State of Terror*, State University of New York Press, 1998, pp. 109 y ss.; Seger, Karl A., *The Antiterrorism Handbook*, Presidio, 1990, pp. 15 y ss.

De alguna manera pareciera que el terrorismo necesita operar con ribetes teatrales, puesto que es a través de los medios que sus acciones y atentados se difunden. Por eso trata de aprovechar siempre esa cuota de "neutralidad" que asumen los medios, para tratar de infundir el pánico.

Trata, entonces, de lograr el "oxígeno" de la publicidad. Esto supone aprovechar la excepción real de la "normalidad" tradicional, que supone equivocadamente que son los gobiernos —y no los medios— los que dominan la agenda internacional.

La televisión, como instrumento de simplificación de todo y transmisión instantánea de imágenes y emociones, parece haber adquirido presencia independiente en el escenario internacional. A punto tal, que algunos —exagerando, quizás— se refieren a la CNN como al "sexto" miembro permanente del Consejo de Seguridad de las Naciones Unidas, con cuyo concurso hay que necesariamente contar para instalar alguna cuestión en la agenda o ser exitosos en alguna empresa. Lo que aparece claro con sólo recordar la impresión imborrable que dejaran en nuestras mentes las coberturas mediáticas de los episodios del Muro de Berlín. O los de la Plaza de Tiananmen. O los casos de "toma de rehenes". O los episodios que exponen dramas sociales de magnitud, en los que los medios tienen casi siempre criterios independientes de aquellos que, en las emergencias, suelen ser "sugeridos" desde la autoridad.

El peligro es que en nuestras "teledemocracias" los medios sean desaprensivamente explotados por el terrorismo. Porque el drama vende siempre.

Por ello, el fenómeno debe enfrentarse con criterios prestablecidos y técnicas de comunicación apropiadas que permitan transmitir equilibradamente el "mensaje" terrorista, en el contexto que corresponda.

Faute de mieux, el riesgo de ser "usado" debe —no obstante— enfrentarse. Porque la imposición de restricciones a la libertad de información puede generar peligros aún mayores, cercenando libertades individuales esenciales. Lo que es inaceptable.

Esto tiene quizás que ver con esa "tensión" inevitable que parece existir entre el derecho que el público tiene de conocer lo que efectivamente está ocurriendo y la responsabilidad que cabe al Estado de defender la seguridad de su población o el "interés nacional".

1. *El impacto de la tecnología*

En nuestros días, la tecnología parece haber transformado radicalmente la naturaleza de la actividad periodística aumentando exponencialmente el flujo y la disponibilidad de la información. Para todos.

Ello reduce —drásticamente— el espacio hasta ayer reservado para lo confidencial, que caracterizaba a distintos capítulos de la actividad del Estado.

Esto ocurre especialmente como consecuencia de la creciente actividad de las llamadas "cadenas internacionales", que no necesitan ya de los Estados para conocer e interpretar —en tiempo real— los hechos y acontecimientos.

De allí que, en el desempeño de sus funciones de monitoreo y dispersión de la información que recogen, ellas tengan hoy un reconocido grado de autonomía.

2. *Las llamadas "filtraciones"*

En las batallas por la opinión pública aparecen, con frecuencia, las llamadas "filtraciones". Ellas pueden originarse en diferentes razones o motivos.

En primer lugar, pueden ser consecuencia del "ego" de algunos —funcionarios o no— que procuran con ellas "darse importancia". Generalmente, sin medir los costos.

En seguida, en el deseo de algunos de acumular "créditos" a su favor, respecto del periodismo. Con la secreta esperanza de poder "cobrarlos" alguna vez. Para poder enfrentar, con alguna "garantía" de éxito, la creciente tendencia a la "negatividad" en función de la cual demasiados periodistas parecen preferir "pegar" a "ponderar". Especialmente, cuando de la actividad de los funcionarios públicos se trata. Pareciera que hay demasiados que están efectivamente presos de una inexplicable pavura por no aparecer como "complacientes" respecto de las autoridades. En función de la cual actúan.

En tercer término, en el objetivo de promover anticipadamente el clima necesario para alguna medida política, que se ha decidido implementar. Aprovechando para ello la conocida "cultura de la repetición" o el "efecto rebaño" que afecta frecuentemente al periodismo, que suele tomar por bueno lo que ha sido publicado con anterioridad, sin demasiado juicio o análisis. Una variante de esto sería la conocida táctica del "globo de ensayo", que apunta a tratar de anticipar las posibles reacciones o consecuencias de alguna acción o medida que se piensa implementar en el corto plazo.

En cuarto lugar, las "filtraciones" se usan para denunciar indirectamente conductas que se trata de corregir, o evitar. Cuando las circunstancias transforman la patología en normalidad.

Finalmente, ellas pueden utilizarse para tratar de desprestigiar —o perjudicar— a algún adversario, rival o enemigo.

Al analizar entonces las "filtraciones" que proyectan los medios cabe siempre pensar en dos cosas. En sus posibles causas y en sus probables efectos. Para tratar de interpretar mejor sus consecuencias sobre el flujo informativo. Todo esto es ciertamente de aplicación a la reacción que cabe frente a los medios, cuando de la difusión de las actividades del terrorismo se trata.

3. *La calidad informativa como respuesta*

Por lo dicho, la posición que —desde los medios— debe adoptarse respecto de las pretensiones del terrorismo, o de sus eventuales exigencias, requiere cuidar el plano de la "calidad" de la información que se transmite.

Esto es, empeñarse a fondo en —primero— verificar la información recibida, u obtenida. Y, en seguida, en tratar de ampliar y explicar la información en su propio contexto. Con una cuota razonable de opinión cada vez que ella sea necesaria. Para procurar el equilibrio. Aunque cuidando —siempre— de no distorsionar en modo alguno la verdad, lo que sería inaceptable.

Se trata de no caer fácilmente en las trampas del terrorismo que, como hemos dicho, procura siempre transformar al medio en instrumento o apéndice de su accionar criminal.

Y de evitar caer en un error fácil, cual es el de tratar de evitar ser "usados", optando por difundir la menor cantidad de información posible. Esto último sería —en nuestra opinión— nada menos que traicionar la razón de ser misma del periodismo que es la de informar con libertad, honestidad, seriedad y objetividad.

IX. El "debido proceso legal", como legítima preocupación respecto del terrorismo

Los argentinos sabemos, por dura experiencia propia, de las dificultades que deben enfrentarse cuando el aparato judicial del Estado debe —de pronto— hacerse cargo de la tarea de juzgar a los responsables de cometer atentados terroristas. Responsabilidad que no es sencilla. Muchos de nuestros jueces, cabe recordar, murieron —asesinados— en el desempeño de sus funciones.

Por eso, no llama demasiado la atención que, después de los atentados del 11 de septiembre de 2001, el procurador general de los Estados Unidos, John D. Acroft, haya sancionado normas que: (i) permiten al FBI "escuchar" las comunicaciones entre los procesados o detenidos por terrorismo y sus abogados; (ii) entrevistar a unos 5.000 visitantes a los Estados Unidos provenientes de Medio Oriente y a otros tantos miles de estudiantes que, provenientes de esa misma región, cursan estudios en distintas universidades estadounidenses; y (iii) organizan un discutido, aunque prolijo sistema de tribunales militares para juzgar a los miembros de Al Qaeda y del Talibán, después de los atentados del 11 de septiembre, y a sus cómplices. Siguiendo el precedente del caso "Quirin", con el que fueran juzgados —militarmente— ocho saboteadores alemanes que —durante la Segunda Guerra Mundial— pretendían realizar atentados en suelo norteamericano.

La opinión pública norteamericana ha reaccionado en favor de cada una de esas tres iniciativas. Con algunas reservas.

Ellas evidencian la necesidad de equilibrar las urgencias propias de la lucha contra el terrorismo —que ya ha producido más de 3,000 víctimas fatales en suelo norteamericano— con la indispensable defensa de las libertades civiles fundamentales. De manera de no caer nunca en la "trampa" de los terroristas, que tratan de provocar, en sus contrapartes a las que agreden, una sobrerreacción de corte autoritario.

1. *Las lecciones de la historia*

La historia estadounidense demuestra que, en tiempos de guerra, el país del norte ha sacrificado —reiterada y abiertamente— algunas libertades individuales.

El equilibrio entre la defensa de la seguridad de la sociedad y la de la libertad es trascendental, pero también particularmente complejo.

El presidente Lincoln no sólo suspendió, sin titubeos, el derecho al *habeas corpus* durante la Guerra Civil, sino que autorizó también el juzgamiento por tribunales militares de aquellos que trataban de evitar el reclutamiento.

Woodrow Wilson, por su parte, permitió que se enjuiciara y encarcelara al líder socialista Eugene V. Debs, porque éste se opuso al enrolamiento por conscripción para combatir en la Primera Guerra Mundial. Y, además, no permitió distribuir a través del correo a todos aquellos periódicos que se oponían a la guerra, llevándolos irremediablemente a la quiebra.

Más cerca de nuestros días el presidente Franklin D. Roosevelt ordenó la detención e "internación" de unos 120,000 ciudadanos estadounidenses, por el simple hecho de tener parientes o antepasados japoneses. Por su "perfil étnico", entonces. Tremendo.

Curiosamente, el debate —en doctrina— sobre la legalidad de cada una de esas tres iniciativas, pese al tiempo transcurrido, aún no se ha acallado.

2. *El dilema de la "infidelidad" de los abogados defensores*

El 9 de abril pasado, los fiscales federales acusaron a una conocida abogada del foro de Nueva York de complicidad con las actividades terroristas de uno de sus clientes. Feo. Una acusación de inusitada gravedad, con obvias implicancias en el plano de la ética.

Me refiero a la doctora Lynne F. Stewart, una experimentada defensora de acusados célebres, que aparentemente habría tratado de ayudar al peligroso Sheik Omar Abdel Rahman a pasar "mensajes", desde la cárcel, a sus fanáticos seguidores, en Egipto.

Se trata del incendiario clérigo musulmán ciego que cumple una condena de cadena perpetua (más 65 años adicionales) en Rochester, Minnesota, por su participación en la conducción de los atentados perpetrados contra las Torres Gemelas, en Nueva York, en 1995. Los mismos que, en esa oportunidad, incluyeran entre sus objetivos principales a la propia sede de las Naciones Unidas, en esa ciudad, y al sobresaturado túnel Holland, de acceso a Manhattan.

La doctora Stewart le habría permitido al mencionado clérigo transmitir (con la complicidad de un traductor, que también ha sido acusado) a sus seguidores una orden de dejar sin efecto el "cese de fuego" que el mismo Sheik había ordenado luego del cobarde asesinato de 62 personas perpetrado por ellos mismos, en 1997, en Luxor, Egipto. Todas ellas absolutamente inocentes y totalmente desprevenidas.

La doctora Stewart, educada en Queens, de 62 años de edad —que asesora también al mafioso narcotraficante Salvadore Gravano en los tribunales de Brooklyn, acusado de varios asesinatos— después de sufrir un prolijo allanamiento por el FBI de sus oficinas y archivos, se proclamó absolutamente inocente.

Pero para permanecer en libertad, debió depositar una fuerte fianza, de 500,000 dólares.

La doctora Stewart es una reconocida militante de izquierda, que justifica públicamente la violencia y la "revolución" como medios o instrumentos para "reaccionar" contra el capitalismo. Aclarando siempre, según las crónicas, que no es partidaria de la violencia "anarquista", sino de la "directa". Esto es, de aquella que se ejecuta "persona a persona". Increíble.

Se trata del primer caso de utilización de las nuevas normas legales que permiten realizar "escuchas" en las conversaciones de los acusados de terrorismo y sus respectivos abogados. No obstante, sólo unos 26 condenados y procesados por esas razones (de los 158,000 presos que existen en las cárceles de los Estados Unidos) están hoy siendo objeto de escuchas telefónicas o de otro tipo. Las que, por lo demás, deben ser previamente autorizadas —siempre— por un juez. Formal y expresamente.

Los abogados actuantes en cuestiones de terrorismo, por su parte, deben suscribir cuidadosamente declaraciones juradas especiales con el Departamento de Justicia, en las que se comprometen solemnemente a no ayudar, ni facilitar las cosas, a sus clientes en o con relación a sus actividades terroristas, sirviendo de mecanismos o instrumento de comunicación con sus cómplices.

Los crímenes de los que ahora se acusa a la doctora Stewart se habrían cometido antes del 11 de septiembre pasado. Pero no pudieron ser revelados antes para no exponer al público estadounidense a mayores males o a riesgos complicados. Si ella resulta condenada, podría enfrentar hasta 40 años tras las rejas.

Hay ciertamente una línea muy tenue entre el derecho del abogado de defender al cliente y la posible complicidad del mismo con las actividades terroristas de sus clientes.

Es difícil defender profesionalmente a un cliente sin tener acceso a toda la información necesaria al efecto. Pero es claro que esa información debe utilizarse solamente para estructurar la defensa y no, en cambio, para ayudarlo en sus actividades terroristas.

Los abogados no pueden, de pronto, transformarse en cómplices directos o indirectos de sus clientes. Lo que es posible. Pero contrario a la ética profesional.

Este fue, es cierto, el caso reciente de dos abogados estadounidenses: William Morán y Michael Abbell, en Miami. Ellos, además de defender en los tribunales a sus "clientes" (que pertenecen a uno de los carteles de narcotraficantes colombianos) resultaron ser, insólitamente, también sus "socios" en el "negocio" del tráfico de drogas. Lo que es tan reprochable como inaceptable.

X. La presencia del terrorismo en una "triple frontera"

Desde hace algunos años, la sombra del terrorismo internacional parece haberse instalado en la llamada "triple frontera". Allí donde —geográficamente— convergen Argentina, Brasil y Paraguay.

En el informe del 21 de mayo de 2002 sobre las estructuras del terrorismo global producido por el Departamento de Estado de los Estados Unidos ("Patterns of Global Terrorism", 2001) se sostuvo:

> El 11 de setiembre generó atención renovada sobre las actividades de la organización terrorista Hizballah, basada en el Líbano, así como las de otros grupos terroristas, en el área de la triple frontera entre Argentina, Brasil y Paraguay, donde los terroristas obtienen anualmente millones de dólares, a través de las actividades de empresas criminales.

Agregándose:

Hay evidencia de la presencia de miembros o simpatizantes de la organización Hizballah en otras áreas de América Latina, como: el norte de Chile, especialmente en la zona de Iquique (donde se detectaron compras de inmuebles realizadas por empresas del "comerciante" Assad Ahmed Mohamed Barakat, a quien algunos sindican con —por lo menos— simpatizar con organizaciones afiliadas al terrorismo internacional, utilizando para ello sociedades vinculadas a su empresa principal: la llamada "Casa Apollo", a través de las que se generarían y transferirían fondos a la organización Hizballah); en la localidad de Macao, Colombia, cerca de la frontera con Venezuela; y en la Zona de Libre Comercio de Colón, en Panamá. Sospechas respecto de actividades de células logísticas de Usama Bin Laden o Al Qaida en América Latina han sido investigadas por las fuerzas de inteligencia de los Estados Unidos y locales pero —hacia fines de año— ellas permanecen sin ser corroboradas.

Esos dichos, por su fuente, debieran alimentar el alerta.

El informe en cuestión agrega que la zona de la "triple frontera" ha sido utilizada —financiera y logísticamente— por el movimiento terrorista islámico Hamas. Especificando que es precisamente allí donde se falsificaría —activamente— documentación de identidad. Y que los tres Estados que comparten la "triple frontera", en conjunto con el Uruguay, están ahora activamente alertas sobre esos peligros. Coordinando, además, actividades y compartiendo entre ellos la información disponible.

Recordamos que hace poco Egipto solicitó al Uruguay la extradición de Al-Said Hassan Mokhles, un individuo que se encuentra en su territorio y está acusado de pertenecer al grupo terrorista islámico Gama'a Islamiyya.

Es posible que —además— exista en la zona en cuestión alguna presencia de células o simpatizantes de la "Jihad Islámica".

1. *El nuevo activismo del Paraguay*

Desde el 11 de setiembre del 2001, Paraguay ha asumido el rol de un socio activo —y prominente— en la guerra contra el terrorismo internacional.

Principalmente en Ciudad del Este y en Encarnación, donde los grupos de apoyo a las organizaciones terroristas internacionales operan con las bien conocidas "fachadas" o "biombos" humanitarios. Como las de: la "Holyland Foundation", o la "Benevolence International Foundation".

Así, en octubre pasado, Paraguay arrestó a tres árabes: Mazen Alí Saleh, Saleh Mahmud Fayad y Sobhi Mahmud Fayad. Todos ellos con vinculación con Hizballah. Y clavó su mirada y preocupación sobre las actividades de Assad Barakat y Ali Hassan Abdallah, a quienes considera —desde entonces— fugitivos.

Como resultado de ello, 17 árabes y algunos ciudadanos paraguayos fueron detenidos y acusados de pertenecer a un grupo extremista dedicado a falsificar documentación. Entre ellos, según reza en el informe comentado, se encuentra un empleado del Ministerio del Interior del Paraguay.

Paraguay investiga además la presencia en su territorio de terroristas de las FARC, quienes habrían ingresado a ese país por la localidad de Capitán Bado, una población mencionada frecuentemente como centro de actividades del narcotráfico. Ellos serían la punta de lanza de una proyectada expansión en esa región de las actividades de esa organización.

Su representante en el área, Jairo Alfonso Lemes Bulla (que se hace llamar Javier Calderón) la ha visitado, hasta no hace mucho, varias veces. Presuntamente con el propósito de "dar conferencias". Notable. Hace rato, sin embargo, que los medios no recogen su presencia. Lo que sugiere que, por alguna razón, está demorando su reaparición. Las FARC —cabe recordar— están específicamente incluidas en la lista de las organizaciones terroristas internacionales del Consejo de Seguridad de la ONU.

2. *La cooperación del Brasil*

Brasil —donde no hace mucho fuera asesinado Mike Nassar, un activista libanés que estaba emparentado con el general Lah'd, que luchara contra el Hizballah en el sur del Líbano— parece también haber comenzado a preocuparse más intensamente respecto de esta delicada cuestión.

Lo que, entre otras cosas, parece exteriorizarse en los arrestos de (i) Mohammed Ali Abdoul Ezz Soliman, quien habría participado en el atentado terrorista en el templo de Luxor, en 1997, reivindicado en su momento por Al Qaeda y (ii) —a pedido expreso del Paraguay— del antes mencionado comerciante Assad Ahmad Barakat, un árabe de 34 años, que reside en el Brasil desde hace 17 años, quien manejaba —desde Puerto Iguazú y Curitiba, en el Brasil— sus negocios en Ciudad del Este, en el Paraguay con la ayuda de celulares diligentes, testaferros y correos varios.

Brasil, cabe agregar, integra ahora el sistema regional de "encriptamiento" de comunicaciones reservadas, y trabaja —activamente— en el Comando Tripartito de la Zona de la Triple Frontera, organismo regional de coordinación de cuestiones de seguridad, que tiene sede y presidencia rotativas y que —desde mayo de 1996— enlaza a los organismos nacionales de seguridad en las tareas que requiere la cooperación regional en la materia. Lo que incluye la realización de operativos simultáneos y el necesario intercambio de información e inteligencia, así como el control de documentación.

3. *La actividad de nuestro país*

Argentina ha comprometido una amplia cooperación con la ONU en la lucha contra el terrorismo internacional. Pese a que el orden jurídico doméstico argentino, desgraciadamente, no tipifica siquiera al terrorismo como figura penal autónoma e individual. Por razones que tienen que ver con el pasado reciente y que están ahora siendo aceleradamente revisadas.

No obstante, una "comisión interministerial", está trabajando en su tipificación, en cumplimiento de lo expresamente dispuesto por la novedosa Resolución 1373 del Consejo de Seguridad. Para incorporarla al Código Penal de la Nación.

Por ahora, las figuras penales que se utilizan para perseguir al terrorismo internacional son las tradicionales. Esto es las de "asociación ilícita", agravada o calificada; "intimidación pública"; y las de los delitos "contra la seguridad pública" (incendios y otros estragos) o "contra los medios de transporte y comunicación", y "contra la salud pública" o "el orden público". Además está la Ley 25.246, sobre encubrimiento y "lavado de dinero".

Ellas son absolutamente insuficientes. Lo que demuestra el acierto del Consejo de Seguridad al adoptar la Resolución 1373, que fuera incorporada (innecesariamente, porque las Resoluciones del Consejo de Seguridad son de aplicación directa e inmediata) al orden interno argentino mediante Decreto 1035/01.

Un comentario en la misma línea cabe respecto del Decreto 253/01, que congela los fondos y activos talibanes en la Argentina.

A ello cabe agregar que nuestros fiscales, atento el ambiente de conmoción propio de la crisis económico-social que nos aqueja, trasmiten la sensación de haber decidido "hacer la vista gorda" sobre los hechos que caracterizan a esos delitos, que —no obstante— la televisión difunde profusamente. A toda hora. Magnificándolos incesantemente.

El Banco Central, por su parte, emitió las Comunicaciones B 6986, 7017 y 7023, dirigidas a reglamentar las normas antes mencionadas sobre congelamiento de activos y fondos del terrorismo.

La Argentina, recordamos, es miembro activo del Grupo de Acción Financiera Internacional (GAFI) y está estudiando implementar sus recomendaciones específicas en materia de lucha contra el terrorismo.

Es, además, miembro del Comité Interamericano contra el Terrorismo y, desde allí, promueve la adopción de una "Convención Interamericana contra el Terrorismo", iniciativa que es resistida desde diversos sectores "progresistas".

En el plano de las realidades cabe admitir que, en la Argentina, hay por delante una enormidad de cosas que hacer en el plano del control fronterizo. La verdad es que, a pesar de las mejoras en materia de control de documentos de identidad y de viaje, las fronteras son aún demasiado porosas. Y que no se sabe demasiado bien quiénes son, ni cuántos, los extranjeros que están entre nosotros ilegalmente. Particularmente aquellos que migran desde la región. Peligroso.

Argentina tiene demasiado pocos convenios bilaterales de cooperación en materia de terrorismo y crimen organizado. Apenas un puñado de ellos: con Bolivia, Chile, Egipto, Italia, Paraguay, Turquía y Ucrania. Y no está, como debiera, tratando acelerada y activamente de mejorar este preocupante estado de cosas.

En materia de convenciones internacionales contra el terrorismo, Argentina ha suscrito las doce que existen. Ciertamente. Pero solamente ha ratificado nueve de ellas. Los parlamentarios —ocupados con otras "urgencias"— no están asignando a esto la prioridad que debieran. Me refiero concretamente (i) a la ratificación de la convención relativa a los atentados con bombas. Nada menos. (De lo que, es obvio, debieran ser recordatorios —tan tremendos como constantes— lo ocurrido en los atentados terroristas cometidos con explosivos en la ciudad de Buenos Aires contra la Embajada de Israel y contra la sede de la organización solidaria denominada AMIA); (ii) a la ratificación de la convención sobre atentados terroristas contra las plataformas fijas en el mar; y (iii) a la ratificación de la convención sobre financiación del terrorismo. En todo esto, las demoras son una inexplicable vergüenza. De la que pocos parecen, sin embargo, querer hablar.

XI. A MODO DE CONCLUSIÓN

Hay, según queda visto, una gran cantidad de asignaturas, cuestiones y tareas de importancia que están pendientes en el capítulo del terrorismo.

Y la comunidad internacional toda, a través del Comité Especial que fuera creado al efecto por el propio Consejo de Seguridad de la ONU, nos está observando. De cerca. Como a todos.

Porque el problema del terrorismo internacional es, por su naturaleza, necesariamente global. No sólo por ello debiéramos apurarnos por hacer las cosas bien, en conciencia. Mucho más todavía por precaución, seriedad e íntima convicción en la necesidad de proteger al máximo posible la seguridad de nuestros pueblos.[15]

15 Bennett, William J., *Why We Fight. Moral Clarity and the War on Terrorism*, Doubleday, 2002; Bassiouni, M. Cherif, *International Terrorism: Multilateral Conventions (1937-2001)*, Transnational Publishers, 2001; Radu, Michael, "Terrorism after the Cold War", *Orbis*, vol. 46, núm. 2, pp. 275 y ss.

MÉXICO Y EL DEBATE INTERNACIONAL SOBRE EL TERRORISMO

Patricia OLAMENDI TORRES*

SUMARIO: I. *Diferendos sobre la definición*. II. *La semántica múltiple del terrorismo*. III. *Nuevas dimensiones del terrorismo*. IV. *Terrorismo y derechos humanos*. V. *La posición de México contra el terrorismo*. VI. *Las acciones de México contra del terrorismo*. VII. *Algunas consideraciones sobre el combate futuro al terrorismo*.

I. DIFERENDOS SOBRE LA DEFINICIÓN

El terrorismo es un concepto que, si bien puede ser claro cuando se le considera a la luz de las prácticas en que se concreta, ha sido de difícil definición en el terreno de las relaciones internacionales. En efecto, a pesar de que prácticamente todos los actos de terrorismo son fácilmente identificables como actos delictivos o de violencia injustificable, según los criterios de las legalidades internacional y nacionales, la construcción de una definición única, transparente y precisa del terrorismo en el terreno del multilateralismo es una tarea todavía inconclusa.

No obstante, la legislación internacional sobre este tema sustancia el concepto de terrorismo en una serie de actos definidos con claridad en las convenciones existentes, aunque no exista la

* Fue diputada federal en la LIV Legislatura y coordinadora jurídica de la Comisión Ciudadana de Estudios Contra la Discriminación. Es subsecretaria para temas globales de la Secretaría de Relaciones Exteriores de México.

mencionada definición general de terrorismo. En este sentido, la ausencia de esta definición no debería considerarse un defecto absoluto o una situación capaz de empantanar el amplio abanico de acuerdos multilaterales que existe, más los que están en construcción, para combatir las prácticas terroristas.

Si bien podría considerarse deseable la postulación de una definición común de terrorismo internacional en el sistema de las Naciones Unidas, no debe dejar de señalarse algunos inconvenientes que pueden derivar de una definición forzada por los apremios políticos y estratégicos del momento. El primero de ellos sería, sin duda, que el comprensible afán de exhaustividad de la definición diera lugar a una norma internacional tan intencionalmente abarcadora que abriera espacio para sobredimensionar actos de violencia que difícilmente serían vistos como terroristas desde el sentido común o el análisis político y jurídico convencionales. Podría suceder, en efecto, que con la intención de alcanzar una definición denotativa de todas las posibles conductas terroristas, se creara una norma, como la existente en el Código Penal Federal de México, que abriera la posibilidad de interpretar como terrorismo a prácticas vandálicas o afectaciones del orden público.[1]

Entre los obstáculos adicionales para la construcción de la mencionada definición, podemos registrar también la dificultad para diferenciar con claridad las prácticas terroristas de las luchas de liberación de los pueblos frente a colonialismos injustificables, o la inexistencia de una pauta convencional (con supuestos políticos y jurídicos comunes) aceptable para la comunidad internacional.

1 El Código Penal Federal, en su artículo 139, define como terrorista "al que utilizando explosivos, sustancias tóxicas, armas de fuego o por incendio, inundación, o por cualquier otro medio violento, realice actos en contra de las personas, las cosas o servicios al público, que produzca alarma, temor, terror en la población o en un grupo o sector de ella, para perturbar la paz pública, o tratar de menoscabar la autoridad del Estado, o presionar a la autoridad para que tome una determinación".

Pero estas dificultades para acceder a una definición común del terrorismo no son privativas de los foros multilaterales. Algo similar sucede en el debate conceptual y en los análisis sociales que tratan de explicar este tipo específico de violencia. No es gratuito que, existiendo acerca de los fenómenos terroristas distintas interpretaciones políticas y diferentes formas de valorarlo, se presente en el nivel de los enfoques explicativos una franja de desacuerdo acerca de lo que es y lo que no es terrorismo. Podemos decir que, respecto del terrorismo, sucede entre los países que se ocupan de la construcción de instrumentos eficaces y justos en la lucha contra este fenómeno, algo similar a lo que sucede en el debate conceptual y en el análisis teórico, a saber, que las prevenciones ante el riesgo de aceptar conceptos que introduzcan o validen criterios conservadores respecto del cambio social y de los posibles desafíos populares a relaciones de dominio en contextos específicos, han dificultado la adopción plena de un lenguaje común, aunque se comparta una masa crítica de argumentos y valores opuestos al terrorismo.

Considerando este contexto, el presente artículo tiene un doble propósito: por una parte, desarrollar una reflexión acerca del terrorismo que permita la necesaria acotación del terreno de discusión en el que se pueda avanzar en la conceptuación de este fenómeno para efectos de fundamentar la construcción de instrumentos multilaterales. Por otra, la exposición, en trazos generales y asertivos, de la postura mexicana sobre el terrorismo en el horizonte de nuestras relaciones internacionales. Como corolario, se avanzan algunas reflexiones personales sobre las tareas futuras a desarrollar en la lucha contra el terrorismo.

Partimos del entendido de que los distintos instrumentos internacionales en la materia subsumen ya muchos de los contenidos capaces de alimentar esa normatividad común deseada contra las prácticas terroristas, y de que la inexistencia de una definición común revela, fundamentalmente, la ausencia de un acuerdo político multilateral que perfeccione la lucha común de la comunidad internacional.[2]

Lo que queda claro, en todo caso, es que esta definición para el espacio público internacional no es meramente una tarea analítica o académica, sino fundamentalmente una empresa política y diplomática. No obstante, es necesario entender que es posible que los consensos necesarios para alcanzar una definición común pueden no llegar a darse y, aún así, mantenerse la construcción de instrumentos normativos y la creciente cooperación internacional contra el terrorismo.

Ello hace entendible que si bien la construcción de una definición común es un propósito que sólo podría alcanzarse como resultado del diálogo multilateral, también resulta cierto que la acotación del campo problemático del terrorismo es una contribución muy importante para esta tarea. En este sentido, aquí mantendremos que las posibilidades de que la comunidad internacional coincida en una visión consensuada del terrorismo tienen que ver, no tanto con el consenso preciso acerca de una definición del fenómeno, sino con el acuerdo acerca de la inaceptabilidad del uso de determinados recursos de violencia con fines políticos y con la creciente aplicación por parte de los Estados de los diversos instrumentos vinculantes ya existentes.

Junto con este argumento a favor de la construcción de una normatividad multilateral contra el terrorismo, este artículo también considera una reivindicación del sistema internacional de los derechos humanos como criterio fundamental tanto para reforzar la legalidad internacional contra el terrorismo como para orientar las acciones de los Estados en las estrategias concretas para su prevención y persecución.

2 Pueden verse, como ejemplo de esta ausencia de una definición unificada de "terrorismo", el Convenio Internacional para la Represión de la Financiación del Terrorismo de las Naciones Unidas (9 de diciembre de 1999), en el que, en el capítulo de definiciones, inicia el texto con la definición de "bienes" y no, como pudiera esperarse, de "terrorismo", que es la actividad sustantiva a cuyo servicio de ponen esos bienes y las acciones que los movilizan.

En este sentido, vale la pena señalar desde un inicio que, si bien existe en el espacio de las relaciones internacionales esa franja de desacuerdo a la que nos hemos referido arriba, la amplitud de tal franja no es tan grande como para creer que no existe ya una serie de referentes normativos y de conceptos políticos comunes. Se trata de elementos que, de hecho, han permitido plasmar, al menos a nivel regional, bajo la figura de la Convención de la Organización de Estados Americanos, un acuerdo sustantivo en la lucha contra el terrorismo.[3] Tales referentes también están cumpliendo la tarea de articular los trabajos del grupo de países que promueve una Convención de las Naciones Unidas contra el terrorismo.[4] Además, existe la antes referida serie de doce instrumentos de las Naciones Unidas que condenan, prohíben y persiguen prácticas específicas de terrorismo que, sumadas y vistas en conjunto, agotan prácticamente las variaciones

3 OEA, Convención Interamericana contra el Terrorismo, aprobada el 3 de junio de 2002. Se trata de un proyecto integral, que busca recoger en su articulado conceptos acordados en otros instrumentos internacionales, poniendo especial énfasis en los mecanismos de cooperación internacional. México coordinó la negociación, convencido de que el oportuno intercambio de información y la asistencia jurídica mutua son el camino más conveniente para combatir el terrorismo internacional. Asimismo, la Convención es respetuosa con los derechos humanos y consistente con los compromisos adquiridos en el ámbito de las Naciones Unidas. En este sentido, la Convención busca recoger algunas decisiones obligatorias del Consejo de Seguridad, en particular aquellas que se refieren al financiamiento de las actividades terroristas (Resolución 1373 de 2001 del Consejo de Seguridad de la ONU). Vale la pena señalar que esta Convención no define el terrorismo sino a través del reconocimiento como actos terroristas de las acciones perseguidas en las doce convenciones de las Naciones Unidas relativas al tema.

4 Nos referimos al mandato de la Asamblea General de la ONU que, en su Resolución 55/158, de 12 de diciembre de 2000, decidió, entre otras cosas, que el Comité Especial establecido en virtud de la Resolución 51/210 de la Asamblea General, de 17 de diciembre de 1996, se reuniera del 12 al 23 de febrero de 2001 para seguir elaborando un proyecto de convención general sobre el terrorismo internacional. Los trabajos hacia esta convención continúan y, huelga decir, se han hecho más relevantes y necesarios tras los atentados terroristas del 11 de septiembre de 2001 en Estados Unidos.

de este fenómeno tanto en las esferas nacionales como en la internacional.[5]

II. La semántica múltiple del terrorismo

El terrorismo es una práctica antigua en el ámbito de los conflictos políticos nacionales y también en el espacio internacional. Literalmente, se refiere a los actos de violencia cuyo objetivo, más allá de los resultados concretos padecidos entre aquellos a quienes se considera enemigos, es la generalización del temor y la apertura de un clima de incertidumbre en el cuerpo social: la diseminación de terror, en definitiva. El *Diccionario de la Lengua Española* lo define, sucintamente, como "Dominación por el terror" o "sucesión de actos de violencia ejecutados para infundir terror". Aunque breves, estas definiciones no técnicas dan cuenta de la especificidad política y violenta de este fenómeno, es decir, de su inscripción en las relaciones de dominio y de agresión.

Frente a las guerras convencionales que, a pesar de su condición indeseable y perniciosa, son susceptibles de regulación mediante el derecho humanitario, y que admiten la posibilidad de ser limitadas en cuanto al tipo de población al que afectan y respecto de los medios destructivos que pueden usar, los actos de terrorismo se caracterizan, en primera instancia, por su carácter indiscriminado tanto en lo que toca a la población-objetivo como a los medios de agresión utilizados y, luego, por la tendencia a generar efectos simbólicos ampliamente extendidos de incertidumbre que puedan facilitar los propósitos de quienes los promueven y ejecutan. El terrorismo "es una violencia extrema y, con frecuencia, indiscriminada, dirigida a gente inocente...",[6]

5 Los títulos y contenidos precisos de esos instrumentos pueden verse en www.un.org/spanish/terrorism/tratados.html. También en www.sre.gob.mx. Véase también la nota 18 de este trabajo.

6 Wilkinson, Paul, "Terrorismo", en Vernon Bogdanor (comp.), *Enciclo-*

que comporta características específicas y que debe ser distinguido de otras formas de violencia ejercidas en las relaciones políticas en general y en la guerra en particular.

En ese sentido, siendo los actos de terrorismo una suerte de variación extrema de la hostilidad humana, se distinguen de las formas convencionales de la guerra debido a la imposibilidad de someterlos a algún tipo de control normativo que evite sus efectos más perniciosos. Y esta distinción entre guerra convencional y violencia terrorista es irreductible, toda vez que la esencia misma de los actos de terror político reside en el carácter imprevisible de sus consecuencias y en la ausencia de normas o criterios de distinción humanitaria. En la medida en que los actos de terror político aparecen en el marco de conflictos entre partes relativamente asimétricas, la difusión del temor y la incertidumbre se convierten en una vía para alcanzar objetivos que las estrategias convencionales de guerra no podrían haber logrado.

Así que un primer paso para comprender el fenómeno del terrorismo ha de consistir en mantener la claridad de la distinción entre terrorismo y guerra convencional. Si bien respecto de la guerra no puede declararse resuelto el tema de la justicia que puede caracterizarla, y si bien sólo podría argumentarse acerca de su relativa legitimidad,[7] en el caso del terrorismo, su propia naturaleza impide la construcción de justificaciones normativas en las que tengan cabida las nociones mismas de justicia y legitimidad, al menos en el sentido en que son definidas en el debate político democrático.[8] Para el caso de las relaciones in-

pedia de las instituciones políticas (versión española de *The Blackwell Encyclopaedia of Political Institutions*"), Madrid, Alianza Editorial, 1987, p. 737.

7 *Cfr*. Walzer, Michel, *Just and Unjust Wars*, USA, Basic Books, 1977. También puede verse Santiago, Teresa, *Justificar la guerra*, México, UAM-Miguel Ángel Porrúa, 2001, pp. 153-162.

8 Para consultar definiciones ya clásicas de los conceptos modernos de justicia y legitimidad, véase, respectivamente, Rawls, John, *Teoría de la justicia*, México, Fondo de Cultura Económica, 1978, p. 20, y Weber, Max, *Economía y sociedad*, México, Fondo de Cultura Económica, 1964, pp. 170 y ss.

ternacionales, estos criterios de justicia y legitimidad estarían dados por documentos como la Carta de las Naciones Unidas o la Declaración Universal de los Derechos Humanos, cuyos contenidos constituyen grandes parámetros para la convivencia internacional.

El concepto de "terror", que define el contenido del terrorismo en cuanto se refiere al ámbito de las luchas por el poder, no tiene su origen histórico en acciones opositoras o desestabilizadoras de un régimen político instalado, sino precisamente como estrategia para la preservación de éste. Así el *terror* es, en su origen:

> un tipo particular de régimen, o mejor dicho, el instrumento de emergencia al que recurre un gobierno para mantenerse en el poder; el ejemplo más conocido de este uso del terror es naturalmente el del periodo de la dictadura del Comité de Salud Pública guiado por Robespierre y Saint-Just durante la Revolución Francesa (1793-1794).[9]

Este concepto de terror se refiere a una estrategia gubernamental orientada al exterminio de aquellos a los que juzga como enemigos. En este primer sentido, definido por su origen histórico, el terrorismo aparece con dos características: *a)* como estrategia del Estado frente a sus enemigos, y *b)* como conflicto circunscrito al ámbito interno de una nación, es decir, como una estrategia de lucha contra la oposición interna. Este concepto es el antecedente remoto de la noción de "terrorismo de Estado", es decir, de las estrategias de los gobiernos autoritarios o dictatoriales que enfrentan a sus oposiciones políticas sin respetar las protecciones y garantías constitucionales y anteponiendo el valor de la estabilidad, del orden o el de su propia permanencia en el poder a cualquier otra consideración.

9 Molinari, Ernesto, "Terrorismo", en Norberto Bobbio y Nicola Matteucci (eds.), *Diccionario de política*, vol. 2, México, Siglo XXI, 1986, p. 1615.

Sin embargo, el concepto de *terrorismo político*, más allá de la coyuntura política que haya dado origen a su nombre, se refiere a la posición contraria a la de defender el *statu quo* político, es decir, se refiere a la estrategia política para luchar contra un poder dado. Esta estrategia, no obstante su posicionamiento contrario al orden establecido, refleja del concepto originario de terror la falta de preocupación por las garantías y protecciones de las personas y la indiscriminación e indiferencia moral respecto de los medios a los que recurre. En este sentido, el terrorismo es una variación estratégica de las luchas opositoras "el cual... se califica precisamente como el instrumento al que recurren determinados grupos para derrocar un gobierno acusado de sostenerse por medio del terror".[10] Esta versión del terrorismo fue acuñada como parte del repertorio estratégico de algunos movimientos comunistas de principios del siglo XX, que trataban de decidir acerca de las rutas más rápidas y efectivas para concretar sus aspiraciones de instaurar una *dictadura del proletariado* en los países en los que actuaban, aunque tiene sus antecedentes en los atentados anarquistas del siglo XIX. Debe decirse, no obstante, que dentro de la propia estrategia comunista, la consideración negativa acerca de la indiscriminación tanto de los objetivos de la violencia como de los medios utilizados, generó un rechazo relativamente generalizado de esta vertiente estratégica.

III. NUEVAS DIMENSIONES DEL TERRORISMO

Aunque su impronta histórica está dada por las luchas revolucionarias contra el capitalismo, muy pronto el terrorismo político se convirtió en recurso de movimientos de tipo nacionalista y/o secesionista, hasta abarcar en nuestra época incluso a movimientos promovidos por razones religiosas, políticas, morales o medioambientales. En este sentido, puede decirse que los re-

10 *Ibidem*, p. 1616.

cursos terroristas se han autonomizado respecto de la estrategia revolucionaria del comunismo en que se fraguaron y se han convertido en una opción de violencia al servicio de prácticamente cualquier causa.

Este proceso de adaptación de las prácticas terroristas a prácticamente cualquier causa social, incluso aquellas cuya nobleza de fines puede parecer evidente a grandes sectores de la opinión pública, nos permite establecer una distinción que es fundamental cuando se trata de terrorismo: en la lucha contra el terrorismo no son los contenidos de las causas los que han de ser objeto de persecución y de medidas legales, sino los medios utilizados para promoverlas. Esta distinción es crucial porque con mucha frecuencia, la adjudicación a las acciones terroristas de valores positivos contenidos en determinadas causas (la búsqueda de la igualdad social, la independencia de una región, la lucha por el medio ambiente, la reivindicación de un credo religioso, etcétera) genera la tendencia a encontrar justificaciones al uso de la violencia. Por ello, un criterio fuerte para evitar la justificación subrepticia o elíptica de los actos de terrorismo consiste en evitar la extrapolación entre los propósitos de una lucha política y los medios para concretarla, pues la confusión que tal extrapolación genera acaba siendo una forma de validar acciones de suyo inaceptables a la luz de principios normativos en las relaciones entre naciones. Es por ello que, en el caso de instrumentos como la mencionada Convención contra el Terrorismo de la OEA, se hace siempre referencia a los actos terroristas y no a las razones que supuestamente los motivan.

Una derivación de este *quid pro quo* entre propósitos políticos y medios para concretarlos aparece en algunas explicaciones del terrorismo internacional, que han proliferado sobre todo tras los atentados del 11 de septiembre en Estados Unidos, y que contemplan las acciones terroristas como parte de una respuesta mecánica a la nueva hegemonía norteamericana tras la desaparición del mundo bipolar existente hasta finales de los años ochenta. Se trata de explicaciones que, bajo el argumento de que el terrorismo es la respuesta a un modelo de dominación tan ilegítimo e inmoral como el terrorismo mismo, establecen una simetría moral y política entre la supuesta hegemonía unipolar estadounidense y las acciones terroristas.

El problema mayor de este tipo de explicaciones del terrorismo internacional es que lo conciben como una serie de respuestas mecánicas y, en gran medida, inevitables, frente a los actuales esquemas de distribución mundial del poder (sin que parezca mediar, por parte de los terroristas, elección deliberada por el uso del terror o desprecio por la vida y derechos de la población atacada), por lo que acaban ofreciendo una suerte de justificación de estas acciones, que son por demás injustificables.[11] En este contexto, es necesario insistir en la necesidad de que la comunidad internacional exprese un rechazo absoluto a las prácticas terroristas, independientemente de las razones o pretextos que se aduzcan para su comisión. La naturaleza del acto terrorista es esencialmente lesiva para las formas de convivencia civilizada y para la resolución pacífica de los conflictos, por lo que no puede darse cobertura a tales actos en nombre de ningún derecho, de reclamos políticos o de supuestas ventajas futuras.

Otro cambio semántico del concepto de terrorismo es el referido a su extensión en el espacio internacional. En esta dimensión, el terrorismo se presenta como una forma de guerra irregular que, sin atender a ningún acuerdo o convención sobre protecciones y derechos en el marco de acciones bélicas, se ejerce como método de ataque por parte de grupos antisistémicos contra un enemigo regularmente superior en capacidad militar. Si en su ámbito nacional de origen el terrorismo político aparece

11 Aunque es difícil determinar en ellos dónde termina la explicación histórica o sociológica y dónde inicia la justificación política, ejemplos de estas interpretaciones están en Howard Zinn y Anthony Arnove (eds.), *Terrorism and War*, USA, Seven Stories Press (Open Media, Pamphlet Series), 2002; y de manera conspicua en Chomsky, Noam, *Deterring Democracy*, USA, Noonday Press, 1992, *The Culture of Terrorism*, USA, South End Press, 1989, y *9-11*, USA, Seven Stories Press, 2001.

como una variación extrema del catálogo de estrategias opositoras, en el ámbito internacional se presenta casi como una guerra no convencional contra un enemigo al que se define regularmente como invasor o imperialista.

Así, una definición adecuada del terrorismo político debería incluir este desplazamiento del concepto hacia un ámbito internacional:

> los terroristas combaten contra un Estado del que no forman parte y no contra un gobierno (lo que hace que su acción entre a formar parte de las formas de la guerra), aun sin representar, a su vez, a otro Estado. Su acción siempre aparece, pues, como irregular, en el sentido que no puede organizar un ejército ni está sujeta a límites territoriales, ya que no proviene de un Estado.[12]

Sin embargo, la experiencia respecto del terrorismo internacional muestra que su reducción a la estructura organizativa de asociaciones desvinculadas de figuras estatales determinadas no es correcta. En efecto, aunque existen organizaciones de terrorismo internacional que mantienen sus actividades sin la plataforma de un Estado específico, han aparecido evidencias confiables de que existen Estados que promueven o han promovido acciones que caen dentro de la categoría de actos terroristas que aparecen en instrumentos internacionales.

En este sentido, ya no se habla sólo de un terrorismo de Estado según el modelo del "terror" dictatorial de un Estado que actúa fronteras adentro contra los grupos que se le oponen, sino de organizaciones terroristas internacionales apoyadas de manera diversa (logística, legal, política o financiera) por Estados que incluso pueden formar parte de la Organización de las Naciones Unidas y/o de algunos organismos regionales. Por extensión, estos Estados que presuntamente apoyan y financian actividades terroristas pueden ser considerados como pertenecientes a una nueva versión de los Estados terroristas, en este caso, a los que

12 Molinari, Ernesto, *op. cit.*, p. 1618.

actúan como tales respecto de sus pares en la escena internacional y no necesariamente respecto de sus propios ciudadanos. Cabe señalar que la última generación de acuerdos internacionales en materia de lucha contra el terrorismo trata de definir conductas de terrorismo y establecer medidas de sanción contra los Estados que, debido al apoyo que prestan a acciones de terrorismo internacional, puedan ser definidos como terroristas.

Podría pensarse que los elementos que marcan el cambio cualitativo del terrorismo tradicional al terrorismo internacional contemporáneo son la dimensión internacional de su despliegue, la posibilidad de ponerse al servicio de prácticamente cualquier reivindicación o el patrocinio por parte de Estados constituidos; sin embargo, es necesario hacer mención de un cambio adicional que ha reconfigurado la amenaza terrorista a nivel mundial y que no puede dejarse de lado en un análisis serio de este fenómeno. Este cambio tiene que ver con el proceso mismo de desarrollo científico, tecnológico y comunicativo, y que ha dado a los grupos terroristas la posibilidad de utilizar medios de agresión que están muy lejos de las armas de fuego convencionales y los explosivos que fueron sus recursos clásicos.

En efecto, un rasgo genuinamente nuevo en la historia del terrorismo es el escalamiento de su capacidad de destrucción y, por ende, de sus posibilidades de sembrar terror e incertidumbre entre la población atacada. Se ha dado, entonces, una verdadera revolución en la naturaleza de los medios de ataque; revolución consolidada por la inédita capacidad financiera, organizativa y técnica de las agrupaciones terroristas internacionales y por la de algunos países que presuntamente las apoyan.

De esta manera, hoy día se puede hablar, entre otros peligros, de *ciberterrorismo*, *bioterrorismo*, *quimoterrorismo* y *terrorismo nuclear*, que son formas posibles de agresión que tienen en común la capacidad de causar un número indeterminado de bajas en la población del país o región atacados.[13]

13 *Cfr.* Schweitzer, Glenn E., *A Faceles Enemy: The Origins of Modern Terrorism*, USA, Perseus Press, 2002.

El aumento de la capacidad destructiva y de generación de incertidumbre social del terrorismo debido a los desarrollos científicos, tecnológicos y comunicativos guarda una fuerte relación con los procesos de la globalización. En la medida en que la globalización tiende a integrar las economías, facilitando los flujos comerciales y de personas y una consecuente capilaridad de las fronteras nacionales, se ha convertido en un medio involuntario para facilitar acciones terroristas de nuevo cuño. Debido a que los Estados están cada vez más interconectados por razones económicas, se hacen más vulnerables a ataques de tipo terrorista. De igual manera, la difusión internacional, a veces prácticamente instantánea, de los avances de la tecnología y de las comunicaciones, contribuyen a dotar a los grupos terroristas de condiciones de operatividad que no hubieran sido posibles en el pasado reciente.

Estos cambios en la esfera tecnocientífica han dado lugar a una transformación, también cualitativa, en la percepción de la opinión pública respecto de los riesgos del terrorismo. De ser detonante de un riesgo sicológico que se instalaba en una población que sufría antaño un ataque terrorista, el terrorismo se percibe ahora como un riesgo latente y generalizado, sin contornos ni temporalidad precisos, que deriva de los nuevos medios de destrucción que pueden ser utilizados.[14]

IV. TERRORISMO Y DERECHOS HUMANOS

Hasta ahora, la interpretación dominante en cuanto a los derechos humanos, tanto en la esfera internacional como en nuestro país, es que la violación de éstos es siempre un resultado de la acción de los Estados y que otro tipo de ataques a la persona,

14 No es gratuito, en este contexto, que el mandato que dio origen a los trabajos para una convención de la ONU contra el terrorismo (*cfr.* nota 3), incluya un mandato específico para legislar sobre los riesgos de terrorismo nuclear.

incluidos los de carácter terrorista, deben considerarse formas regulares de criminalidad, pero en modo alguno como ataque a garantías fundamentales de la persona.[15] Esto implica que la responsabilidad primordial de tutelar los derechos humanos y, a la vez, que el riesgo fundamental para éstos reside, precisamente, en la acción del Estado y de sus normas, funcionarios e instituciones.

En el origen de esta interpretación, que hasta ahora ha sido hecha propia por la política exterior de México, está la idea, de clara raigambre liberal, de que los derechos fundamentales de la persona se hallan en riesgo ante el poder acumulado —y las más de las veces irresistible— del Estado. En razón de esto, las garantías contra la invasión del ámbito normativamente inviolable de la persona se han postulado históricamente como "protecciones" contra las extralimitaciones del poder estatal. La hipótesis que fundamenta esta idea proviene de las constataciones empíricas de que, en el terreno de las violaciones a los derechos humanos, ha sido el poder estatal el que de manera regular daña los derechos fundamentales de la persona.

Los llamados derechos civiles (como la libertad de opinión, de conciencia y de tránsito) han sido, de esta manera, derechos "contra" el Estado, es decir, prerrogativas de la persona cuyo ejercicio exige la limitación (generalmente de tipo constitucional) de la acción del Estado. No obstante, también los derechos po-

15 Con variaciones, esta interpretación es dominante en nuestro país y en el sistema de las Naciones Unidas. Véase como ejemplo para el caso nacional: Carpizo, Jorge, *Derechos humanos y ombudsman*, México, Porrúa-UNAM, 1998. De la amplia documentación y bibliografía para el caso de las Naciones Unidas, puede verse, por ejemplo, Oficina del Alto Comisionado para los Derechos Humanos, *Promoción, protección y restablecimiento de los derechos humanos a los niveles nacional, regional e internacional. El estatuto reconocido al individuo en el derecho internacional contemporáneo*, 1992. De igual manera, en la "Declaración y Programa de Acción" de la Conferencia Mundial sobre Derechos Humanos de la ONU (Viena, 1993) se lee en el artículo 1o.: "Los derechos humanos y las libertades fundamentales son patrimonio innato de todos los seres humanos; su promoción y protección es responsabilidad primordial de los gobiernos".

líticos (los característicos del ejercicio de la ciudadanía en los sistemas representativos), que son derechos "positivos" más que de "protección", se formulan como prerrogativas cuyo ejercicio debe ser garantizado por el Estado. Aún más, los llamados derechos sociales o de bienestar, que por su naturaleza exigen la acción positiva y la creación de instituciones distributivas o asistenciales específicas, también encuentran su garantía de aplicación en la esfera estatal.

El llamado Sistema Internacional de los Derechos Humanos, que tiene su origen discursivo en la Declaración Universal de los Derechos Humanos de las Naciones Unidas (1948), da soporte a esta interpretación según la cual, ya sea que se trate de protecciones de la libertad e integridad de la persona, o ya sea que se trate de la afirmación de derechos políticos y sociales, la vigencia de los derechos humanos, y con ella las posibles violaciones a ellos, cae siempre en el campo de la responsabilidad estatal.

No obstante, el fenómeno del terrorismo internacional nos obliga a registrar la existencia de algunas dudas y perplejidades en el debate en curso acerca de la vinculación del terrorismo con la violación de derechos humanos. Se trata sólo de dudas y líneas de argumento con escaso desarrollo, pero que tratan de llamar la atención acerca de la necesidad de repensar todas las implicaciones del modelo de interpretación circunscrito a la figura del Estado. En este sentido, no se pretende aquí descargar a los Estados de sus responsabilidades en cuanto a la vigencia de los derechos humanos en sus respectivos territorios y jurisdicciones, sino de hallar acomodo explicativo dentro de nuestra concepción regular de los derechos humanos para la alta capacidad de destrucción de la vida, libertades y derechos de la persona que hoy en día es característica de las prácticas terroristas.

Todavía no hay razones de peso para abandonar el paradigma de explicación de los derechos humanos como función primordialmente estatal, tanto en el sentido de su protección como en el de su promoción. En este sentido, la posición diplomática de un país como el nuestro no tendría por qué ser revisada en el corto plazo. Sin embargo, sí es necesario enunciar algunos de los argumentos que tratan de poner en duda la exclusividad de la acción estatal en la violación de derechos fundamentales en particular relación con el terrorismo internacional.

La idea de que las acciones terroristas pueden ser violatorias de los derechos humanos admiten dos formulaciones. Una considera la capacidad del terrorismo para poner en riesgo la vida y libertades de las personas en un Estado hasta un punto en que el Estado, por incapacidad para derrotar a los grupos terroristas, empezaría a ser omiso en su obligación de garantizar los derechos a la vida, la seguridad y las protecciones que por definición deben disfrutar sus súbditos. No existe, en esta versión, una violación directa a los derechos humanos por parte de los terroristas, pero sí un condicionamiento para graves omisiones en la acción estatal respecto de estos derechos. En esta visión, quienes ejecutan y promueven acciones terroristas siguen cayendo en la categoría de la delincuencia organizada, pero los efectos perniciosos de su acción minan la fuerza del Estado para mantener la vigencia real del garantismo.

La otra formulación de la relación entre terrorismo y derechos humanos propone que —considerando que los actos terroristas son ejecutados por grupos poseedores de una fuerza que ningún particular puede acumular bajo condiciones regulares, y siendo de naturaleza política los móviles de estas acciones— el terrorismo viola directamente los derechos de quienes componen las poblaciones inermes frente a sus atentados. Ciertamente, esta formulación conlleva el riesgo de establecer una simetría relativa entre organizaciones terroristas y Estados convencionales (al menos en lo que toca a la acumulación extraordinaria de la fuerza y los fines políticos irreductibles a intereses particulares), pero tiene la ventaja de abrir espacio para comprender, y luego normar, la diferencia específica del terrorismo respecto de los actos de la delincuencia organizada.

Existe, además, una dimensión de la relación entre derechos humanos y terrorismo que no tiene que ver con el daño a los derechos humanos de las poblaciones afectadas, sino con las modalidades de la lucha contra el propio terrorismo. En este ámbito es difícil caer en confusiones morales o normativas, y los instrumentos internacionales en la materia son una buena guía para cerrar la puerta a justificaciones de abusos y violaciones a derechos fundamentales en la lucha contra el terrorismo. Los riesgos de reeditar la experiencia del "terrorismo de Estado" bajo la figura de la lucha internacional contra el terrorismo nos obligan a recordar la diferencia entre medios y fines de la acción política a la que nos hemos referido arriba. Se daría una verdadera derrota de la civilización democrática si, bajo el entendible impulso de combatir las injustificables acciones de los grupos terroristas, se abrieran ambigüedades u omisiones en cuanto al carácter primordial y civilizatorio de la defensa de los derechos humanos. En este terreno, no parece existir otra opción en esta tarea que el impulso a los esfuerzos multilaterales (tanto en los ámbitos regionales como en el de las Naciones Unidas) por construir instrumentos vinculantes y eficaces contra las acciones terroristas. En este terreno, como en muchos otros puntos sensibles de la política internacional, la búsqueda de atajos sólo puede conducir a exacerbar los problemas que se pretende resolver.

Sea cual sea la formulación de la relación entre terrorismo y derechos humanos que uno pudiera preferir, resulta claro que desde ahora, y sin duda en el futuro próximo, esta relación compleja será un punto de debate político y diplomático en las relaciones internacionales.

Hasta ahora no ha existido consenso en los organismos multilaterales como la OEA o la ONU para formular que la violación directa de los derechos humanos es una característica, real o posible, de las acciones terroristas. Nuestro país ha mantenido de manera argumentada su adhesión al paradigma dominante de interpretación acerca de los derechos humanos, sin embargo, un tratamiento analítico como el que se aquí se ofrece quedaría incompleto si no hubiera planteado la existencia de este debate.

V. La posición de México contra el terrorismo

El desarrollo de este artículo ha sido de carácter general. Su propósito es, como hemos indicado, acotar el terreno de una discusión del terrorismo en el marco del multilateralismo y formular argumentos para la mejor comprensión de este complejo fenómeno. En lo siguiente, se dará cuenta de los ejes de la política exterior mexicana en materia de terrorismo. Por supuesto, algunas de las consideraciones de las secciones anteriores pueden verse reflejadas en esta posición, pero otras reflexiones, sobre todo las más analíticas e interpretativas, no tienen por qué reflejarse en la posición estrictamente diplomática de nuestro gobierno.

Ante los riesgos que hoy en día el terrorismo internacional plantea a la seguridad nacional e internacional, el nuevo papel que México busca desempeñar en el escenario internacional se sustenta en tres ejes principales.

1. La condena total y enfática de cualquier acto de terrorismo internacional.
2. Su compromiso de adoptar todas las medidas que sean necesarias para combatirlo, y
3. El llamado a la defensa y preservación de los derechos humanos en el enfrentamiento contra el crimen organizado trasnacional y el terrorismo.

Sobre la base de estos ejes, la posición de México en relación con el fenómeno terrorista y las acciones que ha emprendido para su combate, han puesto especial énfasis en los siguientes criterios:

—*Las modalidades de combate al terrorismo*. En este caso, se ha mantenido que la forma efectiva de enfrentar el terrorismo es la cooperación internacional con apego a la Carta de las Naciones Unidas y otros instrumentos de derecho internacional y con pleno respeto a los derechos humanos.

—*El vacío de la definición de terrorismo*. No hay una definición universalmente aceptada de terrorismo internacional. México puede seguir trabajando sobre la base de un enfoque fraccionado en la lucha contra el terrorismo internacional, pero también está abierto a colaborar en la elaboración de una definición general y universal del terrorismo internacional. Dicha definición debería incluir, en todo caso, un umbral de gravedad, una conexión internacional y no otorgar a los actos terroristas justificación bajo ningún título.

—*Los vínculos entre terrorismo y derechos humanos*. El criterio a este propósito es que no es justificable que para combatir un crimen, el Estado o la sociedad internacional se aparten de normas fundamentales de derechos humanos y priven a los presuntos responsables de garantías procesales. Por ello, es que no pueden ser admisibles lecturas en el sentido de que, puesto que los terroristas cometen actos deleznables, su responsabilidad penal puede exigirse con un grado menor de respeto a sus derechos humanos. Con respecto al daño causado a los derechos fundamentales de las víctimas de estos actos, aunque en los hechos las acciones terroristas atentan contra estos derechos básicos e impiden el goce de las libertades fundamentales, se considera generalmente que quienes las cometen son, desde el punto de vista jurídico, criminales organizados; mientras que las violaciones a los derechos humanos serían responsabilidad del Estado y sus agentes. La adopción de otra visión al respecto sólo podrá ser de índole casuística.

—*La responsabilidad de los Estados nacionales*. No pueden aceptarse dobles criterios en el combate al terrorismo internacional, ya que todos los Estados tienen el deber de cooperar en la prevención y represión de actos terroristas y, de conformidad con los tratados aplicables, de enjuiciar o extraditar a los perpetradores y sus cómplices, sin importar el lugar donde se cometa el delito. De la misma manera, no podrían aceptarse excepciones en casos de actos de terrorismo que involucraran a un Estado o que se basaran en la calidad de funcionario público o agente de seguridad del perpetrador.

—*Las relaciones entre terrorismo y luchas sociales armadas*. La Carta de las Naciones Unidas y las resoluciones pertinentes de la Asamblea General, protegen y reconocen el derecho a la libre determinación de los pueblos. Por ello es que para la posición mexicana resulta inadecuado calificar de terroristas a los movimientos de liberación nacional, ya que dicha calificación sólo valdría para sus miembros que incurrieran en lo individual en actos de terrorismo y no a la organización en general. Los movimientos de liberación nacional actúan, al igual que los demás combatientes, en el marco del derecho que rige la conducción de los conflictos armados, el cual prohíbe el terrorismo como método de guerra. Quienes incurrieran en actos terroristas durante un conflicto armado podrían ser sancionados como terroristas y si, dado el caso, los actos fueran cometidos en su carácter de combatientes, podrían también ser sancionados por infracciones al derecho internacional humanitario. En este sentido, es importante dejar claramente asentado que los instrumentos internacionales en materia de asilo y refugio no toleran la comisión de actos terroristas ni protegen a quienes los cometen. Ello implica evitar que estas instituciones humanitarias sean mal utilizadas o sean sujetas de abuso, pero de ninguna forma se propone restringir el recurso a ellas ni afectar la protección que el derecho internacional otorga a quienes verdaderamente caen en el registro de refugiados o asilados, de conformidad con los tratados aplicables.

—*La solución pacífica de los conflictos*. Debe promoverse la solución pacífica de los conflictos que, por su naturaleza, pueden alentar la comisión de actos terroristas, sin que el llamado a la solución de las controversias internacionales pueda ser interpretado como un intento de justificar, por cualquier motivo, los actos terroristas.

—*El recurso a la autodefensa*. México abogará por que prevalezca el respeto irrestricto al contenido de la Carta de la ONU, permitiéndose la posibilidad de posicionarse acerca de estos aspectos u otros similares, valorando las características particulares de cada caso.[16]

VI. LAS ACCIONES DE MÉXICO CONTRA DEL TERRORISMO

Nuestro país ha participado desde hace mucho tiempo en los trabajos de las Naciones Unidas orientados a combatir el terrorismo en el mundo. En particular, dos semanas después de los atentados cometidos en los Estados Unidos, otorgó su pleno respaldo a los esfuerzos puestos en práctica por la comunidad internacional para aplicar la Resolución 1373 del Consejo de Seguridad de la ONU (CSNU), adoptada el 28 de septiembre de 2001. Entre estos esfuerzos hay que mencionar la entrega de un informe requerido a cada país por la propia resolución del CSNU, acerca de las diversas medidas legislativas y ejecutivas para prevenir y sancionar el terrorismo internacional, contempladas en la mencionada Resolución 1373.

México es parte de 10 de los doce instrumentos de Naciones Unidas existentes en materia de combate al terrorismo.[17] Asi-

16 El artículo 51 de la Carta de las Naciones Unidas señala que "Ninguna disposición de esta carta menoscabará el derecho inmanente de legítima defensa, individual o colectiva, en caso de ataque armado contra un miembro de las Naciones Unidas, hasta tanto que el Consejo de Seguridad haya tomado las medidas necesarias para mantener la paz y seguridad internacionales".

17 México ha suscrito los siguientes instrumentos multilaterales en materia de combate al terrorismo internacional: 1) Convenio sobre las Infracciones y

mismo, es signatario del Convenio Internacional para la Represión de la Financiación del Terrorismo, con miras a ratificarlo[18] y realiza las gestiones necesarias, siguiendo los procedimientos legislativos que marca la Constitución de la República, para adherirse al Convenio Internacional para la Represión de los Atentados Terroristas Cometidos con Bombas.

La participación de México como miembro no permanente del Consejo de Seguridad de la ONU para el periodo 2002-2003, le ha permitido formar parte de los grupos revisores de los informes requeridos por la Resolución 1373. El enfoque que México ha mantenido en su participación en esta tarea es el de promover la cooperación y asistencia internacionales tanto para efectos de realizar las evaluaciones nacionales como para, en su caso, evitar y sancionar al terrorismo internacional en Estados en lo particular.

Por otra parte, en el concierto de las naciones americanas, nuestro país promovió a raíz de los ataques terroristas del pasado

Ciertos Otros Actos Cometidos a Bordo de las Aeronaves (Tokio, 14 de septiembre de 1963); 2) Convenio para la Represión del Apoderamiento Ilícito de Aeronaves (La Haya, 16 de diciembre de 1970); 3) Convenio para la Represión de Actos Ilícitos contra la Seguridad de la Aviación Civil (Montreal, 23 de septiembre de 1971); 4) Convención sobre la Prevención y el Castigo de los Delitos contra Personas Internacionalmente Protegidas y los Agentes Diplomáticos (Asamblea General de la ONU, 14 de diciembre de 1973); 5) Convención Internacional contra la Toma de Rehenes (Asamblea General de la ONU, 17 de diciembre de 1979); 6) Convención sobre la Protección Física de los Materiales Nucleares (Viena, 3 de marzo de 1980); 7) Protocolo para la Represión de Actos Ilícitos de Violencia en los Aeropuertos que Presten Servicio a la Aviación Civil Internacional, complementario del Convenio para la Represión de los Actos Ilícitos contra la Seguridad de la Aviación Civil Internacional (Montreal, 24 de febrero de 1988); 8) Convenio para la Represión de Actos Ilícitos contra la Seguridad de la Navegación Marítima (Roma, 10 de marzo de 1988); 9) Protocolo para la Represión de Actos Ilícitos contra la Seguridad de las Plataformas Fijas Emplazadas en la Plataforma Continental (Roma, 10 de marzo de 1988); 10) Convenio sobre la Marcación de Explosivos Plásticos para los Fines de Detección (Montreal, 1o. de marzo de 1991).

18 Se encuentran en estudio los cambios legislativos que se requeriría implementar para tipificar como un delito autónomo la financiación del terrorismo.

11 de septiembre, la realización de la Vigésima Tercera Reunión de Consulta de Ministros de Relaciones Exteriores de los países miembros de la Organización de los Estados Americanos. En dicha reunión se aprobó la resolución "Fortalecimiento de la Cooperación Hemisférica para Prevenir, Combatir y Eliminar el Terrorismo" que instruye al Consejo Permanente de la OEA para que convocara a una reunión del Comité Interamericano contra el Terrorismo (CICTE), a fin de identificar acciones urgentes dirigidas a fortalecer la cooperación interamericana para prevenir, combatir y eliminar el terrorismo en el hemisferio.

De igual manera, México presidió los trabajos de la Convención Interamericana contra el Terrorismo, signada por 30 de los 34 miembros de la OEA en el XXXII periodo ordinario de sesiones de la Asamblea General de la Organización de Estados Americanos, realizada del 2 al 4 de junio en Bridgetown, Barbados. Esta Convención prevé la asistencia jurídica mutua, la capacitación, el intercambio de información, la cooperación para prevenir el lavado de dinero y mayores controles fronterizos para evitar el paso de terroristas, como formas concretas de cooperación regional. En ese mismo periodo se aprobó otra propuesta mexicana que vincula el combate al terrorismo con la defensa y preservación de los derechos humanos. De acuerdo con esta resolución, se solicita a la Comisión Interamericana de Derechos Humanos la presentación de un informe, dirigido a asistir a los Estados miembros de la OEA en la adopción de leyes, reglamentos y demás medidas contra el terrorismo.

Entre las acciones futuras, el año entrante se llevará a cabo en México (mayo de 2003) la Conferencia Especial sobre Seguridad, convocada por la Tercera Cumbre de las Américas, entre cuyos temas capitales de discusión se encuentra el combate al terrorismo.

En cuanto a la normatividad jurídica interna, los actos de terrorismo se encuentran penalizados por la legislación mexicana,[19]

19 Como señalamos en la nota 1 de este trabajo, el terrorismo está tipificado como delito en el artículo 139 del Código Penal Federal, como "la comisión

contando nuestro país con un marco legal para su prevención y represión. No obstante, para la más efectiva atención de los riesgos que implica, y para adecuarse a los esfuerzos que a nivel internacional se realizan para su combate y erradicación, se han iniciado los trabajos tendentes a contar con un tipo delictivo autónomo para castigar la financiación del terrorismo.

En el terreno institucional, a partir de los sucesos de septiembre de 2001 en Estados Unidos, se han adoptado medidas preventivas para enfrentar eventuales actos de terrorismo. En concreto, el jefe del Ejecutivo dispuso la integración de "Grupos de Trabajo para la Prevención del Terrorismo".

VII. ALGUNAS CONSIDERACIONES SOBRE EL COMBATE FUTURO AL TERRORISMO

En adición a las acciones ya tomadas o en curso de aplicarse por parte de nuestro país, pareciera pertinente aventurar algunas propuestas que buscarían contribuir a reforzar la participación de México en la atención y erradicación del terrorismo internacional que, sin duda, se ha constituido en una de las mayores amenazas a la convivencia entre las naciones en las postrimerías del siglo XX y los albores del siglo XXI. Señalemos, para terminar este artículo, algunas de ellas.

i) La primera tarea es la promoción de la actualización de las instituciones multilaterales. A la luz de las nuevas características de las amenazas a la seguridad nacional e internacional que se

de actos por cualquier medio violento que produzcan alarma, temor o terror en la población o en un grupo o sector de ella para perturbar la paz pública o tratar de menoscabar la autoridad del Estado o presionar a la autoridad para que tome una determinación". Las penas aplicables a quienes incurren en este delito oscilan entre dos y cuarenta años de prisión y multa de hasta cincuenta mil pesos. Este delito se considera como particularmente grave cuando es realizado por miembros de la delincuencia organizada, de conformidad con lo que establece la Ley Federal contra la Delincuencia Organizada.

han presentado en los últimos años, resulta pertinente promover un amplio y profundo ejercicio de reflexión y evaluación de la actual estructura institucional multilateral, con miras a proponer adecuaciones que, en el caso específico del Consejo de Seguridad, eviten que se convierta en instancia legitimadora de acciones unilaterales, lo que constituye una tentación persistente en el caso de los países agraviados.

ii) México debe mantener un papel activo y de liderazgo en la conformación de la normatividad internacional cuyo objetivo sea atender los fenómenos que constituyan amenazas a la seguridad de los Estados y a la paz y seguridad internacionales. Este papel activo no es sólo una garantía de que nuestros intereses nacionales y nuestras decisiones soberanas tengan un espacio propio en la construcción de esta normatividad; también es un factor de avance en términos del fortalecimiento del multilateralismo en un terreno sujeto al riesgo de poderosas inercias unilaterales.

iii) Esta normatividad internacional, con cuya construcción nuestro país está comprometido, deberá compatibilizar las expresiones democráticas y de respeto a los derechos humanos con las necesidades de los Estados de garantizar seguridad a sus poblaciones, tanto de manera individual como a través de organismos regionales y universales.

iv) El interés de México debe definirse en términos del proyecto de que la normatividad internacional que se está conformando sea cumplida por todos los Estados. En este sentido, todos los instrumentos adoptados deberían, en nuestra opinión, contener mecanismos vinculantes de verificación de su cumplimiento; y

v) Nuestro país debe impulsar y ampliar las posibilidades de acción del componente preventivo de la lucha antiterrorista. Toda medida de combate al terrorismo que se adopte debe, además del enfoque criminal, tener una dimensión preventiva. Y esta visión preventiva, ya aceptada por México en su línea oficial de conducta, debería ampliarse hasta la consideración de temas de desarrollo y equidad como rutas para quitar pretextos para la acción de los grupos terroristas.

La posición mexicana en materia de terrorismo internacional no es improvisada ni está determinada por algún poder que no sea el del ejercicio pleno de nuestra soberanía. Los principios de multilateralidad, legalidad y respeto a los derechos humanos son los criterios que han guiado las acciones del gobierno mexicano en los complejos terrenos de esta discusión. Esa ha sido la línea de acción hasta la fecha y no existen razones para optar por una nueva ruta.

El terrorismo no es hoy en día un problema existente en México. Este lesivo fenómeno social no ha cumplido ninguna función en nuestro proceso de democratización. Pero ello no implica que nuestro país no deba comprometerse, por voluntad propia, en la lucha internacional contra el terrorismo. Los efectos devastadores que este tipo de violencia ha generado en otras naciones son razones suficientes para rechazar desde ahora cualquier justificación de sus prácticas u omisiones en su persecución. El terrorismo es un peligro real para todas las naciones, incluida la nuestra. Por ello, la mejor manera de luchar contra el terrorismo es hacer simultánea nuestra activa participación en el terreno multilateral, donde se construyen los instrumentos normativos para enfrentarlo, con la consolidación de nuestras instituciones democráticas, el perfeccionamiento de nuestro Estado de derecho y un claro compromiso con la justicia social.

Nuestro país debe poner especial atención a la estrategia de apelar al desarrollo económico y social de los pueblos como factor importante de prevención de conflictos y de control de otras amenazas derivadas del crimen organizado y del terrorismo. Nunca sobrará señalar las raíces sociales de buena parte de la violencia que golpea a nuestras sociedades. Si esas causas generadoras permanecen intactas no habrá mecanismo de persecución que sea capaz de evitar la repetición de acciones tan condenables como las que hemos atestiguado en los últimos tiempos.

LAS NACIONES UNIDAS Y EL TERRORISMO

Manuel TELLO*

Aun cuando la comunidad internacional en el marco de las Naciones Unidas se ha ocupado del terrorismo internacional desde hace más de 30 años, no cabe duda que los ataques que se produjeron en el territorio de los Estados Unidos el 11 de septiembre de 2001, no sólo provocaron estupor e indignación por el impresionante número de víctimas inocentes que causaron, sino que constituyeron el detonante que permitió la actuación inmediata tanto del Consejo de Seguridad como de la Asamblea General de las Naciones Unidas que inició su quincuagésimo sexto periodo de sesiones apenas unos días después de que se produjeron estos hechos lamentables.

En efecto, el Consejo de Seguridad se pronunció en tres ocasiones. El 12 de septiembre adoptó por unanimidad su Resolución 1368 en la que condenó inequívocamente los ataques a Nueva York, Washington, D. C. y Pennsylvania y los consideró como una amenaza para la paz y la seguridad internacionales.

En esa misma Resolución, el Consejo de Seguridad reconoció el derecho inmanente de los Estados Unidos a la legítima defensa individual o colectiva consagrado en el artículo 51 de la Carta.

* Fue secretario de Relaciones Exteriores de México, embajador de la Representación Permanente ante la ONU, embajador en Francia y en el Reino Unido.

Como lo recuerda el Embajador Miguel Marín en su obra *Votos y vetos en la Asamblea General de las Naciones Unidas* cito,

> en 1990, mediante su Resolución 678, el Consejo de Seguridad autorizó, con base en el principio del derecho de legítima defensa, a los Estados miembros el uso de "todos los medios necesarios" para lograr que Irak se retirara de Kuwait. También están las resoluciones que formulan un requerimiento perentorio para que Libia entregase, para fines de enjuiciamiento, a dos nacionales de ese país acusados de haber participado en la explosión de un avión de Pan Am, en el espacio aéreo de Lockerbie, Escocia (Resolución 748 de 1992), y la que impone sanciones a Sudán por la comisión de actos terroristas (Resolución 1054 de 1996).

En esta primera reacción, el Consejo de Seguridad también insta a todos los Estados a que colaboren con objeto de someter a la acción de la justicia a los autores, organizadores y patrocinadores de los ataques y exhorta a la comunidad internacional a redoblar sus esfuerzos para prevenir y reprimir los actos terroristas, cumpliendo plenamente con los términos de las convenciones internacionales que existen sobre la materia. Finalmente, el Consejo decidió seguir ocupándose de la cuestión.

Este último punto resolutivo es importante pues inhibe a cualquier otro órgano de las Naciones Unidas para pronunciarse sobre la materia mientras el Consejo de Seguridad lo tenga bajo su consideración.

El 28 de septiembre el Consejo volvió a pronunciarse sobre la materia y adoptó también por unanimidad, la Resolución 1373.

En esta nueva resolución, el Consejo, además de reiterar lo asentado en la anterior, establece en forma más detallada las medidas que los Estados miembros de la Organización deben tomar para hacer frente a los actos terroristas que constituyen, tal y como quedó asentado en la primera de las resoluciones adoptadas, amenazas a la paz y seguridad internacionales.

Antes de proseguir con el análisis de su texto conviene recordar que, de acuerdo con el artículo 24 de la Carta, los miembros de las Naciones Unidas conferimos al Consejo de Seguridad la responsabilidad primordial de mantener la paz y la seguridad internacionales y reconocimos que el Consejo actúa en nombre de todos.

En el artículo 25 de la misma Carta convenimos en aceptar y cumplir las decisiones que adopte el Consejo.

En la Resolución 1373 el Consejo decidió que todos los Estados:

—Prevengan y repriman la financiación de los actos de terrorismo.
—Tipifiquen como delito la provisión o recaudación intencionales, por cualquier medio, directa o indirectamente, de fondos por sus nacionales o en sus territorios con intención de que dichos fondos se utilicen para llevar a cabo actos de terrorismo.
—Congelen sin dilación los fondos y demás activos financieros o recursos económicos de las personas que cometan, o intenten cometer, actos de terrorismo o participen en ellos o faciliten su comisión.
—Prohíban a sus nacionales o a todas las personas y entidades en sus territorios que pongan cualesquiera fondos, recursos financieros o económicos; servicios financieros o servicios conexos de otra índole directa o indirectamente, a disposición de las personas que cometan o intenten cometer actos de terrorismo o faciliten su comisión o participen en ella.

En la misma resolución el Consejo exhorta a todos los Estados a:

—Encontrar medios para intensificar y agilizar el intercambio de información relacionada con actividades o movimientos terroristas.

—Intercambiar información tendente a impedir la comisión de actos de terrorismo.

—Cooperar mediante acuerdos bilaterales o multilaterales, para impedir y reprimir los ataques y adoptar medidas contra quienes los cometan.

—Adherirse a los instrumentos que se han adoptado sobre la materia.

—Adoptar las medidas necesarias para evitar que se abuse del estatus de refugiado o asilado a fin de asegurar que el solicitante no haya planificado o facilitado actos de terrorismo.

En otra parte de la Resolución, el Consejo ve con preocupación y reconoce la relación que existe entre el terrorismo y la delincuencia transnacional organizada, las drogas ilícitas, el blanqueo de dinero, el tráfico ilícito de armas y la circulación ilícita de materiales nucleares, químicos y biológicos y pone de relieve la necesidad de promover la coordinación de iniciativas en el plano subregional, regional e internacional para reforzar la respuesta a esos retos a la seguridad internacional.

La misma resolución decidió establecer un Comité integrado por 15 miembros del Consejo con el mandato de verificar la aplicación de los dispuesto en la misma, y pide a los Estados que informen al Comité a más tardar 90 días después de la fecha de su adopción, de las medidas que hubieran adoptado.

Finalmente, el 12 noviembre de 2001 el Consejo se reunió a nivel ministerial (pues la fecha coincidió con la celebración del debate general en la Asamblea) para adoptar una vez más por unanimidad la resolución 1377 a la que se anexó la declaración que se había elaborado.

La declaración reitera el contenido de las resoluciones aprobadas sobre el tema con anterioridad y reconoce que muchos Estados necesitarán asistencia para instrumentar las medidas previstas en la Resolución 1373 y les pide que informen al Comité contra el Terrorismo de los ámbitos en los que necesitan apoyo.

La Asamblea General, en la primera sesión plenaria que celebró durante su quincuagésimo sexto periodo de sesiones el 12 de septiembre de 2001 adoptó la Resolución 56/1 en la que condenó los actos terroristas que se produjeron en Nueva York, Washington, D. C. y Pennsylvania, expresó sus condolencias y solidaridad al pueblo y al gobierno de los Estados Unidos y pidió la cooperación internacional para someter a la acción de la justicia a los autores, organizadores y patrocinadores de los ataques del 11 de septiembre de ese año.

Con la adopción de sus resoluciones el Consejo de Seguridad decidió, entre otras cosas, que los ataques terroristas del 11 de septiembre constituyen una amenaza a la paz y la seguridad internacionales y, por lo tanto, caen bajo la competencia del Consejo.

Asimismo reconoció el derecho inmanente de los Estados Unidos a la legítima defensa individual o colectiva.

Los ataques del 11 de septiembre constituyen un parteaguas. A partir de esa fecha se ha identificado al terrorismo como el enemigo a vencer. Cómo lograrlo constituye el reto al que debe avocarse la comunidad internacional y el Consejo.

Parece obvio que el uso de la fuerza no será el mejor camino. Hay que encontrar y fomentar las soluciones pacíficas.

Como lo señalan las propias resoluciones adoptadas, se hace necesario intensificar la cooperación entre los Estados para prevenir actos terroristas. También se hace hincapié en la importancia que tiene el intercambio oportuno de información que permita detectar a los autores de actos terroristas.

Igualmente, las tres resoluciones hacen un llamamiento a los Estados para que se adhieran a los diversos instrumentos que se han ido negociando para combatir y sancionar el terrorismo.

El esfuerzo internacional que se ha hecho ha adoptado un enfoque fraccionado destinado a sancionar distintos actos de terrorismo. Esto obedece al hecho de que hasta hoy no ha sido posible llegar a un consenso para definir lo que constituye el terrorismo internacional.

Ante la falta de una definición universalmente aceptada, la comunidad internacional ha negociado y abierto a la firma y ratificación 12 tratados que cubren la mayoría de los actos de terrorismo internacional. Estos instrumentos han consolidado un régimen de jurisdicción universal que permite que un presunto terrorista pueda ser detenido y enjuiciado en el país que se encuentre sin importar si es el país en el que delinquió; se ha determinado que el terrorismo no puede ser considerado delito político; se han adoptado medidas para impedir que los terroristas tengan acceso a financiamiento o abusen de instituciones humanitarias como el asilo o el refugio y se han fortalecido las obligaciones de los Estados de abstenerse de organizar, tolerar o permitir la preparación de actos terroristas en sus territorios.

Los instrumentos que se ocupan de actos de terrorismo llevados a cabo en aeronaves o embarcaciones han sido negociados tanto en la Organización de Aviación Civil Internacional (OACI) como en la Organización Marítima Intergubernamental (OMI).

También se han negociado y abierto a firma y ratificación tratados que se ocupan de Agentes Diplomáticos (1973) de la Toma de Rehenes (1979) de Material Nuclear (1979) y de la Seguridad en los Aeropuertos (1988).

De los 12 Tratados existentes, México ha ratificado 10 y entiendo que la Secretaría de Relaciones Exteriores lleva a cabo las consultas necesarias con otras dependencias del Ejecutivo para que cuando éstas concluyan, se proceda a someter a la consideración del Senado, los dos restantes que se ocupan de la represión de los atentados terroristas cometidos con bombas adoptado por la Asamblea General de las Naciones Unidas en 1997 y el Convenio Internacional para la represión del financiamiento del terrorismo que quedó abierto a la firma a partir del año 2000.

De las resoluciones adoptadas por el Consejo de Seguridad merece la pena destacar que en el párrafo 4 operativo de la Resolución 1373, se acepta la estrecha relación que existen entre el terrorismo y la delincuencia transnacional organizada, las drogas, el lavado del dinero y la circulación ilícita de materiales nucleares, químicos y biológicos.

Destaco este párrafo, pues considero que la comunidad internacional dejó pasar una oportunidad cuando negoció el Estatuto del Tribunal Penal Internacional y, por falta de consenso, no incluyó el terrorismo entre los crímenes que caían dentro de la competencia del Tribunal.

En efecto, durante la negociación del Estatuto, uno de los temas que resultó más difícil de consensar fue el de la selección de los crímenes de los que se podrían ocupar el Tribunal.

Después de largas discusiones se convino en que el Tribunal se ocuparía únicamente de tres tipos de crímenes: el de genocidio, el de lesa humanidad y de los de guerra.

No hubo consenso en aceptar otros a pesar de la insistencia de algunos Estados, entre ellos México, para que se incluyeran aquellos que en nuestra opinión constituían crímenes perfectamente definidos.

Fue así que propusimos que se incluyera entre los crímenes de los que se debía ocupar el Tribunal, el del uso de armas nucleares.

Recuerdo también que las delegaciones de Colombia, Trinidad y Tobago insistieron en la necesidad de añadir el relativo al tráfico de drogas y en lo que resulta ahora sorprendente, hay que señalar que varios países de la Unión Europea que más lo padecían, pidieron que se incorporara el terrorismo. Fue Estados Unidos el que con especial vehemencia se opuso argumentando que el foro por excelencia para la sanción del terrorismo eran los tribunales del país en donde se hubiera cometido el acto terrorista.

Ninguno de los crímenes adicionales propuestos contó con el apoyo necesario para su inclusión en el Estatuto. De acuerdo con el mismo, tendremos que esperar a que pasen siete años a partir de la fecha en que entre en vigor para poder volver a insistir en la Primera Conferencia de Revisión del Estatuto en la conveniencia de que estos crímenes caigan bajo la competencia del Tribunal. Confío en que en esa oportunidad México reitere su propuesta de incluir como crimen que cae bajo la competencia del Tribunal el uso de armas nucleares y apoye las propuestas que se presentan para añadir el tráfico de drogas y, desde luego, el terrorismo.

Desde su fundación, las Naciones Unidas se han ocupado de temas de muy diversa índole: políticos, económicos, de seguridad y desarme, sociales, administrativos y jurídicos, que afectan e interesan a los pueblos en ella representados.

Si se toman debidamente en cuenta los antecedentes que existen sobre el combate al terrorismo se llega a la conclusión de que el sólo uso de la fuerza no resolverá el problema.

Los propósitos y principios que quedaron consagrados en su Carta siguen siendo válidos. Los retos que se fijó la organización en 1945: un mundo más pacífico y más justo para todos, tendrá que lograrse.

Como país comprometido con la Organización tenemos que esforzarnos para evitar que las decisiones que ahí se adopten se vean de ahora en adelante afectadas por los condenables ataques de septiembre. Debemos estar atentos con objeto de que las negociaciones que se emprendan no se paralicen y se pierdan oportunidades de avance en la solución de los problemas que sus muy diversos órganos tienen encomendados.

También debemos cuidar que los acuerdos que se tomen no sean distorsionados si se insiste en verlo todo a través del prisma del terrorismo.

Actuando así, insistiendo en la necesidad de apegarnos a las disposiciones de la Carta y normas del derecho internacional, cumpliendo de buena fe con las obligaciones contractuales que hemos aceptado, e insistiendo siempre en la bondad de la solución pacífica de los conflictos haremos honor a nuestra tradición de actuar siempre de acuerdo con los principios que sustentan y dan fortaleza a nuestra política exterior.

LA LUCHA CONTRA EL TERRORISMO. UN ENFOQUE HUMANISTA

Francisco OLGUÍN URIBE*

SUMARIO: I. *Miedo, terror: un marco teórico, primera parte*. II. *La lucha contra el terrorismo*. III. *Algunos clásicos*. IV. *Miedo, terror, terrorismo*. V. *Los usos del miedo y del terror*. VI. *El terrorismo contemporáneo*. VII. *La comunidad internacional contra el terrorismo*. VIII. *¿Paz perpetua? Marco teórico, segunda parte*. IX. *¿Qué hacer?* X. *El momento actual*.

I. MIEDO, TERROR: UN MARCO TEÓRICO, PRIMERA PARTE

Poco antes de morir, a los 71 años de edad, Guglielmo Ferrero nos dejó el aún vívido recuento de un incidente que le ocurrió en los años 20:

> Informado por el prefecto de Florencia que tenía algo urgente que comunicarme, fui al Palazzo Riccardi. Aunque usualmente tenía una radiante sonrisa, esta vez el prefecto me recibió con el adusto semblante de un inquisidor en ejercicio de sus funciones. Sacó un papel de un cajón y leyó una larga invectiva y denuncia personalmente dirigida a mí por el jefe de Estado. Concluyó con esta frase textual:

* Miembro del Servicio Exterior Mexicano y ex secretario ejecutivo de la Comisión Nacional de los Derechos Humanos. Profesor de la Universidad Panamericana.

"Diga al señor Ferrero que la Revolución Francesa trató a sus enemigos de muy distinta manera".[1]

El historiador y académico italiano se sorprendió por este singular evento. Al parecer, una carta privada suya cayó en manos de un periodista neoyorkino, quien decidió publicar algunas líneas de Ferrero, originadas por el hecho de que le fue rehusada la expedición de su pasaporte, en las que ridiculizaba ligeramente[2] las "ventajas" que produjo en Italia la "Guerra Mundial por la democracia, la liberalización y la ley". El Consulado italiano trasmitió el artículo a Roma.

> El mundo, incluyendo a Italia, estaba desmoronándose por todos lados [en aquella época]; al dictador le habían sido otorgados plenos poderes en la esperanza de que pudiera evitar el desastre; y, aunque cada día debía superar enormes obstáculos para realizar su hercúlea tarea, ¡este dictador encontró tiempo para asustarse [y amenazarme] por unas cuantas líneas escondidas en un diario publicado en otro continente situado a siete u ocho mil millas de distancia![3]

Esa experiencia personal tuvo tal impacto en Ferrero que lo llevó a concebir eventualmente al progreso y la civilización como la superación de un mal primigenio, el miedo,[4] y al orden social y el gobierno como la más alta manifestación del miedo que el hombre siente de sí mismo y de sus esfuerzos por librarse de él.[5]

Para Ferrero, el hombre es "el más temeroso y el más temido entre las criaturas... porque es la única criatura con la idea, la obsesión y el terror del golfo negro en el que se ha venido vertiendo el torrente de la vida desde el principio de los tiempos;

1 *The Principles of Power*, p. 6. Publicada originalmente en 1942, las citas de esta obra están tomadas de la reimpresión realizada por Arno Press, Inc., Nueva York, 1972.

2 *Slightly* en el original en inglés.

3 *Ibidem*, pp. 6 y 7.

4 "Fear is the soul of the living universe", *ibidem*, p. 30.

5 *Ibidem*, pp. 28-37.

y porque es el único capaz de inventar y fabricar instrumentos para destruir la vida".[6] Consciente de la muerte, ve amenazas en todos lados: "su imaginación oscurece el universo con peligros imaginarios que añade a los reales, con seres fantásticos o monstruosas fuerzas contra las cuales se siente impotente... espíritus, muertos, brujos, hechizos, presagios, dioses malignos".[7]

Además, el hombre no sólo experimenta miedo ante peligros reales e imaginarios. También teme a su propio poder para atemorizar a otros. Un terrible dilema lo confronta: las armas creadas para abatir su miedo a las bestias y otros hombres, pueden ser utilizadas no sólo para defensa sino también para el ataque. Mientras más se arman los hombres para garantizar su seguridad, mayor temor experimentan porque aumenta el peligro que representan unos para otros.

Desde esta perspectiva el gobierno es fundamentalmente un mecanismo de defensa frente a los dos temores más grandes de la humanidad frente a sí misma: la anarquía y la guerra. Pero, a la vez, la naturaleza de los medios que utiliza el gobierno para garantizar el orden social tiene el mismo efecto que las armas: pueden llevar a los hombres a acatar su voluntad o a rebelarse contra él.

> Tal incertidumbre de efecto y reacción, inherente a todos los actos de fuerza, es la causa fundamental de una de las más misteriosas e importantes complicaciones de la historia y de la vida: que si los súbditos siempre tienen miedo al gobierno al que están sometidos, el gobierno siempre tiene miedo de los súbditos que gobierna.[8]

II. LA LUCHA CONTRA EL TERRORISMO

Esta larga referencia a Ferrero me parece de interés para abordar el tema que nos ocupa. Independientemente del debate sobre

6 *Ibidem*, p. 30.

7 *Ibidem*, pp. 30 y 31.

8 *Ibidem*, p. 34.

el alcance y la validez de su análisis sobre el papel del miedo en el orden social, nuestro autor señala con claridad que tanto la sociedad como el gobierno, los poderosos como los débiles, son capaces de recurrir al temor (o al terror, en tanto que miedo extremo) como arma política a la que ambos son vulnerables.

El presente trabajo tiene por objeto ofrecer una propuesta eficaz de lucha contra el terrorismo internacional. Dicha eficacia se sustenta en una radical transformación de las condiciones de convivencia internacional, tanto mediante el desarrollo y reforzamiento de los mecanismos jurisdiccionales de que dispone la comunidad internacional, como en un esfuerzo de conciliación que supone la adopción de un nuevo espíritu de responsabilidad solidaria que contribuya a eliminar los factores de temor que le dan origen y de odio que alimenta el desarrollo de este fenómeno en una lógica de escalación del conflicto. Es decir, se trata de una propuesta fundada en los valores de la justicia y de una solidaridad internacional que no sólo incluya la cooperación internacional sino que vaya más allá para promover un auténtico espíritu de convivencia humana.

Dado que una propuesta de esta naturaleza está expuesta a ser rechazada como ingenua o ilusoria, su planteamiento se apoya en el el dato antropológico del miedo, tal y como lo ha planteado Guglielmo Ferrero y reforzado con referencias a algunos autores clásicos, sobre el papel que este fenómeno desempeña en la sociedad. También se hace un somero recorrido por la historia reciente del terrorismo contemporáneo, especialmente el de carácter internacional, para seguir su evolución hasta la situación actual. En este recorrido se alcanzan a detectar algunos éxitos y fracasos de las campañas antiterroristas.

La lucha contra el terrorismo, en su parte jurisdiccional, presenta como requisito indispensable la existencia de un marco legal e institucional legítimos. Por ello, se analizan los esfuerzos de la comunidad internacional para establecer las normas y los mecanismos de colaboración en el combate contra ese mal, así como para fijar límites al ejercicio del poder para el desempeño de esa tarea. Se hace referencia al primer esfuerzo de legislación internacional, que se dio en el seno de la Sociedad de las Naciones, y al fracaso que experimentó la Organización de las Naciones Unidas en su intento por definir con precisión este fenómeno y negociar un convenio internacional de carácter general en la materia. A continuación se enumeran los convenios específicos y regionales de los que se ha dotado la comunidad de naciones para hacer frente al terrorismo, la creación de la figura de la Relatora Especial para el tema del Terrorismo y los Derechos Humanos y los trabajos que, en esa calidad, desempeñó la señora Kalliopi Koufa.

Posteriormente se presentan algunas observaciones de carácter general sobre la naturaleza del poder en la sociedad y su relación con la legitimidad y el bienestar común. El objeto es destacar que la influencia de estos elementos en el combate mundial contra el terrorismo es tal que un empeño realmente eficaz a largo plazo no puede pasarlos por alto. Como se ha mencionado, la lid contra este flagelo necesariamente debe tener un carácter humanitario que incluya, además de los elementos de represión, otros de conciliación y cooperación internacional.

III. ALGUNOS CLÁSICOS

El miedo, el temor y el terror tienen un papel importante en la vida de las sociedades que con frecuencia tiende a ser subestimado, cuando no abiertamente ignorado, en la actualidad. Sin embargo, su existencia ha sido destacada por numerosos autores, especialmente por los clásicos. Sin pretender de ninguna manera ser exhaustivo, conviene hacer un breve recorrido por el pensamiento occidental para formarnos una idea del lugar polivalente que ocupa el miedo en la vida social y política, complementando las opiniones ya expuestas de Guglielmo Ferrero.

Y no es ocioso comenzar por Esquilo y Sófocles. El primero enfatiza el miedo como *condición para el buen obrar*. Así, hace decir a Palas Atenea "¿Qué hombre que no teme a nada es recto?

Sean tales sus justos terrores que merezca y obtenga salvación para su ciudadela, defensa para sus tierras, como en ningún otro lado entre los hombres".[9] Sófocles, en cambio, *advierte contra el temor que paraliza al gobernante*: "porque creo que quien controla el Estado [afirma Creón] y no se mantiene en el mejor de los planes, sino que encierra su lengua por alguna clase de miedo, es el peor de todos los que son o que han sido", dice en *Antígona*.

En la Biblia hay frecuentes referencias al miedo, pero sobre todo entendido como *santo temor de Dios*, y en ese sentido es más un reconocimiento humilde de la pequeñez del hombre ante su creador y la obediencia que le debe (Jeremías, por ejemplo, cuando predica en contra de la guerra lo hace por mandato divino y no por miedo al enemigo). Tucídides recoge en el discurso de Pericles la siguiente advertencia a los atenienses que establece una *diferencia de actitud entre los débiles y los poderosos*: "Los tímidos y sin ambición nunca están seguros sin vigorosos protectores a su lado, de hecho tales características no tienen cabida en una ciudad imperial, aunque pueden ser de provecho para que una colonia viva una servidumbre sin molestias".[10]

En tiempos más próximos, Maquiavelo hace frecuentes referencias, directas e indirectas, al *miedo como instrumento de gobierno* en manos del príncipe. Recuerda, por ejemplo, cómo Oliverotto da Fermo asesinó a su tío Giovanni Fogliani y a sus jefes militares, "después de lo cual montó a caballo y cabalgó de arriba abajo por la ciudad, asediando al Jefe Magistrado en el palacio, de tal manera que el pueblo, por miedo, se vio obligado a obedecerlo y a formar un gobierno, del cual se hizo a sí mismo Príncipe".[11]

Los contractualistas, como Hobbes, Locke y Rousseau, consideran que *en su condición natural, los hombres viven en temor*

9 *Las Euménides*.

10 *La Guerra del Peloponeso*, libro II, párrafo 63.

11 *El Príncipe*, cap. VIII.

unos de otros, como en estado de guerra. Locke expone con claridad las ventajas del pacto social:

> Si en estado natural es tan libre [el hombre], si es señor absoluto de su persona y posesiones, igual al más grande y sujeto a nadie, ¿por qué perder esta libertad, este imperio y sujetarse al dominio y control de cualquier otro poder? A lo que es obvio responder: que aunque en el Estado de naturaleza tiene tal derecho, su disfrute es incierto y constantemente expuesto a la invasión de los otros... Esto lo lleva a *desear abandonar esa condición, que pues, aunque libre, está llena de miedos y continuos peligros*".[12]

Hobbes es más enfático en este punto: no es la benevolencia mutua sino el miedo recíproco lo que origina el Estado.[13] Para superarlo, los hombres someten sus voluntades a la de un príncipe o consejo y a la que se obligan a obedecer.[14] Sin embargo, los ciudadanos pueden exigir que se les den ciertas garantías de manera que no tengan más razón para temer a los otros, si ellos mismos no cometen ninguna injusticia.[15] Para Hobbes, en efecto, *el miedo y la limitación del miedo son indispensables no sólo en el origen sino aun en la vida en sociedad*. El siguiente aserto redondea su perspectiva:

> Siendo la fuerza de las palabras demasiado débil para asegurar la conformidad del comportamiento humano a lo acordado, no existen en el hombre sino dos auxilios imaginables para fortalecerla. Y ellos son el temor de las consecuencias de romper su palabra o la gloria y orgullo de mostrar que no necesita romperla. [Por ser esta última muy rara], la pasión que cuenta es el temor, que tiene dos muy diferentes objetos generales: uno, el poder de los espíritus invisibles y el otro el poder de los hombres que pudieran ofender. Aunque los

12 *Segundo ensayo sobre el gobierno civil*, cap. IX. El subrayado es nuestro.

13 *Cfr. De Cive*, c. I, 2.

14 *Ibidem*, c. V, 6 y 7.

15 *Ibidem*, c. VI, 3.

primeros tienen mayor poder, el temor de los segundos es comúnmente más grande.[16]

En contraste con Hobbes, Rousseau advierte que "*el pretexto del bien público es siempre el más peligroso flagelo del pueblo*",[17] lo que pudo ver con claridad durante la Revolución Francesa, concretamente en la etapa de *la terreur*, que va desde la caída de los girondinos el 31 de mayo de 1793, hasta la caída de Robespierre el 28 de julio de 1794 (9 *Thermidor* del año II), cuando por la influencia del todopoderoso Comité de Salud Pública de París, se promulgó la Ley de Sopechosos y se realizaron numerosas ejecuciones, entre otras las de María Antonieta y del mismo Robespierre.

Para completar este recorrido por algunos clásicos de la cultura occidental, vale la pena citar a Spinoza, para quien la sociedad del Estado se ha establecido a fin de eliminar el miedo del hombre a sus semejantes y superar el caos.[18] Pero los propios jefes de Estado deben ser razonables, ya que es más poderoso el Estado que se basa en la razón y se guía por ella: el poder del Estado está determinado por la armonía reinante entre sus componentes y ésta resulta imposible si el Estado no prescribe lo que exige la razón. Además, los miembros de un Estado se someten a él únicamente en la medida en que temen el poder y los castigos del Estado, pero como los derechos del Estado están determinados por el poder unido del pueblo, *si las auto-*

16 *Leviatán*, cap. XIV. También señala Hobbes que "Aquellos hombres que eligen a su soberano lo hacen por temor unos de otros y no de aquel que han elegido; pero [en el caso de un Estado conquistado] se sujetan a aquel a quien temen", cap. XX.

17 *Discurso sobre la economía política*. El subrayado es nuestro.

18 Spinoza considera que el hombre en su condición natural debe reconocer esta finalidad precisamente como exigencia de la razón. La importancia del Estado en la eliminación del miedo y en la transformación del caos en orden es tal que compensa ampliamente los inconvenientes que acarrea la obediencia a una orden contraria a la razón, y es conforme a la razón elegir el menor de dos males. Véase, *Tractatus Politicus*, c. III, 5 y 6.

ridades actúan con persistencia contra la razón, el propio Estado estaría incitando al pueblo a conspirar contra él.[19]

De ahí, Spinoza concluye, como Ferrero, que aun el Estado tiene razones para temer; y mantiene, con una idea de sorprendente actualidad, que cuanto más miedo tenga, será menos independiente y tendrá menos derechos.[20] Y, dando un salto al ámbito internacional, propone que las mismas ideas valen para las relaciones entre los Estados: dos Estados se relacionan entre sí como dos seres humanos en la condición natural: son enemigos naturales. Sin embargo, es preferible para ambos establecer un tratado de paz, pues juntos son más poderosos que separados.[21]

IV. MIEDO, TERROR, TERRORISMO

En la exposición de las ideas anteriores se ha hecho referencia al miedo en su sentido amplio, gramatical: "perturbación angustiosa del ánimo por un riesgo o mal que realmente amenaza o se finge la imaginación".[22] En el mismo sentido, se define al terror como "miedo, espanto, pavor de un mal que amenaza o de un peligro que se teme".[23] Terrorismo presenta una doble acepción: "dominación por el terror [y] sucesión de actos de violencia ejecutados para infundir terror".[24]

19 *Ibidem*, c. III, 9.

20 "Ciertamente, el Estado tiene motivos para temer. Y al igual que cualquier ciudadano... es menos autónomo cuanto mayor es el motivo para que tenga miedo", *idem*.

21 *Ibidem*, c. III, 12 y 13. Es de notar que, para Spinoza, si un Estado deja de tener miedo, tiene el derecho natural de anular unilateralmente el tratado. De ahí que W. Luypen concluya que ese autor sostiene un punto de vista "bastante extraño: a sus ojos el derecho natural... degenera en una especie de «mecánica de poder»", *Fenomenología del derecho natural*, Buenos Aires, Ediciones Carlos Lolhé, 1968, p. 81.

22 Véase, *Diccionario de la Lengua Española*, Madrid, Real Academia Española, 1970.

23 *Idem*.

24 *Idem*.

Sin rechazar estas acepciones, y sin pretender tampoco un riguroso análisis terminológico, que no parece necesario, conviene simplemente recordar que el término *terror* adquirió un significado particular durante la ya mencionada etapa de la Revolución Francesa que recibió ese nombre. Fue entonces cuando adquirió carta de naturalización en el léxico de la política. De ahí surgiría eventualmente el término *terrorismo* para designar a las acciones de los grupos que trataban de desestabilizar al Estado y promover diversas variantes de las ideas de la revolución mediante el recurso a la violencia.

A partir de ese periodo, puede decirse que el uso del término *terror* se aplica en general a las tácticas a las que recurre un régimen, generalmente ilegítimo, para gobernar mediante el miedo que infunde en los gobernados, en tanto que *terrorismo* se utiliza para designar las acciones que provienen de grupos radicales, surgidos de la sociedad, que recurren a la violencia indiscriminada para avanzar sus causas. No es ocioso mencionar el desarrollo de una creciente red de cooperación entre grupos terroristas dando lugar al apelativo de *terrorismo internacional*.

Antes de seguir adelante, y para redondear este punto, conviene decir que cuando la violencia indiscriminada con fines políticos tiene lugar entre grupos de la sociedad, se dice que *se aterrorizan* (*e. gr.*: "En Irlanda, grupos protestantes y católicos se aterrorizaron mutuamente tras la Reforma").[25] En este último caso el Estado también se ve involucrado, aun si la violencia no tiene como último fin desestabilizar a un régimen, por su responsabilidad de mantener el Estado de derecho. Finalmente, no puede dejar de mencionarse que durante la llamada "Guerra Fría" se denominó *equilibrio del terror* a la situación que resultó de la carrera armamentista entre Estados Unidos y la Unión Soviética durante la cual ambas superpotencias acumularon armas de destrucción masiva, principalmente atómicas, con la capacidad de asegurar varias veces su mutua destrucción (*overkill*),

25 Véase, www.lafacu.com/apuntes/sociologia/terrorismo

con graves consecuencias potencialmente no sólo para la población civil de dichos Estados sino también para el resto del mundo.

V. Los usos del miedo y del terror

Aunque el terrorismo ha aparecido una y otra vez a lo largo de la historia, en su forma moderna,[26] el terrorismo sistemático recibió un gran impulso con la propagación de las ideologías y nacionalismos seculares tras la Revolución Francesa.[27] Adeptos y detractores de los valores revolucionarios utilizaron el terrorismo tras las guerras napoleónicas. El nacionalismo imperialista que en Japón condujo a la restauración Meiji en 1868 estuvo acompañado de frecuentes ataques terroristas al *shogunado Tokugawa*. En el sur de los Estados Unidos de América se creó el Ku Klux Klan, tras la derrota de los confederados en la Guerra Civil estadounidense (1861-1865), para aterrorizar a los antiguos esclavos y a los representantes de las administraciones de la reconstrucción impuesta por el gobierno federal. En toda Europa, a finales del siglo XIX, los partidarios del anarquismo realizaron ataques terroristas contra altos mandatarios o incluso ciudadanos corrientes. Una víctima notable fue la emperatriz Isabel, esposa de Francisco José, asesinada por un anarquista italiano en 1898.[28]

26 Giuseppe Savagnone opina que "es probable que nuestra época pase a la historia como la época de la violencia [mas no por una evaluación cuantitativa sino] por lo que podemos llamar 'la cultura de la violencia'. Es decir la elaboración teórica de principios a la luz de los cuales la violencia no es un mero desorden... sino la consecuencia lógica de convicciones formuladas con lucidez y traducidas coherentemente a la práctica", *Georges Sorel. Reflexiones sobre la violencia*, Madrid, Ed. Magisterio Español, 1987, p. 9.

27 Para algunos autores, el concepto de *terrorismo* propiamente dicho apareció casi un siglo después de la Revolución Francesa, entre 1878 y 1881, en la Rusia zarista. Véase, Laqueur, Walter, *Terrorism*, Boston, Little, Brown & Co., 1977, pp. 11 y ss.

28 Para una amplia sección de la información expuesta en los siguientes párrafos, el presente artículo se apoya en la ya citada página de internet:

El movimiento revolucionario ruso antes de la Primera Guerra Mundial tuvo un fuerte componente terrorista, como se verá más adelante. A principios del siglo XX, el terrorismo nacionalista provocó el asesinato de Francisco Fernando de Habsburgo en Sarajevo en 1914, que dio origen a la Primera Guerra Mundial. Grupos como la Organización Revolucionaria Interna de Macedonia, la Ustashi croata, y el Ejército Republicano Irlandés (IRA) realizaron a menudo sus actividades terroristas más allá de las fronteras de sus respectivos países. Algunos de estos grupos recibían a veces el apoyo de gobiernos ya establecidos, como ocurrió en Bulgaria o bajo el liderazgo fascista de Benito Mussolini, que experimentara Guglielmo Ferrero. Tanto el comunismo (Joseph Stalin) como el fascismo (Adolfo Hitler) utilizaron el terrorismo como instrumento de su política, contando con defensores entusiastas como León Trotski y Georges Sorel (quien representó intermitentemente ambos extremos del espectro político). La inestabilidad política existente durante las décadas de 1920 y 1930 dio pie a frecuentes actividades terroristas. El terrorismo tendió a integrarse dentro del conflicto más amplio de la Segunda Guerra Mundial.

VI. El terrorismo contemporáneo

Sin pretender hacer una exposición exhaustiva de la actividad terrorista que se ha registrado en la segunda parte del siglo XX y principios del XXI, conviene recordar que el desarrollo del terrorismo tras la Segunda Guerra Mundial experimentó un fuerte impulso con la ola de violencia internacional que tuvo lugar a mediados de la década de 1960. Varios elementos confluyeron para facilitar y hacer más evidente el terrorismo internacional: avances tecnológicos, la creación de armas más pequeñas pero

www.lafacu.com/apuntes/sociologia/terrorismo, información que aquí se reordena y complementa.

con mayor poder de destrucción; los medios para una mayor rapidez de comunicación y movimientos de que disponían los terroristas; las amplias conexiones mundiales de las víctimas elegidas y la publicidad que generaba cualquier ataque terrorista.

Aunque ha tenido múltiples manifestaciones, dos parecen haber sido las fuentes principales de dicha ola de terrorismo internacional: el conflicto de Medio Oriente que no ha logrado una solución satisfactoria y el celo expansionista de la ideología marxista, promovida por la Unión Soviética, que encontró terreno fértil en la dominación colonial que aún existía y en las marcadas diferencias entre países desarrollados y subdesarrollados en el mundo.

1. *Medio Oriente y sus ramificaciones*

No es el lugar para hacer un análisis profundo del conflicto en Medio Oriente. Baste decir que a finales de la década de los cuarenta, algunos radicales judíos, como la banda *Stern* y el *Irgun Zvai Leumi*, utilizaron el terrorismo contra las comunidades árabes y otros grupos en su lucha por la independencia de Israel. Durante y después de la década de los sesenta, sus adversarios árabes decidieron utilizar el terrorismo de forma mucho más sistemática. La expulsión de guerrillas palestinas de Jordania en septiembre de 1970 fue conmemorada con la creación de un brazo terrorista extremista llamado Septiembre Negro. Durante ese periodo, la OLP (Organización para la Liberación de Palestina) fue muy activa en la realización de operaciones terroristas y de comando tanto en Israel como en diversos países del mundo.

Pero aunque el terrorismo internacional con base palestina disminuyó durante la década de los ochenta, en un esfuerzo de la OLP por ganarse el apoyo mundial hacia su causa, surgieron nuevas formas relacionadas con la revolución acaecida en Irán y el auge del fundamentalismo islámico. En 1988, una bomba destruyó el vuelo 103 de las líneas aéreas *Pan American* que volaba sobre Lockerbie, en Escocia, matando a las 259 personas que se encontraban en el avión, además de otras 11 en tierra. En 1991 la Agencia Central de Inteligencia estadounidense (CIA) acusó del crimen a agentes libios. Más recientemente, el grupo Al Qaeda, dirigido por Osama Bin Laden, adquirió triste notoriedad por sus ataques entre otros a las torres gemelas del World Trade Centre en Nueva York el 11 de septiembre de 2001.

Como se puede apreciar, el terrorismo originado en Medio Oriente ha tendido a cobrar un carácter internacional, casi global. Además de los ataques perpetrados contra objetivos de Europa y Estados Unidos, se han dado ataques terroristas en otros países. Baste mencionar como ejemplos de ello al atentado en 1994 contra la Asociación Mutual Israelí de Argentina (AMIA) que cobró centenares de víctimas, entre muertos y heridos, así como el terrorismo fundamentalista dirigido contra el gobierno socialista de Argelia en la década de los noventa, que de hecho desembocó en una guerra civil, en la que tanto el gobierno como los radicales islámicos extendían el terror a través de una brutal violencia.

2. *El auspicio soviético*

Es posible que el terrorismo auspiciado por la Unión Soviética remonte sus orígenes a 1879, cuando en el pequeño poblado ruso de Lipetsk se fundó el congreso de la organización denominada *Narodnaya Volya* (La Voluntad del Pueblo), responsable del asesinato del Zar Alejandro II el 1o. de marzo de 1881. Este grupo fue muy eficaz en su objetivo de destruir el respeto y temor del pueblo ruso hacia su gobierno, no sólo directamente con su actividad terrorista sino también porque el régimen zarista reaccionó con medidas tan extremas que alienaron a los grupos moderados en Rusia. Los bolcheviques, aunque opuestos por razones ideológicas al terrorismo, fueron beneficiarios directos de estas acciones, lo que dejó una impronta indeleble en el liderazgo soviético: su experiencia de lucha en la clandestinidad durante el periodo 1879-1917, se reflejó en las tácticas de su política exterior destinada a promover la revolución en el mundo.[29]

En efecto, la Unión Soviética, ya sea directamente o a través de terceros Estados como Norcorea, Cuba o Libia, entre otros, además algunos países de Europa Oriental y China (aunque esta última con independencia y, frecuentemente, rivalidad con la URSS dentro y fuera del mundo comunista) apoyaron con armas, capacitación, dinero, santuario, información, diplomacia y propaganda a diversos grupos subversivos. De estos grupos sobresalen los movimientos de Liberación Nacional y los partidos comunistas en diversos países de África, América Latina y Asia, muchos de los cuales realizaron actividades abiertamente terroristas. Con este apoyo se perseguía debilitar o desestabilizar a los regímenes no comunistas en el clima de confrontación Este-Oeste (o capitalismo-comunismo) durante la llamada Guerra Fría.[30] Es de notar que el apoyo se extendió a otros grupos como la Banda Baader-Meinhof y el Ejército Republicano Irlandés (Provisional) que eran abiertamente críticos del régimen soviético.[31] Asimismo, se generó un vínculo con el terrorismo de origen árabe cuando en 1969 la agencia de inteligencia soviética KGB persuadió al politburó de apoyar a la OLP.

29 Sobre este punto véase, *e. gr.*: varios autores, *International Terrorism: The Soviet Connection*, Jerusalén, The Jonathan Institute, 1979.

30 Ray S. Cline, entonces director ejecutivo del Center for Strategic and International Studies en la Universidad de Georgetown, consideraba que "the strategic thinking of Communist states, as exemplified by the Soviet Union's policies and actions, calls for manipulation of terrorism as a suitable substitute to traditional warfare", véase, *ibidem*, p. 20.

31 Se ha explicado este apoyo no sólo porque contribuía indirectamente a la lucha contra el bloque capitalista sino también porque de esa manera Moscú buscaba generar una dependencia y simpatía de los terroristas, además de evitar ser objeto de sus ataques en el bloque soviético. Véase, *ibidem*, esp. pp. 15-18.

3. *Terrorismo en el mundo industrializado*

Por otra parte, en la década de los sesenta el avance del terrorismo fue evidente en las tres naciones industrializadas donde la transición del autoritarismo a la democracia, tras la Segunda Guerra Mundial, había sido más rápida y traumática: Alemania Occidental (hoy integrada dentro de la República Federal de Alemania), Japón e Italia. En otros Estados occidentales surgieron asimismo grupos radicales de izquierda, financiados a menudo por gobiernos comunistas durante la guerra fría. Inspirados en vagas teorías revolucionarias y apoyados por simpatizantes izquierdistas de distintos sectores sociales, los terroristas intentaban provocar el derrumbamiento del Estado mediante una reacción violenta y autodestructiva.

En Alemania Occidental, la llamada Facción del Ejército Rojo, más conocida como la banda Baader-Meinhof, efectuó numerosos atracos a bancos y asaltó instalaciones militares estadounidenses. Sus acciones más espectaculares tuvieron lugar en 1977 con el secuestro y asesinato de un importante industrial, Hans-Martin Schleyer y el posterior secuestro, realizado por simpatizantes árabes, de un avión de Lufthansa con destino a Mogadiscio, en Somalia. Al igual que lo hiciera el grupo terrorista japonés Ejército Rojo, los miembros de la banda alemana colaboraron a menudo con los terroristas palestinos, siendo de especial relevancia el asesinato de atletas israelíes durante los Juegos Olímpicos de Munich en 1972. A finales de la década de los setenta, la mayor parte de los activistas de la Facción del Ejército Rojo se encontraba en prisión o había muerto.

El acto más sonado de terrorismo en Japón se produjo en marzo de 1995, cuando los miembros del culto *Aum Shinrikyo* lanzaron el gas neurotóxico sarín en el tren subterráneo de Tokio, dando lugar a una nueva preocupación por la posibilidad de que los terroristas puedan utilizar armas no convencionales de destrucción masiva, entre las que se encontrarían las químicas,[32] las biológicas[33] e incluso las armas nucleares.[34] Esta preocupación también se ha extendido a la posibilidad del terrorismo cibernético.[35]

La fuerza de los terroristas italianos, de quienes los más importantes eran las Brigadas Rojas, puede tener su origen en la tradición anarquista del país y en su inestabilidad política. Sus actividades culminaron en 1978 con el secuestro y asesinato del antiguo primer ministro Aldo Moro. No obstante, el terrorismo de izquierda pareció aumentar en Italia, tal y como quedó patente en 1980 con la explosión ocurrida en la estación de ferrocarril de Bolonia. Aunque este terrorismo de izquierda disminuyó gradualmente, en parte debido a la acción antiterrorista del Estado, no desapareció por completo y por algún tiempo pareció ceder su lugar al terrorismo de derecha, que en alguna medida había propiciado como reacción a su propia actividad. La histórica Galería de los Uffizi de Florencia fue uno de los objetivos de una serie de atentados terroristas que tuvieron lugar en 1993, al parecer ejecutados por la mafia. Muchos de estos atentados están hoy considerados como ejercicios de "propaganda negra" concebidos tanto por la derecha como por otros grupos para propiciar un clima de inestabilidad favorable a un gobierno autoritario.

32 Las armas químicas se dividen habitualmente en cuatro categorías: agentes vesicantes, como el gas mostaza; agentes hematotóxicos, como el cianuro de hidrógeno; agentes asfixiantes, como el fosgeno y la clorina; y agentes neurotóxicos, como el sarín, el VX, el tabun y el soman. Los neurotóxicos son los más mortíferos. Véase el documento del Consejo Económico y Social de Naciones Unidas, Kalliopi Koufa, *Terrorismo y derechos humanos*, E/CN.4/Sub.2/2001/31, del 27 de junio de 2001, p. 37.

33 También se dividen en cuatro: bacterias, como el antrax y la peste; virus, como la fiebre amarilla, el ébola y la encefaliomelitis equina venezolana; las rickettsias, como la fiebre Q; y las toxinas, como la ricina y la toxina botulínica. Véase, *ibidem*, p. 39.

34 Incluyen la dispersión de materiales radiactivos. Sin embargo, en general se considera mucho más fácil y viable el sabotaje de plantas nucleares. Véase, *ibidem*, pp. 40 y ss.

35 *Ibidem*, pp. 44 y ss.

4. *Separatismos en Europa*

En otras partes de Europa existen casos de terrorismo asociados a movimientos separatistas o emancipacionistas, como ocurre con Córcega en Francia y, sobre todo, en Irlanda del Norte y el país vasco en España. El movimiento separatista vasco, a través de la banda armada ETA (Euzkadi ta Azkatazuna) ha protagonizado algunos de los más trágicos ejemplos del terrorismo con sus constantes atentados, secuestros, asesinatos y coacciones, tiñendo de sangre el pacífico proceso español de consolidación de los valores democráticos.

La campaña terrorista llevada a cabo por el Ejército Republicano Irlandés (ERI) tras la Segunda Guerra Mundial surgió a partir del movimiento local a favor de los derechos civiles de los años sesenta, que reclamaba mejores condiciones para los católicos de Irlanda del Norte. Ante la intransigencia de los grupos de poder, la lucha se radicalizó. El terrorismo cada vez más intenso utilizado tanto por católicos como por protestantes desembocó en la segregación de ambas comunidades en zonas vigiladas por soldados y en la militarización de Irlanda. Motivado por una ideología revolucionaria de izquierda y apoyado por Libia y otros gobiernos simpatizantes de izquierda, el ERI Provisional realizó una serie de explosiones, asesinatos y otros atentados terroristas dentro y fuera de Irlanda tanto contra objetivos militares como civiles. La campaña continuó hasta que el ERI declaró un alto al fuego el 31 de agosto de 1994 y resurge episódicamente ante la ausencia de un entendimiento entre los grupos en conflicto.

5. *África y el sur de Asia*

En África y el sur de Asia el terrorismo se presentó en las tácticas adoptadas por los movimientos de Liberación Nacional que proliferaron en el marco de la lucha por la descolonización. Aunque frecuentemente estos grupos recibieron apoyo del exterior, particularmente de la Unión Soviética y sus aliados, la lucha de cada uno de ellos tuvo un carácter predominantemente local, como continúa siendo el caso de algunos grupos tardíos, en este contexto, como el Movimiento Aceh Libre en Indonesia y el separatismo musulmán en el sur de Filipinas. Mención aparte merece el caso de Sudáfrica, donde la lucha contra el racismo institucionalizado del *apartheid* fue objeto de amplia atención internacional e incluso de sanciones por parte de las Naciones Unidas.

6. *América Latina*

Los movimientos terroristas de Latinoamérica tuvieron sus orígenes en antiguas tradiciones de conflictos políticos locales. Por años, la teoría del foco guerrillero, promovida por el Che Guevara, tuvo un poderoso impacto en toda la región, aunque se puede argumentar que sus tácticas fueron más bien de guerrilla que de terrorismo propiamente dicho. La principal innovación la constituyó la creación de los llamados movimientos de guerrilla urbana, ya que sus actividades se desplazaron del campo a las ciudades, donde su acción adquirió características abiertamente terroristas.

Sendero Luminoso, grupo terrorista maoísta del Perú, se convirtió en uno de los ejemplos más sangrientos y famosos por el uso de tácticas cruentas destinadas a desestabilizar el Estado y a provocar por parte de éste medidas de represión. En la década de los noventa, dentro de una tendencia existente en Italia, con rasgos específicos por la cual el crimen organizado emula a los terroristas para promover sus intereses, algunos miembros del cártel de la cocaína en Colombia utilizaron tácticas terroristas para dificultar la aplicación de las leyes orientadas a luchar contra el tráfico de drogas. En este mismo país surgieron las unidades de autodefensa, originalmente con la intención de protegerse de los secuestros y otras actividades de grupos subversivos y de narcotraficantes, pero eventualmente minando severamente al Estado. Parece haber evidencia de que, con el tiempo, se han ido estableciendo vínculos entre el narcotráfico y los grupos rebeldes, dando lugar al fenómeno llamado narcoterrorismo.

7. *Cooperación terrorista internacional*

En este contexto es de notar la una tendencia cada vez más acusada que han mostrado de los grupos terroristas a profesionalizarse y a establecer entre ellos vínculos de cooperación, tanto de carácter nacional como internacional, incluso cuando sus respectivos objetivos no parezcan presentar coincidencias fundamentales más allá de la lucha contra un régimen establecido.

8. *"Terrorismo de Estado"*

Tanto en naciones del Tercer Mundo como en otros lugares, se da el caso de que antiguos grupos terroristas se legitiman una vez que triunfa su lucha y obtienen el control del gobierno o espacios concretos donde ejercer el poder. Israel y Argelia son sólo dos ejemplos de Estados cuyos funcionarios y dirigentes fueron en su momento clasificados como terroristas. Los regímenes nacidos en este tipo de circunstancias pueden mantener sus vínculos con el terrorismo una vez en el poder. Tanto Libia como Irán, ambos con gobiernos revolucionarios, han promovido actos de terror con carácter institucional. No pueden dejar de mencionarse los regímenes de terror impuestos por Idi Amin Dada en Uganda, Pol Pot en Camboya, o las juntas militares que gobernaron Argentina y Chile.

Asimismo, durante la guerra de Vietnam, Vietnam del Norte respaldó una campaña comunista de terrorismo y subversión en Vietnam del Sur. Corea del Norte ha llevado a cabo varios atentados terroristas contra Corea del Sur, como la explosión ocurrida en Rangún en 1983, en la que murieron cuatro miembros del Gobierno y 13 sudcoreanos más, y el atentado a un avión de pasajeros de las Líneas Aéreas Coreanas en 1987 realizado por agentes norcoreanos.

En ocasiones el Estado promueve, apoya o, al menos, consiente la comisión de actos terroristas o el recurso a métodos terroristas en conflictos que se presentan en su propio territorio, como ocurrió en Kosovo, Rwanda, Timor Oriental o Chechenia.[36] En estos casos, como lo ha señalado un autor conservador, Farid Zakaria, el ámbito, la escala y la intensidad de los daños inflingidos a la población civil son tales que no pueden compararse con los causados por los grupos terroristas.[37]

Existen algunos casos registrados en el seno de democracias consolidadas que evidencian la aplicación, a través de métodos terroristas, del concepto de "razón de Estado" sobre la ciudadanía o sobre intereses generales. Uno de los ejemplos más representativos sería el atentado sufrido por el barco estrella de la organización ecologista Greenpeace, el Rainbow Warrior, en el puerto de Auckland en 1985, por obra de los servicios secretos franceses.[38] Algunos comentaristas han considerado como terroristas las acciones realizadas por agentes israelíes del Mossad dirigidas contra la OLP y otros objetivos fuera de Israel.[39] Es-

36 No puede dejar de mencionarse en este contexto que la disolución de Yugoslavia en una serie de conflictos entre los países que surgieron de la antigua república produjo ejemplos sangrientos de "terrorismo de Estado" que llevaron al ex presidente serbio Slovodan Milosevic y a otros de sus colaboradores a enfrentar cargos por genocidio en los tribunales de La Haya.

37 Citado por Christopher Hitchens "Terrorism. Notes toward a definition" en la publicación de internet *Slate*, 18 de noviembre de 2002. El propio Hitchens añade "I hate and despise Hezbollah and Palestinians suicide-murderers, as they oulght to be called, but they'd have to work day and night for years to equal the total of civilians killed in Lebanon alone, or by [Ariel] Sharon alone".

38 www.lafacu.com/apuntes/sociologia/terrorismo .

39 Es interesante notar que las fuerzas "irregulares" de Líbano y Palestina pueden, conforme al derecho internacional, resistir una ocupación extranjera que ha sido condenada internacionalmente. Sin embargo, sus acciones, deben ajustarse a lo prescrito por el derecho humanitario (o de guerra). Obviamente, a las mismas normas del derecho humanitario deben ajustarse las acciones de Israel fuera de su territorio.

tados Unidos fue acusado por el régimen sandinista de Nicaragua ante la Corte Internacional de Justicia por el apoyo otorgado a los "Contras" y su intervención en la realización de actos considerados terroristas, como el minado de los puertos de ese país y la elaboración de un manual para el asesinato político.

9. *Terrorismo en Estados Unidos*

Al margen de ciertos casos aislados de origen interno (la secta de los davidianos, el Unabomber, etcétera.) durante algún tiempo, Estados Unidos había estado comparativamente libre de la violencia del terrorismo internacional, particularmente en su propio territorio. Sin embargo, en 1983 se produjo una explosión en el World Trade Center de Nueva York en la que seis personas perdieron la vida, y se ocasionaron pérdidas económicas inmobiliarias por un valor aproximado de 600 millones de dólares. El terrorismo contra objetivos estadounidenses se fue incrementando, con actos como el estallido de bombas en las embajadas de Estados Unidos en Kenia y Tanzania en 1998, el ataque a un destructor de la armada estadounidense en octubre de 2000 en Yemen y otros lugares de Medio Oriente y los ya mencionados ataques coordinados al Pentágono en Washington y al World Trade Center en Nueva York el 11 de septiembre de 2001 por parte de Al Qaeda. Todos estos casos están relacionados con el terrorismo del fundamentalismo islámico. No puede dejar de mencionarse en este contexto el apoyo que previamente había dado el gobierno estadounidense al grupo de Osama Bin Laden durante la lucha afgana contra la ocupación soviética en los años ochenta.

10. *Terrorismo y antiterrorismo, conclusiones preliminares*

Antes de seguir adelante conviene adelantar algunas conclusiones que pueden extraerse de los párrafos precedentes. La primera de ellas es que las principales causas del terrorismo de la segunda parte del siglo XX fueron:

a) los movimientos de descolonización y lucha por la creación de nuevos Estados;

b) los movimientos separatistas y de reivindicación de ciertos derechos civiles y políticos;

c) la lucha contra los regímenes opresivos (como el caso de Sudáfrica);

d) la confrontación ideológica entre oriente y occidente durante la guerra fría;

e) la confrontación entre países musulmanes contra Israel y las potencias que lo respaldan, principalmente Estados Unidos.

La segunda es que con la desaparición de la Unión Soviética, las causas y los apoyos al terrorismo, sobre todo de alcance internacional, se han contraído marcadamente. En efecto, sin minimizar la importancia de otros casos, hoy día el terrorismo de carácter internacional parece concentrarse en la confrontación entre los países islámicos y algunas potencias de occidente.

La tercera es que, a pesar de la contracción de sus fuentes, el encono y la intensidad del fenómeno terrorista parece seguirse incrementando. En particular, los ya mencionados ataques del 11 de septiembre de 2001, causaron un número sin precedentes de daños humanos y materiales.

Finalmente, notamos que la ausencia de una reacción vigorosa y eficaz de la autoridad puede dar lugar al surgimiento de grupos de derecha que, con las mismas tácticas de los terroristas, intentan enfrentarse a ellos o derribar a un gobierno que consideran débil, como se aprecia en los casos de Colombia e Italia. El caso de Alemania muestra, por el contrario, que la enérgica reacción del gobierno puede ser eficaz en circunstancias en que su acción se considera legítima y es magro o casi inexistente el apoyo popular al movimiento terrorista. Sin embargo, el de Irlanda del Norte pone de manifiesto que cuando hay una amplia base de prolongado descontento, las actividades represivas de suyo sólo incrementan la confrontación y radicalizan a las partes.

Por su parte, la Rusia zarista, a finales del siglo XIX y principios del XX, demuestra que una reacción excesiva y con desprecio de las normas mínimas del derecho puede provocar la alienación de los moderados y de la población en general, hasta poner en peligro la estabilidad del régimen.

VII. La comunidad internacional contra el terrorismo

El inicio del XXI se presenta como un período de lucha antiterrorista internacional. Este esfuerzo, sin embargo, tiene antecedentes que datan de la primera parte del siglo XX, cuando, ante la proliferación del terrorismo y sus graves efectos sobre la comunidad internacional, la Sociedad de las Naciones se propuso elaborar una Convención sobre los Modos de Evitar el Terrorismo cuyas negociaciones concluyeron en 1937. Esta Convención alcanzó a ser firmada por 24 países. Sin embargo, para esas fechas la Sociedad de las Naciones, ese primer intento de organización internacional de alcance universal, se encontraba en franca descomposición y la Segunda Guerra Mundial se asomaba a las puertas de la historia, de modo que el referido instrumento no fue ratificado por la mayoría requerida y no alcanzó a entrar en vigor.[40]

Este esfuerzo abortivo de legislación internacional contra el terrorismo no vería un serio intento de superación sino hasta diciembre de 1972, cuando en el curso de los debates en el Comité Jurídico de la Asamblea General de las Naciones Unidas

> se iniciaron trabajos sobre una definición internacional de terrorismo tomando en cuenta entre otras cosas los siguientes elementos:

40 Véase, Jan Osmańczyk, Edmund, *Enciclopedia Mundial de Relaciones Internacionales y Naciones Unidas*, México-Madrid-Buenos Aires, Fondo de Cultura Económica, 1976, pp. 1024.

1. Actividad contra las personas que se benefician de la protección del derecho internacional como jefes de Estado o miembros del servicio diplomático;

2. Actividad encaminada al secuestro de aviones de pasajeros;

3. "Exportación del terrorismo, exportación de la violencia".[41]

En el contexto del debate, afirma E. J. Osmañczyk,

> El delegado polaco A. Klafkowski propuso adoptar, como hipótesis de trabajo, que por actos de terrorismo internacional se considerara a los delitos de claras consecuencias internacionales. La imposibilidad de ponerse de acuerdo en cuanto encontrar una definición común fue resultado de la reserva de los Estados africanos y árabes que no querían permitir una definición estricta de la concepción del terrorismo, afirmando que ello se dirigía contra los movimientos de liberación nacional. Por otro lado, diversos países occidentales intentaron identificar con el terrorismo y el bandidaje las acciones de autodefensa de unidades de movimientos armados de liberación. Estas actitudes chocaron con una apreciación negativa de otros países, que llamaron la atención sobre el hecho de que las guerras de liberación nacional se consideraran... como estado de guerra y no actos de terrorismo. Todos los países que tomaron parte en el debate reconocieron que el problema de la extradición de los criminales que practican el terrorismo internacional puede solucionarse únicamente con base en acuerdos bilaterales entre los Estados.[42]

Pero si la Organización de las Naciones Unidas no logró avanzar en la elaboración de un tratado o convención general contra el terrorismo, concentró sus esfuerzos en el desarrollo de instrumentos específicos y regionales, cuya acumulación ya ofrece un cuerpo jurídico de importancia. Los primeros, denominados convenios, suman ya doce, diez de los cuales se encuentran en vigor. Estos documentos se han venido desarrollando especial-

41 *Idem.*

42 *Idem.*

mente para atender los casos de objetivos más frecuentes o más peligrosos, como se puede apreciar en el siguiente cuadro:

Instrumento	*Firma*	*Entrada en vigor*
Convenio sobre las infracciones y ciertos actos cometidos a bordo de aeronaves	1963	1969
Convenio para la represión del apoderamiento ilícito aeronaves	1970	1971
Convenio para la represión de actos ilícitos contra la seguridad de la aviación civil internacional	1971	1973
Convención sobre la prevención y castigo de los delitos contra personas internacionalmente protegidas, inclusive los agentes diplomáticos	1973	1977
Convención internacional contra la toma de rehenes	1979	1983
Convención sobre la protección física de materiales nucleares	1980	1987
Protocolo para la represión de actos ilícitos de violencia en los aeropuertos que presten servicio a la aviación civil internacional complementario del Convenio para la represión de actos ilícitos contra la seguridad de la aviación civil internacional	1988	1989
Convenio para la represión de actos ilícitos contra la seguridad de la navegación marítima	1988	1992
Protocolo para la represión de actos ilícitos contra la seguridad de las plataformas fijas emplazadas en la plataforma continental	1988	1992
Convenio sobre la marcación de explosivos plásticos para fines de detección	1991	1998
Convenio internacional para la represión de los atentados terroristas cometidos con bombas	1997	No ha entrado en vigor
Convenio internacional para la represión de la financiación del terrorismo	1999	No ha entrado en vigor

Los instrumentos de carácter regional, denominados convenciones (con excepción del caso de la Comunidad de Estados Independientes, que se denomina tratado), son siete en total, cuatro de los cuales ya están en vigor, uno está parcialmente en vigente y los otros dos aún esperan el número de ratificaciones necesarias para entrar en vigor. Estos instrumentos son de carácter más general en cuanto a su materia y su suma cubre prácticamente la totalidad del mundo, como se puede apreciar por sus títulos:

Instrumento	*Firma*	*Entrada en vigor*
Convención de la Organización de Estados Americanos para la prevención y represión de los actos de terrorismo encuadrados como delito contra las personas y actos conexos de extorsión de alcance internacional	1971	1973
Convención Europea para la Represión del Terrorismo	1977	1978
Convención regional sobre la eliminación del terrorismo de la Asociación del Asia Meridional para la cooperación regional	1987	1988
Convención árabe sobre la represión del terrorismo	1998	1999
Convención de la Organización de la Unidad Africana sobre la prevención y lucha contra el terrorismo	1999	No ha entrado en vigor
Tratado de Cooperación entre los Estados Miembros de la Comunidad de Estados Independientes para combatir el terrorismo	1999	Para los Estados cuya legislación no exige el cumplimiento de procedimientos nacionales
Convención de la Organización de la Conferencia Islámica sobre la lucha contra el terrorismo internacional	1999	No ha entrado en vigor

Significativamente, los siguientes esfuerzos de la organización internacional en esta materia se produjeron en la Comisión de Derechos Humanos de la ONU. Concretamente, en 1996 la Subcomisión para la Prevención y Discriminación y Protección de Minorías solicitó a la señora Kalliopi Koufa un documento de trabajo sobre terrorismo; para 1997 la Comisión de Derechos Humanos la nombra relatora especial para el tema. En 1999 concluyó un informe preliminar sobre el terrorismo en el mundo y el 27 de junio de 2001 presentó su informe final: "Terrorismo y derechos humanos".

Dos meses y medio después, el 11 de septiembre, el panorama cambiaría radicalmente. Tras los ataques terroristas en Nueva York, Washington y Pennsylvania, el consejo de Seguridad de las Naciones Unidas emitió dos resoluciones condenando dichos actos: la 1368 y la 1373, del 12 y 28 de septiembre respectivamente. En dichas resoluciones se decide que los Estados miembros repriman la financiación de los actos de terrorismo; tipifiquen como delito la provisión o recaudación por cualquier medio; congelen los fondos y demás activos; se abstengan de proporcionar todo tipo de apoyo, activo o pasivo, a las personas que participen en dichos actos; adopten medidas para la prevención; niegue refugio a las personas que financian, planifiquen o cometan actos de terrorismo; aseguren su enjuiciamiento e impidan su circulación. También se exhorta a los Estados a encontrar medios para intensificar y agilizar la obtención de información operativa e intercambiar dicha información de conformidad con el derecho internacional y la legislación interna; cooperar mediante acuerdos bilaterales y multilaterales, así como asegurar que el estatuto de refugiado no sea utilizado de modo ilegítimo por los autores de actos terroristas. Asimismo se observa con preocupación la conexión estrecha que se ha desarrollado entre el terrorismo y la delincuencia transnacional organizada y se decide establecer, de conformidad con el artículo 28 de su reglamento provisional, un Comité del Consejo de Seguridad integrado por todos los miembros del Consejo para verificar la aplicación de la Resolución 1373.

Por su lado, Estados Unidos, como parte directamente agraviada del más violento ataque terrorista de la historia, y amenazado por Al Qaeda, decide lanzar una campaña de represión al terrorismo en todo el mundo. Bombardea e invade Afganistán con objeto de acabar con Osama Bin Laden y su organización. Concentra presiones contra Saddam Hussein al que acusa de apoyar el terrorismo y contar con armas de destrucción masiva, y amenaza con la guerra a Irak si no las elimina; no obstante las resoluciones 1284 y 1441 del Consejo de Seguridad sobre este particular advierte que actuará unilateralmente si así lo estima necesario, apoyado en una peligrosa "doctrina Bush", según la cual la Unión Americana tiene legítimo derecho a recurrir a una "intervención preventiva" si la seguridad de Estados Unidos (o del mundo) se ve amenazada por un país con armas de destrucción masiva. La lógica de esta posición confronta también al gobierno de Bush con Corea del Norte.

VIII. ¿PAZ PERPETUA? MARCO TEÓRICO, SEGUNDA PARTE

Para considerar la posibilidad de superar el desafío que enfrenta la comunidad internacional ante el fenómeno del terrorismo, vale la pena volver a Guglielmo Ferrero, quien advierte:

> Nunca ha existido ni existirá un gobierno absolutamente seguro de una completa obediencia en todo momento. Todo gobierno ha sabido y sabe que la rebelión está latente aun en la más sumisa obediencia y que puede estallar de un día para otro bajo circunstancias imprevistas; todo gobierno se ha sentido y se siente sobre bases precarias, al grado de haberse visto obligado a recurrir a la fuerza para obtener poder.[43]

Pero nuestro pragmático y racional autor continúa con una sorprendente frase:

> La única autoridad que no teme es aquella que ha nacido del amor: la autoridad paterna, por ejemplo. Para que esta relación dual de miedo recíproco no exista entre los hombres y el gobierno, este último debe ser reconocido y obedecido en completa y absoluta libertad, con respeto y sincero amor. Tan pronto como intervienen las amenazas y la severidad[44] surge el miedo: los hombres temen al gobierno, que los oprime, el gobierno tiene miedo de ellos, que podrían rebelarse.[45]

Es interesante contrastar esta visión con la de Bertrand de Jouvenel, quien ha hecho notar que un estado de pacífica obe-

43 *Op. cit.*, p. 35.

44 *Strictures* en el original en inglés.

45 *Idem.*

diencia al gobierno no se explica tan sólo por su capacidad de recurrir a la *fuerza*, sino también porque la población lo considera *legítimo* y porque ejerce una función organizadora de la sociedad que genera un *beneficio común*.[46] Desde esta perspectiva, puede asumirse que la deficiencia de alguno de estos elementos exige una mayor porción de los otros: un gobierno que no es legítimo se ve obligado a recurrir a la fuerza (incluso despótica) para acabar a sus opositores, pero si se le percibe como generador de un bien social importante o considerable puede incluso "ganar" legitimidad; un Estado con una vigorosa legitimidad y generador de beneficios para todos puede subsistir por largo tiempo sin un aparato represivo fuerte; un gobierno fuerte y legítimo pero que no conduzca a la sociedad al bien común, verá gradualmente erosionada su legitimidad, se verá cuestionado por los ciudadanos y eventualmente puede enfrentar levantamientos o revoluciones.

1. *El gobierno del mundo*

Pero la sociedad internacional es una sociedad anárquica: no contamos con un gobierno mundial. Aunque la Organización de las Naciones Unidas ofrece un principio de gobierno "por asamblea", su *legitimidad* se ve erosionada por el hecho de que presenta graves asimetrías de poder en su estructura (el Consejo de Seguridad) y en el proceso de toma de decisiones (que se ve influido en la práctica por la capacidad de presión de los poderosos en las negociaciones y cabildeos), además de que con demasiada frecuencia las grandes potencias son renuentes a sujetarse a los acuerdos y decisiones que de ella emanan. Por otra parte, esta inequidad política se ve reforzada por otra de carácter económico y social: su incapacidad para promover el desarrollo en una gran parte del mundo se pone de manifiesto en la lacerante desigualdad que impera entre países ricos y pobres. Es de-

46 Véase, *Le Pouvoir*, París, Librairie Hachette, 1974.

cir: la contribución de la ONU al *bien común* de la humanidad resulta también limitada. Por la naturaleza de la organización, todos sus miembros tenemos responsabilidad en su desempeño, aunque esta responsabilidad en la práctica es proporcional a la capacidad de los Estados, determinada por su poderío y riqueza.

Tras el derrumbe del bloque socialista y la desintegración del "equilibrio del terror", Estados Unidos ha quedado como la única superpotencia y en ocasiones ha dado la impresión de querer actuar como el "alguacil del mundo", pero ha ejercido su poder hegemónico de una manera inequitativa y miope: su política exterior parece dominada por las exigencias de la política interna, pone escaso interés práctico en la cuestión internacional a menos de que considere en peligro sus "intereses estratégicos" y, a la vez, no oculta su desdén por la organización internacional. Debido a ello no puede legitimar su superioridad ni granjearse la buena voluntad de la comunidad de naciones. Tampoco puede asumir el liderazgo de ese atisbo de "gobierno" global por asamblea que se ha dado a sí misma la comunidad internacional. Y sin embargo, por sus afanes antiterroristas se coloca en la terrible disyuntiva que advertía Ferrero: "Toda la historia no es sino una sucesión de revueltas abortivas o exitosas contra el gobierno y de intentos para prevenir esas revueltas".[47]

2. *El choque de las civilizaciones*

Para colmo, se ha ido generando una nueva fuente de tensiones internacionales que confrontan a Occidente con el Islam, como ocurriera desde la Edad Media hasta la caída del Imperio Otómano, cuyos orígenes se encuentran en gran medida de la conflicto entre Israel y sus vecinos en el Medio Oriente. En el mundo islámico se percibe una larga lista de agravios de las potencias occidentales, en particular Estados Unidos, entre los que se encuentran su política en torno al conflicto con Israel, especial-

47 *Op. cit.*, p. 35.

mente su parcialidad en contra del pueblo palestino; las sanciones contra Irak, que contrastan inexplicablemente con su posición ante Corea del Norte; salvo el caso de Cuba, son los países musulmanes los que parecen concentrar prolongadas sanciones de Occidente, como Siria, Libia, Irán y Sudán; en el caso de este último país, sigue vivo el recuerdo del bombardeo estadounidense a una planta química porque las autoridades de Washington estimaron erróneamente que estaba dedicada a la producción de armas químicas; la intervención en la ex Yugoslavia se dio en 1995, tres años después de que fuerzas serbias iniciaran su campaña de limpieza étnica contra los musulmanes bosnios, y después ocurrió lo mismo con la matanza de musulmanes de origen albano en Kosovo.[48]

Independientemente del mérito de estos reclamos,

> el colonialismo y el avance de la modernidad occidental han propiciado la nueva versión del fundamentalismo islámico: si el Islam es perfecto y su reino se encuentra en retirada, ello se explica porque sus fieles se han alejado de los fundamentos de la fe. Esta noción adquirió una creciente credibilidad después de 1979, cuando un levantamiento popular derrocó al corrupto y occidentalizado régimen del Shah de Irán, respaldado por el gobierno de Estados Unidos, abriendo el camino para que el Ayatola Khomeini lanzara una revolución islámica en Irán y más allá de sus fronteras.[49]

En otras palabras, Estados Unidos y las grandes potencias occidentales carecen de legitimidad ante el Islam (un credo que cuenta con 1,200 millones de fieles y de las grandes religiones la que cuenta con el más rápido ritmo de crecimiento en el mundo). Además, el Islam se siente tratado inequitativamente por occidente. Si en su relación con la Organización de las Naciones Unidas dichas potencias muestran la intención y capacidad de

48 Véase, *e. gr.*, Massimo Calabresi *et al.*, "Why the hate", *Time*, 1o. de octubre de 2001, p. 38.

49 *Idem*.

manipularla, corren el riesgo de contaminar a esa institución. Caeremos entonces, o ya hemos caído, en la relación dual de temor entre ambas partes.

3. *Construir una sociedad internacional humanista*

Conviene citar la opinión del rabino Michael Lerner,[50] que surge en este contexto con una extraordinaria fuerza moral:

> Si deseamos ser efectivos en una lucha a largo plazo contra el terror, necesitamos una estrategia que marginalice a los terroristas haciéndoles mucho más difícil apelar a un odio legítimo a los Estados Unidos. Imagine si los Bin Laden y otras personas que odian al mundo tuvieran que reclutar gente contra Estados Unidos en un momento en el que:
>
> 1. Estados Unidos estuviera utilizando sus recursos económicos para acabar con el hambre en el mundo y redistribuir la riqueza del planeta de tal manera que todos y cada uno tuvieran lo suficiente.
>
> 2. Estados Unidos fuera el máximo promotor de una ética de generosidad y cuidado de los demás, liderando al mundo en responsabilidad ecológica, justicia social y buen trato a las minorías, y recompensando a ciudadanos y corporaciones por su responsabilidad social.
>
> 3. Estados Unidos estuviera restructurando sus procesos internos de tal manera que todas las organizaciones sociales, corporaciones e instituciones fueran juzgadas no sólo por su capacidad para maximizar utilidades sino también por su capacidad para maximizar el amor y el cuidado, la sensibilidad y una visión del universo basado en la admiración y respeto a la grandeza de la creación.
>
> ... Si Estados Unidos aprovecha el momento para desarrollar esta forma de "Nueva Base Mínima",[51] haremos mucho más para generar seguridad para nosotros mismos y para nuestros hijos de lo que logrará el bombardeo de Afganistán... podríamos crear un mundo ba-

50 Editor de *TIKKUN Magazine: A Jewish Critique of Politics, Culture and Society.*

51 *New Bottom Line* en el original.

sado en la generosidad, el cuidado mutuo y la sabiduría espiritual. Si deseamos un mundo de paz y justicia, necesitamos ser más pacíficos y más justos.[52]

Se aprecia que la opinión de Lerner tiene como base más profunda una perspectiva espiritual que hemos perdido en nuestro secularizado mundo occidental pero que no puede ignorarse. El rabino considera que la raíz del problema surge de una incapacidad de los hombres para reconocer el espíritu de Dios en el otro, "lo que llamamos la santidad de cada ser humano".[53] Pero aun si rechazamos el llamado espiritual del rabino, sus palabras tienen una extraordinaria fuerza ética y humana que merece una seria consideración.

IX. ¿QUÉ HACER?

Podría parecer ingenuamente idealista la búsqueda de una solución al terrorismo internacional sobre la base de una propuesta humanista como la que esboza Lerner. Y sin embargo, es más racional un empeño dirigido no sólo a la represión de las manifestaciones de un fenómeno sino también a la eliminación de sus causas profundas. Su propuesta cobra vigor si se le considera como un elemento dentro de una estrategia amplia, que tome en consideración el dato antropológico del miedo, así como la triada de elementos integrada por la fuerza, la legitimidad y el bien común que ha analizado Bertrand de Jouvenel.

Como dice este último autor, la deficiencia de cualquiera de esos tres elementos es o debe ser compensada por un aumento en los otros. Puesto que la violencia y el miedo tienden a retroalimentarse generando un círculo vicioso y aun una dinámica de escalación, la comunidad internacional debe dirigir sus es-

52 Lerner, Michael, "The Case for Peace", *Time*, 1o. de octubre de 2001, p. 50.

53 *Idem*.

fuerzos a incrementar la legitimidad de sus acciones y ser más eficaz en la lucha contra la pobreza y la desigualdad económica y social en el mundo. Apoyados en estas consideraciones se puede formular una estrategia de combate al terrorismo basada en el rompimiento a corto plazo de la escalada de violencia, una reconciliación entre el mundo islámico y Occidente que reste apoyos al fundamentalismo violento,[54] así como el fortalecimiento y la ampliación de los mecanismos legítimos de que dispone la comunidad de naciones en la liza contra las desviaciones del derecho internacional.

1. *Romper el círculo vicioso de la violencia*

En su campaña contra el terrorismo, el gobierno de George W. Bush acometió una empresa militar contra el régimen talibán de Afganistán, por considerarlo refugio de Osama Bin Laden y Al Qaeda, y actualmente busca acabar con el régimen de Saddam Hussein. Nadie puede dudar de la capacidad militar de Estados Unidos para derrotar a Irak, pero resulta menos clara la eficacia de una acción de esta naturaleza para la prevención o eliminación del terrorismo. Sus efectos pueden ser contraproducentes en la medida en que la guerra engendra odios e injusticias que pueden convertirse en semillero de nuevos terroristas. La presión estadounidense puede ser de utilidad, pero es indispensable que la comunidad internacional esté convencida de la existencia de una amenaza real e inminente, detectada por cauces imparciales y conforme a los arreglos legítimamente adoptados en el seno de la Organización de las Naciones Unidas. De conformidad a lo establecido en la Carta de la ONU y el derecho internacional humanitario, el uso de la fuerza debe limitarse a acciones de

54 El extremismo en el Islam ha tenido fundamentalmente dos manifestaciones: el nacionalismo islámico (como el de Saddam Hussein) y el fundamentalismo violento (como el de los ayatolas en Irán o los talibanes en Afganistán). Ambas suponen desviaciones de la auténtica espiritualidad, pacífica, de esa religión.

legítima defensa y en todo caso ser mesurado, proporcional y respetuoso de la población civil. De no obrar así, los estados musulmanes moderados se verían alienados y sus regímenes desestabilizados, con consecuencias difíciles de prever. Adicionalmente, se deslegitimaría a la ONU como mecanismo eficaz para el encuentro, la conciliación y la resolución pacífica de controversias.

2. *Doble reconciliación*

La confrontación entre el mundo musulmán y Occidente no es inevitable. El Islam no es de suyo una religión violenta[55] y así lo ponen de manifiesto los países islámicos moderados. Sin embargo, el conflicto de Medio Oriene ejerce presiones hacia el radicalismo. Por ello, tanto para resolver estas tensiones como para cegar la principal fuente del terrorismo internacional contemporáneo, es indispensable solucionar el conflicto de Medio Oriente y, en particular, lograr un arreglo de paz entre Israel y el pueblo palestino, conforme a las resoluciones pertinentes de la ONU. La reciente reelección de Ariel Sharon como primer ministro de Israel, un individuo con marcada inclinación al recurso de la violencia, no ofrece buenos auspicios. El pueblo y los partidos políticos de Israel, así como las organizaciones palestinas, tienen la enorme responsabilidad de arrebatar la iniciativa a los radicales, que fortalecen su posición mediante la escalada de violencia en una perniciosa dinámica de conveniencia mutua.

En el clima enrarecido que prevalece en la región, se requieren tal vez de grandes personalidades, como lo fue Anuar Sadat, o de iniciativas audaces e inteligentes por parte de las grandes potencias para romper el *status quo*. Aún así el proceso probable-

55 El propio término Islam significa "rendición" y está vinculado a la palabra árabe *salam*, que significa paz. Véase, Armstrong, Karen, "The True, Peaceful Face of Islam", *Time*, 1o. de octubre de 2001, p. 39.

mente será largo y arduo, dado el encono ya generado. El papel de Estados Unidos en este proceso se antoja indispensable, como la única potencia capaz de contener a Israel: el abandono del unilateralismo no supone la renuncia al liderazgo; por el contrario, éste exige un compromiso con la organización internacional.

El papel de Estados Unidos es también indispensable en el contexto más amplio de la reconciliación entre Occidente y el mundo islámico, ya que esa superpotencia concentra los odios de los países musulmanes por su ostentosa parcialidad en el conflicto de Medio Oriente.[56] Los agravios arriba indicados deben tomarse en consideración para establecer una clara ruta conducente a corregir la actual tendencia a la confrontación. La responsabilidad, sin embargo, no es exclusiva de la Unión Americana: las resoluciones de Naciones Unidas deben mostrar una disposición más equitativa ante todas las regiones y conflictos del mundo.

3. *Fortalecer y ampliar el marco legal y los mecanismos institucionales*

Este tercer elemento tiene una doble dimensión. En primer lugar, ante la imposibilidad de eliminar por completo el recurso a la violencia y el terror por parte de grupos y gobiernos, es necesario contar con una adecuada capacidad de defensa. Ya vimos, en los casos de Colombia e Italia, las consecuencias que puede tener su ausencia. Esta defensa, sin embargo, debe transcurrir por cauces legítimos. De ahí que resulte indispensable seguir desarrollando el marco legal existente, así como fortalecer y ampliar los mecanismos institucionales de Naciones Unidas para abarcar nuevas necesidades y circunstancias.

56 No parece Estados Unidos interesado en una aplicación imparcial del derecho, puesto que ha consentido excesos de algunos regímenes de Israel. Recuérdense las matanzas en Sabra y Shatila a manos de Sharon.

Aunque esta es tarea de todos los miembros, por desgracia la importante participación de Estados Unidos se ve frustrada por el desdén que muestra hacia la ONU y sus instancias. Su decisión de no ratificar el Estatuto de Roma que crea la Corte Penal Internacional (CPI) así como su esfuerzo por lograr acuerdos bilaterales presionando a diversos países a rescindir su derecho a llevar a ciudadanos estadounidenses ante ese Tribunal, no sólo es indicativa de una arrogante pretensión de colocarse por encima del derecho internacional, sino que parece acusar intenciones nefandas: dicha Corte tiene por objeto juzgar algunas de las más graves ofensas, como son los crímenes de guerra, de lesa humanidad y el genocidio.[57]

El tema de la CPI amerita abrir un breve paréntesis para considerarla con más detalle.[58] Su creación fue, en declaración del secretario general de la ONU, Kofi Anan, tal vez el acontecimiento más importante desde la aprobación de la Carta de las Naciones Unidas. Este comentario se explica porque la CPI complementa y le da una nueva eficacia a importantes disposiciones de la Carta. Si bien la Corte tiene una jurisdicción bien determinada, y en ella no se encuentra el terrorismo como tal, cuenta con un amplio catálogo de crímenes de lesa humanidad entre los que caerían muchas acciones terroristas. Además, podría sostenerse, con fundamento, que la competencia de la CPI se podría ampliar por interpretación judicial o vinculándola a otros convenios ya existentes (como son los instrumentos internacionales y regionales contra el terrorismo ya mencionados en este trabajo).

Más aún, el papel de la CPI se puede ver ampliado para incluir y precisar nuevas atribuciones, ya sea en la revisión de su es-

57 Por cierto, Estados Unidos también tiene un triste récord en materia de ratificación de tratados internacionales en materia de derechos humanos.

58 Agradezco sus opiniones expertas sobre este tema a Joaquín González Casanova, miembro del Instituto de Investigaciones Jurídicas de la Universidad Nacional Autónoma de México, y a Héctor Portillo, analista de la Comisión Nacional de los Derechos Humanos. Lo aquí expuesto, sin embargo, es responsabilidad exclusiva del autor del presente artículo.

tatuto prevista para 2009, o antes mediante la negociación de protocolos al Estatuto de Roma. Otra vía sería, desde luego, la creación de una nueva corte destinada específicamente a enjuiciar a los presuntos responsables de actos terroristas. Pero, nuevamente, con la disposición que ha adoptado, Estados Unidos se niega a sí mismo la autoridad moral necesaria para promover y propiciar estos cambios, que tal vez podrían empezar por la definición de terrorismo, indispensable para establecer la normatividad en la materia. Como requisito mínimo en esta materia, Washington debería mostrarse preparado para llevar a juicio a quienes cometan crímenes como los previstos en el Estatuto de Roma, sin importar si son sus nacionales o sus aliados, particularmente tomando en cuenta el carácter subsidiario de la CPI.[59] De otra manera se verán minados los esfuerzos de la comunidad internacional.

Una vía adicional para llevar a juicio a los presuntos responsables de actos terroristas internacionales se puede dar mediante la ampliación de la competencia de las cortes nacionales por la vía de la adopción del criterio de jurisdicción universal para conocer cierta clase de crímenes. Esta posibilidad parece estar generando una tendencia difícil de contener y actualmente se encuentra muy presente en los medios de información por la notoria actuación del juez español Baltazar Garzón.

Cerrando el paréntesis y retomando el hilo de la exposición, debe subrayarse que, en segundo lugar, en el marco del fortalecimiento y ampliación de los mecanismos internacionales, se hace indispensable un mayor compromiso y el logro de mejores resultados en la lucha contra la pobreza y la marginación a nivel mundial. De nuevo, la responsabilidad recae en todos los miembros de la comunidad internacional, incluyendo a los países más pobres, que frecuentemente deben resolver con decisión problemas internos de desigualdad, incapacidad institucional o corrup-

59 Es decir, la CPI sólo actúa cuando los tribunales nacionales no están dispuestos a ejercer su función o la han ejercido de manera espúrea.

ción, por ejemplo. Pero la cooperación internacional para el desarrollo debe darse de manera proporcional a la riqueza y poderío económico. Los planteamientos arriba señalados por Lerner ofrecen una perspectiva, entre otras, de lo que podría hacerse para lograr un auténtico espíritu de convivencia humana en el mundo.

No puedo menos que citar, a este respecto, algunas de las observaciones finales del informe de la señora Kalliopi Koufa sobre "Terrorismo y derechos humanos", en las que mantiene:

> en general... aquellos Estados que tienen los mejores historiales en materia de derechos humanos son los que tienen menos probabilidades de sufrir terrorismo interno. Asimismo, aquellos Estados cuyas relaciones internacionales se ajustan más a los fines y principios de la Carta [de las Naciones Unidas] tienen posibilidades de ser los menos afectados por el terrorismo internacional... Así pues, las violaciones de los derechos humanos, del derecho humanitario y de los principios básicos de la Carta son algunas de las causas principales del terrorismo.[60]

Y añade: "El pleno disfrute de los derechos humanos implica también la consecución de un equilibrio económico entre los Estados, incluido el derecho al desarrollo".[61]

X. EL MOMENTO ACTUAL

Al redactar estas líneas, Hans Blix presenta el primer informe de los inspectores de la ONU que investigan la existencia de armas de destrucción masiva en Irak y Estados Unidos amenaza con iniciar una guerra contra el régimen de Saddam Hussein a mediados de febrero. Las reacciones de la comunidad internacional en el corto plazo son de tremenda importancia, particularmente

60 *Op. cit.*, p. 54.
61 *Idem.*, p. 55.

en el caso de darse una confrontación. Encontramos un eco de Ferrero en la cita que hizo recientemente William Pfaff de un residente de Medio Oriente: "no es a ustedes a quien tememos. Es su miedo lo que nos atemoriza".[62]

62 "It is not you that we are afraid of. It's your fear that frightens us", "When fear breeds fear. Even a bigger NATO won't stop terrorism", *The International Herald Tribune*, 21 de noviembre de 2002, p. 8.

EL EJE DEL MAL Y SU DESTINO MANIFIESTO

Bernardo SEPÚLVEDA AMOR*

SUMARIO: I. *¿Los funerales de la seguridad colectiva?* II. *¿La Era del Terror?* III. *Los efectos del 11 de septiembre.* IV. *La recomposición del sistema de alianzas.* V. *El Eje del Mal en su laberinto.* VI. *México: la definición de la seguridad nacional.*

I. ¿LOS FUNERALES DE LA SEGURIDAD COLECTIVA?

En una obra importante por sus alcances intelectuales y por la crudeza de sus planteamientos, John Mearsheimer nos anuncia, después de exhibir la larga lista de las guerras ocurridas en el siglo XX, con su consecuente costo humano, que el ciclo de la violencia habrá de continuar en el milenio por venir, a menos que los Estados que integran el sistema vigente acuerden la formación de un gobierno mundial, cuestión que se antoja totalmente alejada de la realidad. Y agrega Mearsheimer, autor de la denominada doctrina del realismo ofensivo de las relaciones internacionales:

> Las esperanzas por instaurar la paz probablemente no se cumplan, ya que las potencias que definen el sistema internacional se temen recíprocamente, lo cual les obliga a competir por el poder. Sin duda,

* Ex secretario de Relaciones Exteriores. Ha sido embajador de México en Washington y Londres. Es miembro de la Comisión de Derecho internacional de las Naciones Unidas desde 1997. Es profesor de El Colegio de México.

> su objetivo fundamental es alcanzar una posición de potencia dominante sobre los otros, porque ser potencia dominante es el mejor recurso para garantizar la propia sobrevivencia. La fuerza otorga seguridad, y poseer la mayor fuerza es el instrumento más importante para afianzar la seguridad. Aquellos Estados que sufren esos incentivos de poder quedan condenados al conflicto en la medida en que cada uno de ellos compite por obtener las mayores ventajas, en demérito de los otros.[1]

El propio Nicolás Maquiavelo no se habría sentido incómodo suscribiendo estas tesis, que él mismo postuló hace casi cinco siglos, argumentando que sin poder no existe seguridad, y sin seguridad se pone en riesgo todo acto de creación humana: las artes y las ciencias, la cultura y la sociedad civil el desarrollo económico y las instituciones políticas.

Favorecer una doctrina que abogue por la política del poder no es novedad. Lo que puede parecer extraño es que se desvirtúe, de un plumazo, la construcción de un orden internacional que se ha edificado a partir de 1945, conformando entre los Estados normas e instituciones, de índole política, económica y militar, cuyo propósito ha sido fortalecer una seguridad colectiva como contrapeso a los excesos del poder unilateral.

La naturaleza misma de un sistema internacional inorgánico y descentralizado, que padeció dos grandes guerras entre 1914 y 1945, obligó a la creación de mecanismos para contener conflagraciones universales. Entre 1945 y 2002 se ha creado un andamiaje de reglas y organizaciones que facilita una convivencia ordenada entre los Estados. Ello no acarrea, por supuesto, la paz perpetua o la eliminación de conflictos. Pero la Carta de San Francisco y las Naciones Unidas; Bretton Woods y el Banco Mundial y el FMI; la Carta de la Habana, el GATT y su culminación en la OMC; el Tratado de Roma, el Tratado de Maastricht y la creación de una Unión Europea ampliada en Copen-

1 Mearsheimer, John J., *The Tragedy of Great Power Politics*, Nueva York, Norton, 2002, Preface, p. XI.

hague; la OEA y la Unión Africana; el Estatuto de Roma y el surgimiento de una Corte Penal Internacional, son ejemplos ilustrativos de un esfuerzo político por crear una sociedad internacional fundada en la cooperación y en acuerdos que aspiran someter al poder a normas comúnmente decididas.

En el planteamiento de Mearsheimer, el Estado es el elemento central en la competencia por el poder. Esta tesis es perfectamente válida. Ocurre sin embargo que se han agregado otros actores que, con razones fundadas, o por causas injustificables, también compiten por el poder. En ciertos casos, esa competencia está dirigida a la destrucción de un Estado o de una serie de Estados emblemáticos de unos valores que se pretenden vulnerar por dichos actores. Las organizaciones terroristas de alcance global constituyen esos nuevos entes políticos que han ingresado a la palestra internacional en la lucha por el poder. Ese poder no idéntico al poder que persigue el Estado. Puede incluso contrariar radicalmente la naturaleza misma del poder legítimo que constituye la base de sustentación política del Estado.

La novedad es que las organizaciones terroristas de alcance global aspiran a socavar, por todos los medios a su alcance, incluso los más violentos, los pilares de la legitimación política de ciertos Estados, en un buen número de casos argumentando fundamentalismos religiosos. De esta suerte, ya no serán sólo las grandes potencias las que compitan por el poder. Un nuevo agente, con fines perversos, será un peligroso participante en esa contienda política y militar.

En el contexto de una competencia por el poder, es útil mencionar a otros actores que también tuvieron una presencia, aunque ésta fuese distinta a la que ejerce el Estado. En el pasado, surgieron agentes no estatales que, en su oportunidad, compitieron por el monopolio legítimo de la violencia con el propio Estado. Esos agentes son los movimientos independentistas que liquidaron el periodo colonial en África y en Asia.

Por supuesto, algunas de las peculiaridades del sistema internacional han hecho aún más compleja la competencia por el poder. Una de ellas es, precisamente, el proceso de descolonización. La notable expansión en la composición de la sociedad mundial, producto de la descolonización, cambia los términos de referencia. Pero la multiplicación de los Estados —un aumento que va de 50 naciones a cerca de 200 en 2003—, con diferencias abismales en su estadio de desarrollo, dificulta la creación de una comunidad de valores y complica el ejercicio del poder por una potencia hegemónica. Además, la tragedia de las grandes potencias es que el poder no es un bien eterno. Rusia no es idéntica a la Unión Soviética de la era bipolar y de la Guerra Fría. La China del siglo XXI no es idéntica, en su poder y en su proyección futura, a la China del siglo XX.

Otros entes políticos no tienen como objetivo entrar en una competencia con el poder del Estado. Tienen, por el contrario, la finalidad de contener los excesos de poder, sujetando a ciertos límites los abusos que se puedan cometer con la autoridad irrestricta de las potencias. El Consejo de Seguridad de la ONU es el principal de esos entes políticos, cuya tarea es ceñir a los poderosos, para que la competencia se efectúe con base en unas reglas, definidas de antemano, las cuales habrán de proporcionar una fuente de legitimidad a las potencias participantes, ubicando en calidad de réprobo a quien actúe con arbitrariedad.

Durante más de medio siglo, la política del poder y las reglas del juego de un sistema internacional en evolución han cambiado con las alteraciones propias de ese sistema. Basta efectuar un rápido recorrido de imágenes históricas: la doctrina de la contención política y la disuasión nuclear bajo la hipótesis de la destrucción recíproca garantizada; la Guerra Fría y la caída del Muro de Berlín; el desplome del bloque soviético y el fin del bipolarismo; la proliferación de Estados nucleares; los múltiples conflictos bélicos entre Israel y sus vecinos árabes y palestinos; las guerras del decenio de los noventa, inauguradas con la invasión de Kuwait por Irak y que atraviesan la geografía de Angola, Mozambique, Ruanda/Burundi, el Congo, Sierra Leona, Paquistán/India, la antigua Yugoslavia y su fragmentación por la vía armada, cuyo trágico fin culmina en Kosovo. Todas estas estampas, algunas de ellas repletas de violencia, dibujan suscintamente hechos explosivos que han ocurrido en los últimos once lustros, y cuyo efecto ha sido modificar la realidad internacional.

A pesar del cambio dramático producido en esos once lustros, quizá lo sucedido el once de septiembre del 2001 es el dato histórico que habrá de cobrar el mayor relieve por significar la apertura de un nuevo capítulo en la ordenación del sistema internacional. Los ataques terroristas contra las Torres Gemelas en Nueva York y contra el Pentágono en Washington marcan el inicio de una perspectiva diferente en los términos y en la forma de entender la seguridad nacional y la seguridad colectiva.

La declaración de guerra al terrorismo, el combate a Al Qaeda, el derrocamiento del gobierno Talibán, las operaciones bélicas en Afganistán, la identificación de Irak, Irán y Corea del Norte como integrantes del Eje del Mal, los preparativos militares para la invasión de Irak y para el cambio de régimen en Bagdad con la eliminación de Sadam Hussein; y la renovación del programa nuclear de Corea del Norte, dejan registro de la secuela de respuestas violentas que desencadena, en el breve lapso de un año, el once de septiembre.

Pero, aún más importante para el mediano plazo, el once de septiembre es también el elemento catalítico que precipita la difusión y la puesta en práctica de una nueva doctrina de seguridad nacional postulada por el gobierno de Estados Unidos, cuyo impacto en la naturaleza y funcionamiento de la comunidad de Estados, y de entidades no estatales, puede ser de una enorme trascendencia.

Los términos de esa nueva doctrina, divulgada el 17 de septiembre de 2002, se encuentran expuestos en un documento denominado "The National Security Strategy of the United States". Por la importancia intrínseca de la doctrina de la administración Bush, por su relevancia en la política exterior, militar y de seguridad de Estados Unidos, y por sus consecuencias en el orden internacional, conviene pasar revista de los elementos centrales que se derivan de esa estrategia. Las tesis más destacadas son:

—No tienen precedente histórico el poder y la influencia que Estados Unidos ejerce en el mundo. Su poder militar y su ascendiente político y económico no tienen un equivalente previo.
—La amenaza que ahora enfrenta Estados Unidos se origina en el comportamiento de un conjunto de Estados fracasados y disfuncionales y no, como sucedía previamente, en la conducta de Estados con afanes de dominio y conquista.
—Estados Unidos ha emprendido una lucha en contra de organizaciones terroristas de alcance global.
—Ciertos Estados, que han sido bautizados como Estados perversos, y las organizaciones terroristas de alcance global, se han propuesto obtener armamento de destrucción masiva (ADM). Previamente, este tipo de armas sólo se encontraban al alcance de las grandes potencias.
—Estados Unidos impedirá que los Estados perversos y las organizaciones terroristas sean capaces de amenazar con armamento de destrucción masiva a Estados Unidos, a sus aliados, y a sus amigos. También evitará por todos los medios la utilización de dicho armamento en contra de esos países.
—Para impedir esa amenaza o uso de ADM, Estados Unidos adoptará medidas preventivas, incluyendo el empleo de la fuerza armada, para anticiparse al peligro.
—En el combate al terrorismo, Estados Unidos tratará de obtener el apoyo de la comunidad internacional. Pero, de ser necesario, Estados Unidos actuará unilateralmente, ejerciendo en su oportunidad una legítima defensa anticipada.
—De esta suerte, ante los peligros existentes, el poderío de Estados Unidos se utilizará en forma preventiva, anticipando el surgimiento de cualquier amenaza mediante la utilización de la fuerza armada.

—Por su naturaleza, la Guerra Fría produjo una estrategia de defensa militar que descansaba en la disuasión para evitar el uso de la fuerza por el enemigo, ante el riesgo de una destrucción recíproca garantizada. Pero esta doctrina de la represalia absoluta, con el empleo de armamento de destrucción masiva como elemento disuasivo, no opera en el caso de los Estados perversos, que no se intimidan con esas respuestas y que, por el contrario, estarán dispuestos a correr todos los riesgos una vez que sean poseedores de ADM.

—Es necesario construir un mundo en donde las grandes potencias compitan pacíficamente, compartiendo los mismos peligros, los mismos intereses y, de manera gradual, los mismos valores.

—Se requiere conformar una coalición de Estados —Estados Unidos, Europa y Canadá— capaz de actuar en cualquier lugar en donde se encuentren amenazados sus intereses. La OTAN debe ampliar su composición, a fin de incluir a Estados democráticos deseosos y capaces de defender los intereses comunes.

—Los acontecimientos del once de septiembre del 2001 alteraron de manera fundamental la naturaleza de las relaciones entre Estados Unidos y otros centros importantes de poder global, abriendo nuevas y amplias oportunidades. Con sus aliados en Europa y en Asia, y con los líderes de Rusia, de India y de China, Estados Unidos deberá desarrollar intensas agendas de cooperación.

—La capacidad bélica de Estados Unidos será en tal medida poderosa, que servirá para disuadir a cualquier adversario potencial —sea éste un Estado o una organización no estatal— que desee emprender una competencia militar con la intención de superar, o siquiera igualar, el poder de Estados Unidos.

El examen de la estrategia de seguridad nacional de Estados Unidos arroja una serie de reflexiones. Una primera cuestión se refiere a un postulado inicial anunciado en el documento: Estados Unidos persigue "la creación de un balance del poder que favorezca la libertad". La estrategia planteada en el documento difícilmente se aproxima al concepto decimonónico del balance del poder auspiciado por Inglaterra para evitar desequilibrios políticos y militares en Europa que afectasen sus intereses. La tesis general que permea al documento en su conjunto es la declaración unilateral de la supremacía estadounidense en todos los órdenes. Como lo describe Robert Cooper:

> el principal problema con la estrategia de seguridad nacional es que es una estrategia nacional para resolver un problema que tiene naturaleza internacional. Se menciona a los aliados y se hace referencia a los mecanismos de cooperación, pero como opciones a las cuales Estados Unidos puede o puede no recurrir a su entero arbitrio. Ello refleja la realidad del dominio estadounidense. Pero, ¿por cuánto tiempo? En última instancia, los conflictos surgen por cuestiones de legitimidad. El gobierno descansa en el principio de legitimidad; y el orden internacional reclama legitimidad internacional. Esa legitimidad no se obtendrá cuando una sola potencia adopta decisiones unilaterales sobre la base de su exclusivo interés.[2]

Una doctrina fundada en el solipsismo político difícilmente puede reclamar bases suficientes para constituir un nuevo orden internacional. Además, ese solipsismo político puede conducir a otros extremos. Si Estados Unidos argumenta, para sí, la legitimidad de un ataque armado preventivo, aduciendo un riesgo potencial a su seguridad, no será absurdo imaginar la multiplicación de pretensiones equivalentes por Estados que, descansando también en su propio arbitrio, invocarán peligros reales o imaginarios para derrotar, por la vía armada, y por anticipado, al supuesto enemigo.

Imposible no registrar la escasa importancia atribuida a América Latina en la estrategia de seguridad nacional de Estados

2 Cooper, Robert, "Grand Strategy", *Prospect*, diciembre de 2002, p. 31.

Unidos. En un documento de treinta y tres páginas, el llamado Hemisferio Occidental es merecedor de tres párrafos. En el primer párrafo se anuncia que Estados Unidos "ha formado coaliciones flexibles con países que comparten nuestras prioridades, en especial con México, Brasil, Canadá, Chile y Colombia". No se define el alcance del concepto de coalición flexible.

En el segundo párrafo se establece que en ciertas áreas de América Latina existen conflictos regionales, derivados de la violencia de los carteles de la droga y sus cómplices. Esos conflictos y el narcotráfico implican un peligro para la salud y la seguridad de Estados Unidos. En el tercer párrafo se reconoce el vínculo existente entre grupos terroristas y extremistas que ponen a prueba la seguridad del Estado, y el narcotráfico que ayuda al financiamiento de esos grupos.

Todo hace sospechar que América Latina no pertenece al rango privilegiado de los centros importantes de poder global. En las definiciones de una estrategia de seguridad nacional establecida por Estados Unidos, la negligencia benigna es el signo que acompaña a América Latina. Existe, como consuelo, la ventaja de estar alejados geográficamente de los gravísimos conflictos militares, políticos y económicos que los ánimos belicistas pretender instituir. La esperanza es guardar distancia de las conflagraciones anunciadas. Pero todo ello no garantiza una inmunidad. América Latina difícilmente podrá vacunarse contra la globalización de la violencia. Para América Latina, una opera-ción bélica en Irak, con sus posibles ramificaciones en Afga-nistán, Paquistán, Irán, Arabia Saudita, Israel / Palestina, producirá consecuencias negativas por sus efectos económicos y por concentrar la atención de Estados Unidos en problemas de defensa y seguridades, desatendiendo los asuntos que preocupan a Estados y sociedades en América Latina.

II. ¿La Era del Terror?

Los intereses de la comunidad internacional organizada han sufrido un cambio importante después del 11 de septiembre. Hay quienes anuncian, con perspectiva apocalíptica, una Era del Terror. Como reacción a los actos terroristas, existe la idea de generar una nueva cultura de la seguridad, con efectos al interior de cada uno de los Estados, y en el seno del propio sistema internacional. Distinguir aquello que significa la construcción de nuevos mecanismos para la protección legítima de intereses vitales, de aquello otro que representa la retórica del pánico o, peor aún, la discrecionalidad en el uso de la fuerza, es un ejercicio indispensable.

Bajo la hipótesis de que ha llegado la Era del Terror, algunos Estados han establecido nuevas directrices en materia de seguridad. Como ya se anotó en el capítulo previo, es importante examinar la reacción que, conforme a su propia interpretación de lo que constituye la seguridad, el 11 de septiembre ha provocado entre los distintos Estados. Es evidente que, por múltiples razones, esa interpretación no es uniforme. Un Estado que sufrió en su territorio y en su población las acciones terroristas se comporta obviamente en forma distinta de quien observa el terrorismo como un fenómeno distante.

Por ser Estados Unidos víctima principal y primera potencia en el sistema internacional, un asunto fundamental es determinar la naturaleza y el alcance de su reacción como producto del 11 de septiembre. La respuesta bélica es conocida, con el inicio de las operaciones militares en Afganistán, la desaparición del gobierno Talibán y la dilución de Al Qaeda. Pero, en adición a ello, conviene recapitular los otros efectos que ha acarreado el once de septiembre en la doctrina política y militar de Estados Unidos. Esos efectos no se limitan a establecer una relación de causalidad en términos de lo ocurrido el 11 de septiembre, esto es, frente a un ataque armado, un acto de legítima defensa; comprenden, adicionalmente, un conjunto de elementos de una considerable amplitud que ameritan una revisión detallada.

Un primer dato político es que ha desaparecido en Estados Unidos el síndrome de Vietnam, creándose un clima político que favorece la utilización de fuerzas militares en el extranjero para una diversidad de propósitos. Como consecuencia del ataque sufrido, surge un respaldo político generalizado, en el seno de la opinión pública estadounidense, para emprender operaciones bélicas que signifiquen incluso el derrocamiento de gobiernos que se juzguen antagónicos a los intereses de Estados Unidos, sin demasiados escrúpulos por los procedimientos empleados o excesivas preocupaciones por su justificación legal. Ello permite anunciar al presidente Bush, en su discurso sobre el Estado de la Unión, en enero del 2002, que se efectuarán intervenciones militares en contra de naciones que se encuentren desarrollando un armamento que pueda poner en peligro la seguridad de Estados Unidos, esto es, armamento de destrucción masiva de tipo nuclear, biológico o químico.

En un discurso pronunciado en West Point el 2 de junio de 2002, el presidente Bush delineó esa nueva filosofía, al señalar que

> nuestra seguridad requiere transformar el Ejército para que esté listo para atacar sin aviso previo en cualquier esquina del mundo... Estados Unidos debe destapar células terroristas en sesenta o más países... Los peligros más graves a los que se enfrenta la libertad están en el cruce entre el radicalismo y la tecnología. Cuando se extiendan las armas nucleares, químicas y biológicas junto con nuevas tecnologías de misiles, cuando eso ocurra, incluso Estados débiles y grupos pequeños pueden lograr un poder catastrófico para atacar a grandes países.

Todo ello fue un primer anuncio sobre la elaboración de una estrategia de seguridad nacional para establecer una nueva doctrina a fin de sustituir aquella vigente durante la Guerra Fría, basada en los principios de la disuación y la contención. Un elemento de esa estrategia será el ataque preventivo, anticipando peligros reales o imaginarios, cuestión examinada en el capítulo previo.

En efecto, la doctrina estratégico-militar de Estados Unidos ha sufrido una modificación sustancial. Por ejemplo, en un informe presentado por la Administración Bush al Congreso, en enero de 2002, formulando nuevas directrices en materia nuclear. Conforme a la nueva doctrina, Estados Unidos ha ampliado las condiciones bajo las cuales podría emplear armas nucleares en una guerra. Ahora, el gobierno estadounidense quedaría facultado para utilizar, en forma preventiva, armamento nuclear en contra de países que estén en el proceso de construir armas de destrucción masiva. Esa misma capacidad nuclear se empleará en el caso de una guerra con armamento convencional que signifique, por ejemplo, la invasión de Iraq a Israel o de Corea del Norte a Corea del Sur. En contraste con lo que sucedía en la época de la Guerra Fría, el poder nuclear deja de ser un simple instrumento disuasivo para convertirse, conforme a esa nueva doctrina, en un instrumento bélico real de uso inmediato.

Este conjunto de elementos ponen de manifiesto la conformación de una nueva estrategia de seguridad nacional en Estados Unidos, que habrá de sustituir la doctrina vigente durante la Guerra Fría, orientada a contener la expansión soviética; disuadir al campo socialista de efectuar un ataque nuclear; y asegurar, en el caso de que se produjese ese ataque, una represalia masiva con todo el poderío atómico de Estados Unidos.

Imposible desconocer la influencia que los hechos ocurridos el 11 de septiembre habrán de producir en otros órdenes. Las relaciones económicas internacionales se verán afectadas por la combinación de una serie de factores: por la elevación de los costos de transportación, reduciéndose así el comercio exterior; por la contracción del ingreso por turismo ante el temor de viajar; por el aumento en las primas de seguros; por una limitación en el flujo migratorio y por una disminución en las remesas que envían los trabajadores migrantes a su país de origen, al aplicarse un control estricto al movimiento de personas.

Otro efecto importante se asocia con cuestiones económicas domésticas. La respuesta político-militar al 11 de septiembre acarrea un gasto considerable, lo cual significa para Estados Unidos que, después de cuatro años de superávit presupuestal, ingrese de nueve cuenta al territorio del déficit en sus ingresos. A los 40,000 millones de dólares que el Congreso autorizó para gasto militar el 11 de septiembre, y que ya resultan insuficientes, se deben agregar cerca de 35,000 millones destinados a seguridad en los aeropuertos y a bordo de aeronaves civiles. Ello comprende tan sólo el año de 2002. Con la creación de un nuevo Departamento de Seguridad Interior, deberá sumarse un estimado de 35,000 millones de dólares para ese nuevo aparato burocrático.

Se ha agudizado la controversia sobre las fallas en el sistema de inteligencia en Estados Unidos. Nuevos datos han dejado al descubierto las deficiencias de ese sistema, al advertirse una gran ineficacia en la recuperación y procesamiento de información en materia de seguridad. A pesar de contar con informes que, bien interpretados, arrojaban alguna luz sobre los peligros que se avecinaban, un aparato burocrático pesado, sin correas de transmisión para compartir la información, con notables vacíos en la coordinación entre las distintas agencias y al interior de cada una de ellas, resultó incapaz de anticipar algunas de las eventualidades ocurridas el 11 de septiembre. Sería injusto suponer que aun el mejor sistema de inteligencia está obligado a adivinar el futuro. Pero, es probable que, con los datos disponibles antes de la tragedia, mediante su adecuada integración y evaluación, un mecanismo de alerta temprana podría haber entrado en operación, quizá limitando o previniendo algunas de las acciones terroristas.

Para aliviar la crítica en torno a las fallas en el sistema de inteligencia, el presidente Bush propuso, el 6 de junio de 2002, la creación de un Departamento de Seguridad Interior, facultado para coordinar la defensa doméstica, reuniendo bajo su jurisdicción oficinas como el Servicio de Aduanas, el Servicio Secreto, el Servicio de Inmigración y Naturalización y la Guardia Costera. Pero ello no afectará a la CIA, al FBI y a otras agencias de inteligencia, que tendrán tan sólo la obligación de suministrar información al nuevo Departamento, pero manteniendo su autonomía. Esa es la principal crítica que ha afectado al proyecto. Si la Agencia Central de Inteligencia (CIA) y la Agencia Federal de Investigaciones (FBI) habrán de conservar su independencia, sin establecer mecanismos eficaces para coordinar la recopilación de información y compartir sistemas de inteligencia, el anunciado Departamento nacerá con limitaciones importantes. Otra crítica es la magnitud del proyecto, que reuniría a 150,000 empleados y contaría con un presupuesto de 35,000 millones de dólares anuales.

La guerra de Afganistán aún no ha terminado. La coalición conformada para combatir a Al Qaeda y al gobierno Talibán ha tenido en ese país una presencia militar importante, compuesta a mediados del 2002 por un equipo de quince mil gentes, de las cuales 12,000 son soldados provenientes de 17 Estados, principalmente naciones industrializadas. Pero, antes de cerrar este expediente, Estados Unidos pretende, por iniciativa propia, abrir otros frentes, como lo es una operación bélica en contra de Iraq. Adicionalmente, conflictos ancestrales no resueltos han surgido de nueva cuenta, recrudeciéndose con una violencia extrema, renovando los peligros de un quebrantamiento de la paz y seguridad internacionales en otras regiones que desde tiempo atrás han sido un peligro latente. La agudización del conflicto entre Israel y Palestina, y la reciente confrontación entre India y Paquistán en torno a Cachemira, ponen en evidencia la tensión extrema que sufre el sistema internacional. No pueden pasar desapercibidos los riesgos consecuentes, cuando existen tal número y variedad de asignaturas pendientes en tres conflagraciones bélicas que, originalmente, tenían una naturaleza autónoma, pero que ahora encuentran sus propios vasos comunicantes.

La existencia y la naturaleza de una Era del Terror tienen interpretaciones divergentes en Estados Unidos y en la Europa comunitaria. La explicación de esta diferencia es múltiple. Los analistas más experimentados indican que, en el caso de Estados Unidos, los actos terroristas del 11 de septiembre le obligaron a cobrar, por primera vez, conciencia de su vulnerabilidad, al producirse una agresión externa en suelo estadounidense. En cambio Europa, con una antigua y amarga historia de conflictos bélicos en su propio territorio, y con un terrorismo que ya ha actuado en contra de sus ciudadanos y de sus instituciones, tiene un conocimiento más directo de lo que representa ese fenómeno.

Por supuesto, hay otros elementos que ayudan a entender la divergencia. En el territorio europeo conviven 15 millones de musulmanes, lo cual obliga a prestar mayor atención a los intereses de esa comunidad. Además, el proyecto de una federación o confederación europea adquiere prioridad entre los líderes políticos de ese continente. La preocupación central es construir una nueva institución política y económica, que integre en una sola unión a toda Europa en un lapso breve. Es cierto que en los registros de opinión pública, la principal fuente de inquietud es la seguridad ciudadana. Pero las corrientes ultra derechistas se han encargado de identificar seguridad con medidas de control migratorio. A ello obedece la idea de incorporar la política europea de migración a la política exterior común.

En Europa no fue bien recibida la acusación hecha por el presidente Bush, en enero del 2002, de que existe un Eje del Mal, integrado inicialmente por Iraq, Irán y Corea del Norte, aunque posteriormente se agregaron otros Estados hipotéticamente vinculados con el terrorismo o con la fabricación de armamento de destrucción masiva. Pertenecer al Eje del Mal significa que Estados Unidos podrá utilizar la fuerza armada, en forma preventiva, para derrocar a un régimen, destruir bases terroristas o eliminar instalaciones que fabriquen armamento peligroso. La reacción europea y rusa no ha sido favorable. No hay simpatía al proyecto de iniciar un gran operativo bélico para sustituir a Saddam Hussein en el gobierno de Iraq.

Es probable que en Europa tampoco haya simpatía por los métodos que se utilizarían para efectuar esta sustitución: suministrar apoyo logístico y de inteligencia a los enemigos de Hussein con el objetivo de provocar un motín dentro de su círculo militar; proporcionar ayuda aérea y en tierra a grupos opositores para que emprendan un ataque armado contra el gobierno de Hussein; y una invasión directa a Iraq con tropas estadounidenses. Esto es lo que reporta el *New York Times* del 19 de junio de 2002. Ese mismo diario reporta, dos días antes, que existe una directriz presidencial autorizando la eliminación física de Saddam Hussein si las fuerzas estadounidense infiltradas en Iraq —la CIA o las Fuerzas para Operaciones Especiales— actúan en legítima defensa.

Los intereses económicos y estratégicos de Europa y de Rusia —recuérdese que Rusia suministra asistencia nuclear a Irán— no facilitan el apoyo a la clasificación de Irán como parte integrante del Eje del Mal. La Unión Europea ha anunciado, el 17 de junio del 2002, que habrá de iniciar negociaciones formales con Irán para concluir un acuerdo de Comercio y Cooperación, a pesar de la oposición de Estados Unidos y de Israel. Ese acuerdo habrá de conducir a un Tratado de Libre Comercio entre la Unión Europea e Irán.

También es motivo de divergencia el juicio sobre las causas y la solución del conflicto en el Medio Oriente. Desde la perspectiva europea, Estados Unidos proporciona un amparo diplomático y una protección militar al Israel de Ariel Sharon que imposibilita toda vía de entendimiento. El entierro de los acuerdos de Oslo se atribuye en buena medida a una irreductible política de destrucción de todo aquello que pueda ser el germen de un Estado palestino. A juicio de los europeos, no existe una genuina presión estadounidense para detener a Sharon en esa estrategia de socavamento de las instituciones palestinas.

Estas diferencias quedan claramente reflejadas en las encuestas de opinión pública. Una encuesta efectuada en abril del 2002, y publicada por *The Economist*, deja registro de donde están depositadas las simpatías en uno y otro lado del Atlántico. En Estados Unidos, cuando se preguntó con quién simpatizaban los encuestados, el 41% dijo que con Israel; el 13% con los palestinos. En contraste, la misma pregunta arroja el resultado opuesto en países europeos: en Francia el 36% de los encuestados simpatiza con los palestinos; el 19% con Israel. En Alemania, el porcentaje es 26% palestinos, 24% Israel. En Italia, 30% palestinos, 14% Israel. En el Reino Unido, 28% palestinos, 17% Israel.

Otros puntos de conflicto tienen que ver con el unilateralismo estadounidense. Ese unilateralismo se funda en una hegemonía política y en una supremacía militar incuestionable, lo cual hace más fácil preferir opciones militares. La OTAN y la Unión Europea, disminuidos en su competencia bélica, resienten la marginación que les representa ese unilateralismo, pero no fortalecen su tecnología ni incrementan su gasto militar. No debe extrañar por ello la inclinación europea por soluciones políticas.

No terminan ahí las fricciones. La aplicación por Estados Unidos de tarifas al acero importado, el otorgamiento de subsidios a agricultores estadounidenses, la oposición del presidente Bush al establecimiento de la Corte Penal Internacional, y el tratamiento de los combatientes de Al Qaeda y del Talibán apresados en Afganistán pero trasladados a Guantánamo, sin ser declarados prisioneros de guerra y sin ser sometidos a juicio conforme al debido proceso legal, han dado origen a un distan- ciamiento en las posiciones políticas de Estados Unidos y de Europa.

La Era del Terror tiene una interpretación en Estados Unidos y otra en América Latina. Como lo señalara el presidente Fernando Henrique Cardoso, "comprendemos las reacciones más que justificadas a la amenaza del terrorismo y del uso de armas de destrucción masiva. Pero no queremos que, movidos por el miedo, las grandes potencias sustituyan la agenda de la esperanza, obsesionándose únicamente con el tema de la seguridad". Esta declaración, pronunciada en el seno de la reunión celebrada en Madrid entre la Unión Europea y América Latina el 17 de mayo del 2002, refleja una diferencia esencial entre los imperativos económicos y políticos que persiguen los latinoamericanos y los proyectos antiterroristas estadounidenses.

Para América Latina, la preocupación central no es la seguridad militar. La preocupación más inmediata se vincula con una seguridad política, económica y legal. La preservación y consolidación de instituciones democráticas es un ejemplo. Aliviar el enorme rezago en el ingreso, la educación, la vivienda, la salud, de una proporción importante de población marginada, es otro ejemplo. Hacer realidad un Estado de derecho, en donde prive la legalidad y en donde el orden jurídico sea respetado por gobiernos y ciudadanía, es también parte del concepto de seguridad. Una Argentina que es abandonada a su suerte por el sistema político y financiero internacional; una Venezuela víctima de una profunda inestabilidad en sus instituciones democráticas; una Colombia balcanizada por la guerrilla, por la violencia originada en la extrema derecha, por el narcotráfico y el secuestro; o una Cuba desheredada, proscrita de la comunidad cristiano-occidental, no habrán de facilitar la construcción de un proyecto latinoamericano en donde prive una definición de seguridad nacional alejada de un principio policiaco.

La Era del Terror, en la interpretación latinoamericana, sería regresar a las asonadas militares, al autoritarismo, a la ruptura del orden jurídico, a la violación masiva de los derechos humanos, a la agudización de las divisiones económicas en la sociedad, al retorno frustrante de las esperanzas perdidas.

III. LOS EFECTOS DEL 11 DE SEPTIEMBRE

Como consecuencia de los actos terroristas ocurridos en territorio estadounidense el 11 de septiembre del 2001, y como consecuencia de la respuesta militar y política originada por la realización de esos actos terroristas, el concepto de seguridad internacional ha sufrido una transformación fundamental. También ha sufrido un cambio importante el sistema de alianzas entre los Estados. Para México, las nuevas circunstancias obligan a redefinir el concepto de seguridad nacional.

La tragedia del 11 de septiembre puso en evidencia que la superioridad militar no garantiza, en términos inmediatos y automáticos, la protección de intereses vitales. También puso en evidencia la alta vulnerabilidad de cualquier Estado a un ataque terrorista, dejando en claro además la existencia de una paradoja bélica. En efecto, surge una asimetría entre la posesión de una tecnología altamente sofisticada para la defensa militar, como la que ha creado Estados Unidos, y unos instrumentos rudimentarios, acompañados de una imaginación perversa, para hacer efectivo un ataque demoledor, como aquel cometido por Osama Bin Laden y Al Qaeda, la organización terrorista bajo su mando.

Pero la superioridad militar de Estados Unidos significa también que, en un plazo relativamente breve, es posible imponer un castigo bélico importante a los responsables de organizar los actos terroristas. Este es un primer dato de la realidad que no debe desconocerse. El otro dato fundamental que conviene destacar se deriva de las operaciones militares efectuadas por Estados Unidos en el territorio de Afganistán. La magnitud, complejidad y nivel tecnológico de esas operaciones dejan registro de la distancia que separa a Estados Unidos de cualquier otra potencia militar.

En efecto, conforme a los datos suministrados por el *Financial Times*, citando a Paul Kennedy, el gasto militar de Estados Unidos representa el 36% de todo el gasto militar efectuado en el mundo; ese país gasta, en ese capítulo, una cantidad superior a lo que gastan, juntas, las otras nueve naciones que le siguen en orden de importancia. Si se suma el gasto militar de Estados Unidos y el de sus aliados en la OTAN y en el Pacífico, la cifra se eleva al 85% del gasto militar mundial, lo cual no tiene precedente histórico.

De acuerdo con la misma fuente, la guerra en Afganistán refleja un salto impresionante en términos cualitativos con relación a bombardeos de alta precisión. En efecto, el 95% de las bombas lanzadas en Afganistán fueron con armas de precisión. En contraste, en la Guerra del Golfo el porcentaje es del 6%. La utilización de aviones espía sin piloto y los bombardeos teledirigidos mediante satélites redujeron dramáticamente las bajas militares de Estados Unidos en tierra. De esta suerte, el ejército Talibán y las fuerzas militares y paramilitares de Al Qaeda quedaron reducidos a la impotencia y al pánico, al ser sometidos a un predominio bélico absoluto, imposibilitados de responder a este ataque por poseer una preparación elemental y un armamento extremadamente primitivo en términos comparativos.

Por otra parte, los actos terroristas del 11 de septiembre tomaron por sorpresa a un sistema de inteligencia que dejó al descubierto sus debilidades. Ese fracaso es puesto de relieve por *The Economist*, indicando que

> cuando menos diecinueve personas trabajaron, durante al menos cinco años, principalmente en Estados Unidos, en una compleja operación destinada a estrellar varias aeronaves en diversos blancos; los servicios de inteligencia de Estados Unidos, con un presupuesto de treinta mil millones de dólares al año, no tuvieron ni la más remota idea de que se efectuaría esa operación.

Fenómeno semejante ocurrió con otros servicios de inteligencia en el mundo.

La operación bélica en Afganistán puso de manifiesto un unilateralismo estadounidense en asuntos militares, con una participación menor del Reino Unido, bajo el argumento de la necesidad de concentrar estrategia y mando en un responsable único, dadas las malas experiencias de dispersión en Kosovo. Por supuesto, a ello se agrega la abismal diferencia que existe, en términos militares, en la competencia y capacidad tecnológica de Estados Unidos.

Pero también resultó necesario emprender una estrategia multilateral en otros ámbitos. Fue evidente el imperativo de alcanzar consensos políticos en el seno de la Coalición, coordinando servicios de inteligencia e implantando esquemas internacionales para eliminar mecanismos de financiamiento al terrorismo. En la negociación de esos consensos, un elemento controvertido, que mantuvo una presencia continua sobre todo con relación a países árabes, es el tema de las sanciones a Iraq, las bases militares de Estados Unidos en Arabia Saudita, y el apoyo político, militar y económico a Israel. Existe el reclamo de que Estados Unidos impulsa las resoluciones de Naciones Unidas contra Iraq, pero ignora la aplicación de las decisiones adoptadas por la ONU imponiendo obligaciones a Israel.

Al convertirse el terrorismo en un fenómeno globalizado, que no respeta fronteras, localizar y destruir al enemigo es una tarea compleja, como lo demuestran las operaciones bélicas en Afganistán, en donde Al Qaeda, con las fuerzas militares y las antiguas autoridades del Taliban, aun en condiciones de derrota, tuvieron la capacidad para diluirse en la geografía y para dificultar la captura de sus dirigentes. Sin embargo, se ha eliminado un refugio importante para la organización de actos terroristas, con la infraestructura que ello supone, esto es, sistema de reclutamiento, campos de entrenamiento, depósito y suministro de armas, y mecanismos de financiamiento.

Otra cuestión importante tiene que ver con la naturaleza y los fines que persiguen las distintas organizaciones terroristas. Si el combate al terrorismo ha de emprenderse donde quiera que se encuentren organizaciones de ese tipo, la identificación del enemigo será un proyecto todavía más complejo, por la extensión del territorio que se requiere abarcar, y por las características de dichas organizaciones. Por ejemplo, se ha anunciado que son sesenta los países que tienen instalados brotes terroristas en su suelo, lo cual es indicativo de la magnitud del esfuerzo que deberá emprenderse. Pero el tratamiento que reciban no será idéntico, puesto que es imposible meter en el mismo saco a las FARC, a ETA, al ERI o a Al Qaeda.

Derivados de todo ello, una conclusión es que, en el combate al terrorismo, habrán de efectuarse operaciones bélicas de distinta naturaleza. Una primera categoría guarda relación con una guerra tradicional, como la efectuada a partir del 7 de octubre del 2001 en territorio afgano, con ejércitos contendientes y enemigos identificables. Pero existe una segunda categoría, con modalidades propias y novedosas, en donde no se produce una guerra convencional en el combate al terrorismo porque simplemente no hay un enemigo convencional. De esta suerte, los riesgos a la seguridad de un Estado no se originan en el comportamiento de otro Estado, sino en medidas emprendidas por actores no estatales, en donde no hay propiamente un campo de batalla ni existe un territorio por conquistar.

Tampoco parecen imperar las normas aplicables del derecho de la guerra, que prohíben considerar a la población civil como objetivo militar. Hacia el futuro, será fundamental la vigencia y aplicación de un derecho humanitario, que atienda a los millones de refugiados y desplazados que ya son víctimas inocentes del conflicto bélico. Esas reglas también habrán de resultar aplicables a los prisioneros de guerra.

Un sistema de difusión libre de las ideas puede ser una víctima de lo sucedido el 11 de septiembre. El gobierno estadounidense reaccionó negativamente a la transmisión, por medios masivos de comunicación, a videograbaciones de Osama Bin Laden, anunciado que "América y aquellos que viven en América no podrán soñar en tener seguridad si esa seguridad no existe antes en Palestina". La demanda de que "las tierras árabes sean liberadas de Israel y las tropas americanas abandonen el Golfo Pérsico", ha sido un argumento reiterado en otras videograbaciones. Pero la administración Bush ha impuesto una limitación a los medios para difundir imágenes por televisión de Bin Laden y de su mensaje. Lo mismo ha sucedido con programas de distinta índole elaborados por Al Jeeizera, el medio de comunicación masiva de más relieve noticioso en países musulmanes.

La información también ha sufrido severas limitaciones durante la operación bélica en Afganistán. Al invocar el secreto militar, se impide el conocimiento general de los desastres de la guerra en ese territorio. Imposible determinar con precisión el número de víctimas de la población civil que ha muerto en este operativo, aunque se menciona a un número equivalente a aquel que falleció en las Torres Gemelas. Imposible determinar la magnitud del daño producido por los bombardeos estadounidenses a ciudades, pueblos, montañas, bosques, ríos. Imposible determinar con exactitud las violaciones a los derechos humanos de combatientes, prisioneros, simpatizantes del Talibán, población civil. Imposible identificar, por ahora, a los responsables de masacres por ejemplo, la ocurrida en la fortaleza-prisión de Qalai Janghi, en donde murieron alrededor de 400 presos pertenecientes al ejército del Talibán, o de actos de violencia que han acabado con la vida de civiles inocentes y soldados indefensos por igual. Imposible determinar, por ahora, el tipo de sanción que se impondrá a quienes hayan cometido crímenes de guerra o de lesa humanidad por parte del bando victorioso.

Existe un número importante de asuntos jurídicos que ameritan un examen puntual. Uno de ellos tiene que ver con el sometimiento a la justicia de quienes hayan participado en la comisión de actos terroristas. Ello conduce a determinar el tribunal que será competente para conocer y juzgar a esos delincuentes. Sin duda, la Corte Penal Internacional podría haber sido el instrumento judicial idóneo, pero el Estatuto de Roma, que lo crea, aún no entra en vigor. Todo hace suponer que se ha desechado la posibilidad de establecer un tribunal internacional *ad hoc*, a la manera de los constituidos en el caso de Ruanda y de la antigua Yugoslavia. Este mecanismo hubiese otorgado una necesaria legitimidad al proceso judicial, invitando a un conjunto de jueces de alto prestigio, originarios de distintos sistemas jurídicos, para integrar el tribunal.

La opción viable será la jurisdicción de los tribunales nacionales. En el caso de algunos países europeos, ya se han iniciado procedimientos judiciales en contra de terroristas radicados en esos países, pero vinculados a los actos efectuados el 11 de septiembre. A pesar de la petición estadounidense, los gobiernos europeos pertinentes no han aceptado extraditarlos, por no haberse otorgado garantías suficientes sobre el debido proceso legal y la no aplicación de la pena de muerte.

El gobierno del presidente Bush ha decidido someter a la jurisdicción de tribunales militares a quienes pudieran haber participado, directa o indirectamente, en los actos terroristas del 11 de septiembre. Ello supone un número importante de dirigentes del gobierno Talibán y de Al Qaeda. En la prensa se han mencionado cifras que ubican ese número en 470 prisioneros. Por supuesto, aún estará pendiente de determinar su grado de involucramiento en lo acontecido el 11 de septiembre.

Existe una natural preocupación por el recurso a tribunales militares, excluyendo así a tribunales civiles. Además, se han planteado objeciones al mandato que se otorgaría a esos tribunales militares. En la difusión de un primer proyecto, se anunciaba que serían tribunales secretos, sin demasiadas exigencias en materia de pruebas —por ejemplo, la carga de la prueba recaería en el acusado—; sin que el acusado tenga derecho a seleccionar abogado defensor —en esta versión, el abogado defensor sería escogido por el presidente del Tribunal—; ni de conocer previamente la evidencia en su contra.

Para dictar sentencia, no sería indispensable que la culpabilidad se establezca "más allá de cualquier duda razonable". Sería suficiente que una mayoría de la comisión de oficiales militares, que actuarían como una especie de jurado, considere fundadas las pruebas. No existiría derecho de apelación a la sentencia. El proyecto ha despertado reacciones negativas por parte de defensores de derechos humanos y de juristas.

La ola de críticas que despertó el proyecto condujo a que, en el transcurso de mayo del 2002, se difundieran unas bases más acordes con un sistema legal civilizado. Se parte ya del principio de que existe una presunción de inocencia y que la culpabilidad debe quedar comprobada más allá de cualquier duda razonable. El acusado tendrá derecho a tener una representación legal y a conocer las evidencias en su contra. El juicio será público, salvo aquellos casos que reclamen sesión privada del tribunal por la naturaleza confidencial de las pruebas. Sin embargo, los recursos de apelación de la sentencia quedan limitados, ya que no se podrá acudir a un tribunal civil que revise la decisión de una comisión militar.

Por decisión estadounidense los prisioneros capturados en Afganistán fueron conducidos a la base naval de Guantánamo, en Cuba. Los primeros cien detenidos arribaron a mediados de enero del 2002, pero se han tomado providencias para alojar a dos mil prisioneros. Una cuestión esencial es que esos detenidos sean declarados prisioneros de guerra, por parte de un tribunal competente, a fin de que les resulten aplicables las Convenciones de Ginebra, lo cual impone derechos y obligaciones a las partes con relación al debido proceso legal, que incluye la aplicación de un régimen jurídico correspondiente a los crímenes de guerra. También deberá facilitar el acceso a la Cruz Roja Internacional y a organizaciones no gubernamentales

IV. La recomposición del sistema de alianzas

En la etapa posterior al 11 de septiembre, surge una importante recomposición del sistema de alianzas a escala internacional. En el caso de Estados Unidos, al inicio de la guerra de

Afganistán se abandona una poderosa tendencia unilateralista en su política exterior a fin de negociar, con éxito, una coalición internacional para combatir al terrorismo. Antiguos e irreductibles enemigos se convierten súbitamente en aliados incondicionales.

Rusia es un primer ejemplo. Al asociarse política y militarmente con Estados Unidos, recobra un reconocimiento como gran potencia, recupera un asiento en las negociaciones sobre reducción de armamento nuclear y sobre la instalación de un escudo antibalístico, cancela las críticas sobre su comportamiento en Chechenia, y hace realidad lo impensable hace unos cuantos años, esto es, participar en los trabajos de la OTAN, con una nueva definición de la naturaleza y alcances políticos y militares de esta organización, y con la posibilidad, quizás, de ser miembro en un futuro no lejano. En la etapa actual, la vinculación entre Rusia y la OTAN se limitará a asuntos de seguridad, sin incluir cuestiones de defensa. La reciente creación, por la OTAN y Rusia, de un consejo para examinar la proliferación de armamento y las medidas de combate al terrorismo, es indicativa de esta tendencia.

Con la visita del presidente Bush a Moscú en mayo de 2002, el presidente Putin recibe un reconocimiento por sus apoyos políticos y militares durante la guerra de Afganistán. Ambos jefes de Estado suscriben un acuerdo de reducción de armamento estratégico que significa eliminar, en un lapso de diez años, dos terceras partes de esa fuerza nuclear, para que ese arsenal tenga un límite máximo de 2,200 ojivas nucleares. A finales de mayo, en Roma, se formalizan los funerales de la Guerra Fría. La fórmula 19 + 1, que describe la composición del Consejo OTAN-Rusia, otorga a este país una carta de legitimidad para discutir asuntos vitales. La amenaza para Rusia ya no es Estados Unidos o Europa; lo es el terrorismo y la proliferación de armamentos.

Por supuesto, también se habrán de reconsiderar favorablemente los términos y condiciones de su ingreso a la Organización Mundial de Comercio. Todo ello le permite a Rusia, como recompensa adicional, saldar antiguos agravios con Afganistán, después de las humillaciones que sufrió en el decenio de los ochenta.

Rusia también tendrá interés en mantener a los países de Asia Central en paz y con estabilidad política, sin la presencia de guerrillas derivadas del fundamentalismo islámico. Hacia el futuro, Rusia tendrá interés en participar en decisiones relacionadas con las reservas de gas y petróleo de esas antiguas repúblicas soviéticas, guiando en beneficio de Rusia la dirección general de oleoductos y gasoductos y fijando, de ser posible, el destino y el precio de esos hidrocarburos.

Las cinco antiguas repúblicas soviéticas de Asia Central Tadzhikistán, Uzbekistán, Kazajstán, Kirguiztán y Turkmenistán han extendido amplias facilidades militares a Estados Unidos en su lucha contra el gobierno Talibán y contra Al Qaeda, permitiendo la utilización de su espacio aéreo para esos fines y aceptando el establecimiento de bases militares en su territorio. Las cinco repúblicas, todas ellas alejadas del modelo de democracia ateniense, padecen serias tensiones étnicas y religiosas. A cambio de su apoyo, obtendrán tolerancia en las medidas que adopten para reprimir a la oposición, además de ganar una inyección de flujos financieros y de inversión.

Aunque con mayores pudores, China también se ha incorporado a la Coalición. No manifestó en forma pública una oposición a los bombardeos aéreos de Estados Unidos en Afganistán. Una primera ganancia que obtendrá es asegurar el control, así sea por la vía coercitiva, de los fundamentalismos islámicos que se producen en las provincias chinas en el Asia Central. Pero la ganancia potencial más importante, a la que seguramente aspira China, es un replanteamiento de la posición de Estados Unidos con relación a Taiwán. Una política de negligencia benigna por parte de Estados Unidos en un asunto vital para China puede ser el precio de esa nueva amistad.

Durante las últimas dos décadas, Irán ha sido un enemigo aparentemente irreconciliable de Estados Unidos. En el transcurso de la guerra de Afganistán, fue una pieza esencial en la recomposición de las alianzas. Su valor estratégico en términos geopolíticos, militares y energéticos lo transformaron en amigo necesario. Imposible desconocer que, con todos los fundamentalismos religiosos que le acompañan, Irán habrá de ser indispensable en cualquier arreglo que se alcance en el conflicto en Medio Oriente, arreglo imprescindible si se quiere abordar en serio los orígenes de las actuales turbulencias que padece el sistema internacional, atacando y resolviendo las causas mismas de la inestabilidad. Sin embargo, a pesar de su importancia, Irán fue declarado parte integrante del Eje del Mal en el discurso pronunciado por el presidente Bush en enero de 2002.

Antes del 11 de septiembre, Estados Unidos catalogaba a Paquistán como Estado delincuente. Unas malas calificaciones en materia de derechos humanos y democracia y, sobre todo, el haberse convertido en la séptima potencia nuclear sin acatar las reglas de la no proliferación, mismas que otorgaban el monopolio atómico a los Cinco Grandes, condujeron a once años de sanciones. Abandonar al antiguo aliado Talibán tuvo su premio: reconocimiento de la legitimidad de un gobierno emanado de un golpe militar, incorporación de Paquistán y de su presidente a la familia de naciones civilizadas, condonación de deuda externa, ayuda económica, reaprovisionamiento de equipo militar estratégico. Pero, en adición a todo ello, el asunto central habrá de ser una revisión de las relaciones entre India y Paquistán, bajo los auspicios de Estados Unidos, en donde un arreglo en el conflicto de Cachemira será determinante. Es probable que la reciente confrontación entre India y Paquistán, producto de actos terroristas en suelo indio, haya servido para que, con la intervención de potencias occidentales, se haga un esfuerzo político serio por eliminar las causas de ese conflicto.

Para Paquistán, los actos terroristas del 11 de septiembre han provocado un profundo replanteamiento de su sistema político y de sus relaciones con el exterior. En épocas previas, el gobierno de Paquistán y sus servicios de inteligencia se convirtieron en uno de los pilares de sustentación del Talibán. La presencia importante de población pastún en Paquistán y Afganistán, fuente de apoyo del Talibán, explica parcialmente esa simpatía. El otro factor lo representa la composición política y étnica de la Alianza del Norte, considerada desde siempre por Paquistán como instrumento de Irán, de Rusia y, peor aún, de India.

Recuérdese, además, que en el pasado la Alianza del Norte ha sido acusada de bombardear indiscriminadamente a la población civil en Afganistán, de efectuar ejecuciones sumarias, y de estar involucrada en el tráfico de opio y de armas.

El otro gran dilema que enfrenta Paquistán implica un cambio en su relación con la India. La capacidad para evolucionar políticamente del presidente Musharref ha sufrido una primera prueba dramática al desprenderse de su vinculación con el Talibán. Ahora debe revertir una tradición de apoyo de Paquistán, más o menos encubierto, a los movimientos violentos que han pretendido reivindicar, para su país, la parte de raíces musulmanes de Cachemira que se asignó a la India en la partición de 1947. Los actos terroristas cometidos el 17 de diciembre de 2001 contra el Parlamento indio, probablemente efectuados por organizaciones tradicionalmente auspiciados por Paquistán, condujeron a una grave tensión bélica entre dos potencias nucleares fronterizas. El precio que exige India para resolver el conflicto implica un elevado costo político para Paquistán: desmantelar y condenar al terrorismo en Cachemira, sin la seguridad de ganar con ello territorio, popularidad o garantías de sobrevivencia política.

Durante las distintas fases del combate y derrota del Talibán, en los países musulmanes no se suscitó un movimiento importante de apoyo a ese gobierno. Tampoco se provocaron reacciones fuertes de oposición a los bombardeos emprendidos por Estados Unidos en territorio afgano. Cincuenta y seis países musulmanes participantes en una reunión de la Organización de la Conferencia Islámica manifestaron su rechazo a todo vínculo entre el terrorismo y el Islam, haciendo patente que los actos terroristas "contradicen las enseñanzas de todas las religiones y los valores humanos y morales". Es cierto también que en esa conferencia fue imposible alcanzar una definición de terrorismo que conciliara los intereses que legitiman un movimiento de liberación nacional.

El conjunto de países musulmanes, por necesidad, conveniencia, coacción o simpatía, son parte fundamental de la nueva Coalición, cuya continuidad y éxito depende del apoyo que le presten ese conjunto de países musulmanes. La ruptura de la Coalición se producirá si, por ejemplo, el ala más radical del Pentágono logra su propósito de que, con el ánimo de combatir otra posible fuente de terrorismo, se decide atacar a Irak para provocar el derrocamiento y la eliminación del gobierno de Sadam Hussein.

Recuérdese, por otra parte, que en ese conjunto de países musulmanes existían países catalogados por Estados Unidos como proscritos. Siria, Sudán, Somalia, Libia, Yemen se encontraban prácticamente en territorio enemigo antes del 11 de septiembre. El cambio que se ha producido, en favor de una prudente colaboración, obedece a un legítimo temor de ser objeto de drásticas operaciones militares en su propio territorio pero, de manera aún más importante, a la necesidad de forzar una modificación en la posición de Estados Unidos en la solución del conflicto en el Medio Oriente, favoreciendo la creación y el reconocimiento de un Estado palestino, con todo lo que ello supone en términos de la condición política y religiosa de Jerusalén, el retorno de los exiliados palestinos y la eliminación de las colonias y los asentamientos israelíes en territorio palestino.

En los últimos meses, se han alejado de manera dramática las posibilidades reales de resolver una confrontación histórica en el Medio Oriente, agudizada con actos de violencia extrema que no sirven para facilitar el entendimiento. La Unión Europea ha alentado las bases de una negociación que podría tener éxito. En efecto, el planteamiento de la Unión Europea obligaría a

Yaser Arafat a desmantelar la red terrorista impulsado por las facciones palestinas extremistas; arrestar y someter a juicio a quienes cometan actos terroristas; terminar con la Intifada violenta y armada. El gobierno de Israel, en ese mismo planteamiento de la Unión Europea, deberá cesar el bombardeo a edificios de la Autoridad Palestina y de sus servicios de seguridad; eliminar la política de asesinatos de dirigentes palestinos; levantar el estado de sitio en ciudades palestinas; y congelar la construcción de asentamientos israelíes en territorios palestinos.

Los antiguos aliados de Estados Unidos en Europa Occidental y en la OTAN han mantenido y reforzado esa calidad. El Reino Unido, con Tony Blair como abanderado, ha dejado testimonio fehaciente de ser el amigo fiel e incondicional, siendo además el único aceptado por Estados Unidos como participante real en las operaciones militares en Afganistán. En un cambio importante, Alemania ha modificado su tradicional política, establecida a partir de 1945, de abstinencia bélica, ofreciendo contingentes militares en el combate al Taliban. Un ofrecimiento semejante han hecho Francia, Italia y España.

La respuesta de Naciones Unidas en el combate al terrorismo ha sido clara y contundente. La Asamblea General ha adoptado por unanimidad una resolución de condena categórica al terrorismo. El Consejo de Seguridad, con el voto de sus 15 miembros, ha decidido emprender un conjunto de medidas importantes para prevenir y reprimir los actos de terrorismo. Esas decisiones se adoptaron en virtud del capítulo VII de la Carta, por considerar que esos actos constituyen una amenaza a la paz y seguridad internacionales. Ello significa que esas decisiones son obligatorias en su cumplimiento para todos los Estados miembros.

La ONU ha sido un instrumento fundamental en la constitución de un gobierno de transición en Afganistán. Con la intervención de Lakhdar Brahimi y de Francèsc Vendrell, dos negociadores excepcionales que actuaron como representantes especiales de las Naciones Unidas, fue posible encontrar comunes denominadores entre las fuerzas políticas afganas en su etapa postalibán.

De esta suerte, mediante un acuerdo celebrado en Bonn, se estableció un gobierno interino, de carácter multiétnico, con Hamid Karzai, de origen pastún, como jefe de gobierno, pero con la Alianza del Norte asegurando 16 de las 30 posiciones de autoridad, incluyendo los ministerios de defensa, de relaciones exteriores y del interior. El resto de los cargos se asignan a pastunes leales al rey depuesto en 1973, Mohamed Zahir Shah. El régimen tuvo un mandato limitado a seis meses, con la obligación de celebrar un Gran Consejo cuyo objeto ha sido designar a un nuevo gobierno que, en el lapso de dos años, deberá elaborar una Constitución y convocar a elecciones generales.

A mediados de junio de 2002, la Loya Jirga, o Gran Consejo, reunió a 1,600 delegados para elegir a Hamid Karzai como presidente de Afganistán hasta 2004. Quedó pendiente la fórmula para elegir una asamblea legislativa y resolver la estructura de gobierno, que permita una distribución política aceptable para los poderes fácticos.

La constitución de una Fuerza Internacional de Asistencia a la Seguridad (ISAF por sus siglas en inglés), en donde el Reino Unido tiene un papel preponderante, puede representar un avance en el proceso de pacificación afgana. Bajo los auspicios de la ONU, y con la contribución de diecisiete países, principalmente de Europa Occidental, el contingente de ISAF estuvo originalmente compuesto por cinco mil soldados, aunque para junio de 2002 esa fuerza se había triplicado. Su función es una mezcla de operación para el mantenimiento de la paz combinado con un instrumento coercitivo para hacer efectivo ese proceso de pacificación. También podría convertirse en un auxiliar en la distribución de ayuda humanitaria. A ello se agrega la presencia de 4,000 soldados estadounidenses, que todavía se encuentran efectuando operaciones bélicas en distintas partes del territorio afgano.

Por otro lado, Estados Unidos estaría fortaleciendo sus instalaciones militares en Asia Central, al establecer bases en varios países de la región, lo cual puede significar un involucramiento de largo plazo, con todas las consecuencias implícitas en una estancia militar prolongada, y con los riesgos que todo ello supone, que no son despreciables.

La terminación de los bombardeos aéreos y de las otras operaciones bélicas en el territorio de Afganistán no significa que la guerra ha concluido y que el combate al terrorismo ha triunfado. La derrota del gobierno Talibán no necesariamente trajo por consecuencia la desaparición absoluta de Al Qaeda, aunque sufrió un golpe mortal. Queda pendiente la tarea de encontrar a Osama Bin Laden y al Mulá Mohamed Omar, tarea que ha demostrado su dificultad. Queda también pendiente la ardua labor de crear y afianzar un gobierno legítimo en Afganistán, elegido con un mandato popular incuestionable, y que reconcilie los intereses divergentes de los señores de la guerra, las etnias, las religiones y las potencias extranjeras.

La presencia de ISAF, esto es, las fuerzas militares organizadas bajo los auspicios de las Naciones Unidas, podrá ayudar a establecer un sistema de seguridad en Kabul y, quizá con el tiempo, en el resto del territorio afgano. Pero la gran asignatura pendiente es hacer efectivo un proyecto de reconstrucción económica y social en Afganistán, país asolado por intervenciones militares externas y por guerras civiles que lo han dejado postrado. La promesa de 1.8 billones de dólares, ofrecida para esa reconstrucción en la Conferencia Internacional de Donantes celebrada en Tokio el 21 de enero de 2002, aún traduciéndose en realidad, será insuficiente para las necesidades de Afganistán.

V. EL EJE DEL MAL EN SU LABERINTO

En sus orígenes, el Eje del Mal estaba conformado por Iraq, Irán y Corea del Norte. Así fue determinado por el presidente

Búsh en su discurso sobre el Estado de la nación en enero de 2002. Sin embargo, en el documento que define la estrategia de seguridad nacional de Estados Unidos, difundido en septiembre de 2002, Irán ya no aparece; sólo se mantiene la denominación explícita de Iraq y de Corea del Norte.

Como ya fue señalado, de conformidad con los términos de esa estrategia, el nuevo reto para la seguridad está representado por los Estados perversos y por las organizaciones terroristas de alcance global, quienes pretenden adquirir armamento de destrucción masiva (ADM) que previamente sólo estaba al alcance de los Estados más poderosos. El riesgo que se advierte es que esas armas nucleares, químicas o biológicas, no tengan como propósito la defensa el Estado poseedor de ellas, sino que se utilicen para intimidar o para agredir a otros Estados.

Iraq ha sido acusado de haber empleado armas químicas, de estar dispuesto a elaborar agentes biológicos, y de ser un aspirante a la adquisición de armas nucleares. También se le imputa acumular misiles de mediano alcance, aunque los datos sobre la cantidad y la calidad de sus misiles no permiten suponer una gran capacidad ofensiva. Por su parte, Corea del Norte es acusada de convertirse, en el último decenio, en el principal abastecedor mundial de misiles balísticos; para agravar la cuestión, se reclama al gobierno de Kim Jong-il el desarrollo de su propio arsenal de armas de destrucción masiva.

Durante el último tercio del 2002, se acentuaron las tensiones entre Estados Unidos y Corea del Norte. En octubre, Pyong Yang aceptó que estaba construyendo, en secreto, una planta para producir uranio enriquecido. A finales de diciembre, anunció su disposición para reactivar sus proyectos nucleares, incluyendo su planta reprocesadora de plutonio; expulsó a los inspectores de la Organización Internacional de Energía Atómica (OIEA); y notificó su retiro del Tratado de no proliferación de armas nucleares. De esta suerte, Corea del Norte se convierte en el primero de los 188 Estados firmantes en abandonar el TNP.

Para explicar estas medidas, los expertos destacan que, por estar catalogado como integrante del Eje del Mal, Corea del Norte teme un ataque militar preventivo de Estados Unidos. En esta misma lógica, Pyong Yang argumenta que el reclamo estadounidense para desmantelar su programa nuclear es tan sólo un pretexto para que, una vez desarmado y en estado de indefensión, se efectúe una ofensiva militar estadounidense que produzca un cambio de régimen. También sostiene Corea del Norte que la planta nuclear es indispensable para la urgente generación de energía eléctrica.

La primera reacción de Washington fue intimar la imposición de sanciones económicas y una política de aislamiento a Corea del Norte. La retórica belicista también hizo acto de presencia con la declaración del secretario de Defensa Donald Rumsfield, quien anunció la capacidad de Estados Unidos de emprender dos guerras en forma simultánea y ganar ambas rápida y definitivamente. Pero el temperamento diplomático parecería ganar el mayor espacio: Colin Powell advirtió la necesidad de entablar comunicación con Corea del Norte; de la misma forma, Corea del Sur, Japón, China y Rusia pusieron de manifiesto que aislar a Corea del Norte es el riesgo mayor; el compromiso, no la amenaza, es lo que sujetará al régimen norcoreano.

La guerra declarada en contra del terrorismo ha servido para contaminar el ánimo belicista que ya existía anteriormente con respecto a Iraq. Sin embargo, aún no se ha producido una evidencia que demuestre claramente un vínculo entre Al Qaeda y el gobierno de Sadam Hussein. Prevalece también una seria preocupación al advertir que un operativo militar en contra de Iraq servirá tan sólo como elemento distractor, desviando la atención de lo que es el objetivo fundamental, esto es, el combate a las organizaciones terroristas.

Con Osama Bin Laden complotando el siguiente acto terrorista; con el andamiaje operativo de Al Qaeda aún funcionando; con un gobierno afgano sostenido con alfileres; con un frágil gobierno paquistaní; con dos Estados nucleares —Paquistán, la

India— que mantienen el conflicto de Cachemira entre uno de sus pendientes; con una gravísima confrontación, sin solución de continuidad, entre Palestina e Israel; con asuntos no resueltos entre gobiernos seculares musulmanes y grupos religiosos fundamentalistas; no parecería ser éste el momento más oportuno para emprender, en un decenio, una segunda guerra del Golfo Pérsico.

Diversos argumentos sustentan el proyecto de esta segunda guerra. Existe la tesis de que el gobierno de Sadam Hussein acumula armamento de destrucción masiva, que habrá de usar eventualmente en contra de Estados Unidos, de sus aliados, o de sus amigos. Se aduce también que el operativo militar servirá para derrocar a Sadam Hussein, produciéndose un cambio de régimen que habrá de constituirse en un elemento catalítico para instalar la democracia entre los países árabes y para transformar las condiciones políticas en el Medio Oriente, en beneficio de la seguridad de Israel.

La existencia de enormes depósitos petrolíferos ha sido otro motivo que ayudaría a explicar una acción militar de Estados Unidos en Iraq. Ocupar un segundo lugar mundial en reservas de petróleo y gas provoca la tentación de ejercer un control directo de esos hidrocarburos por quien se ha constituido en su principal consumidor mundial.

Otra opción que justificaría elevar el tono bélico se relaciona con la política doméstica y, fundamentalmente, con el proceso electoral. Después de lo ocurrido el 11 de septiembre del 2001, existe en Estados Unidos un síndrome del ciudadano vulnerable que sólo puede ser contrarrestado con garantías plenas de seguridad en todos los órdenes. La retórica belicista es un auxiliar importante en la obtención de esas garantías.

De esta suerte, aquel dirigente político que trasmita una imagen de dominio y control en los asuntos de seguridad nacional, suministrando una necesaria confianza en la protección de los intereses vitales del ciudadano, tendrá una mejor posibilidad de obtener un voto favorable en las urnas. Ello quedó demostrado en el proceso electoral de noviembre del 2002, cuando el presidente Bush y el Partido Republicano centraron el debate en torno a la defensa de Estados Unidos contra organizaciones terroristas y Estados perversos. Como lo señaló el presidente Clinton al efectuar la autopsia de la derrota del Partido Demócrata: el elector prefiere a un líder fuerte, aunque esté equivocado, a un líder débil, aun cuando sostenga la posición correcta.

Cualquiera de estas hipótesis, o todas ellas, pueden tener una dosis de verdad. Lo que resulta difícil encontrar, aun reuniendo lo mejor de cada una de las hipótesis, es un fundamento suficiente que otorgue las bases políticas, militares o económicas, para emprender una aventura de esta naturaleza. Imposible determinar por ahora si el operativo militar habrá de descansar exclusivamente en los ejércitos angloamericanos. Pero la necesaria legitimidad multilateral, indispensable para un involucramiento de las Naciones Unidas, sólo se obtendrá si existe una prueba fehaciente, incontrovertible y definitiva de que el gobierno de Sadam Hussein posee armamento de destrucción masiva y si, adicionalmente, ese gobierno decide no cumplir con sus obligaciones de desarme con arreglo a las resoluciones pertinentes del Consejo de Seguridad.

Ante la evidente supremacía militar y tecnológica de Estados Unidos, no es difícil imaginar quién será el triunfador en este operativo bélico. Existe la duda, sin embargo, de que ese triunfo pueda traducirse en una victoria rápida o, por el contrario, en un conflicto prolongado. Adicionalmente, para el mediano plazo, existe un pronóstico reservado sobre los saldos que arrojará el derrocamiento de Sadam Hussein y los efectos políticos ulteriores que se produzcan en el sistema internacional, en el mundo árabe y musulmán, y en especial, en el ámbito de los países vecinos: Turquía, Irán, Siria, Jordania, Egipto, Arabia Saudita. El operativo bélico puede tener un defecto adicional: como una de sus consecuencias, constituirse en un inagotable semillero de terroristas, propiciando la reproducción de organizaciones dedicadas a esparcir el pánico ciudadano, obligando a medidas extremas de seguridad entre las potencias occidentales.

A los costos políticos y militares que se deriven de un operativo bélico en Iraq, es preciso agregar el costo económico. Todo hace suponer que ese costo será muy elevado; infortunadamente las estimaciones que se han efectuado no han recibido la suficiente difusión; tampoco los datos divulgados han servido como elemento disuasivo para detener un proyecto militar que tendrá serias consecuencias económicas.

Una evaluación de los costos de una guerra en Iraq ha sido efectuada por William D. Nordhaus, profesor de economía en la Universidad de Yale. En su ensayo,[3] Nordhaus indica que esa evaluación debe basarse en escenarios posibles, mismos que se determinarán sólo hasta que inicie la guerra; en las condiciones que surjan con posterioridad al cese de las hostilidades; al impacto que sufran el mercado petrolero y otros mercados; y, por último, los efectos macroeconómicos que se produzcan en el conjunto de la economía estadounidense.

Conviene examinar los escenarios posibles en una primera instancia. De acuerdo con Nordhaus, la estimación más baja, que alcanza la cifra de 121,000 millones de dólares, supondría una guerra breve y exitosa, durando las operaciones militares entre 30 y 60 días y suponiendo sólo 75 días de ocupación en el territorio de Iraq tras la victoria.

En cambio, en el extremo opuesto, la estimación más elevada habría de significar un conflicto prolongado un año y con mayores complicaciones: una estrategia iraqui de concentrar tropas en zonas urbanas; un impacto negativo en los mercados petroleros; una escalada bélica con la participación de Israel; actos terroristas en diversas partes del mundo; costos de ocupación y de operaciones para el mantenimiento de la paz; gastos en reconstrucción del país y asistencia humanitaria; impacto en el conjunto

3 Nordhaus, William D., "Iraq: The Economic Consequences of War", *The New York Review of Books*, 5 de diciembre de 2002, pp. 9-12.

de la economía estadounidense; uso de armas de destrucción masiva. En esta hipótesis, la factura ascendería a 1'595,000 millones de dólares, costo que habría de cubrirse en el transcurso de un decenio, esto es, suponiendo el inicio del conflicto en 2003, y su término en 2012.

Una conclusión semejante, en términos de preocupación económica, es la que obtiene Martin Wolf en un artículo aparecido en el *Financial Times* a finales de diciembre de 2002. En ese caso se formulan tres escenarios: uno benigno, otro intermedio, y el tercero de índole catastrófica. En el escenario benigno, al que se le atribuye un 60% de posibilidades, el precio del petróleo ascendería a 36 dólares por barril. La hipótesis intermedia, con un 30% de posibilidades, significa un precio del petróleo superior a 40 dólares. En cambio, el tercer escenario eleva el precio del petróleo a 80 dólares, aunque sólo tiene un 10% de posibilidades de ocurrir.

En el primer escenario, una guerra rápida (de entre cuatro y seis semanas) no tendría un impacto negativo en la economía mundial en el plazo inmediato; por el contrario, podría incluso estimular la actividad económica de Estados Unidos y del resto del mundo, elevando su PNB hacia finales del 2003. En el caso de la hipótesis intermedia, esto es, una guerra que dure entre seis y doce semanas, la consecuencia sería un crecimiento cero en el PNB estadounidense en el transcurso del primer semestre del 2003, con un impacto un poco menos negativo en el resto del mundo.

El tercer escenario supone una guerra de seis meses; Iraq causa un daño importante a las instalaciones petroleras de la región y ataca a las tropas aliadas y a Israel con armas de destrucción masiva. Ese escenario también implica que el proceso de reconstrucción es costoso y complejo. Este tipo de guerra tendría un efecto devastador en todo el sistema económico mundial. La economía estadounidense entraría en una profunda recesión, con una caída en el crecimiento anual de menos cuatro en el segundo trimestre del 2003. También la economía del resto del mundo padecería una recesión, aunque más leve que la estadounidense.

En las hipótesis planteadas por Nordhaus y por Wolf, las consecuencias de la guerra serán mayores, en términos económicos, si las tropas estadounidenses permanecen durante un periodo prolongado en territorio de Iraq. Precisamente ese escenario, que resultaría el menos aconsejable, es el que se encuentra en proceso de construcción.

En efecto, una fuerza militar de ocupación por parte de Estados Unidos, con una presencia importante en Irak, por una duración no menor a los diez y ocho meses, parecería ser el plan que eventualmente se aplicaría una vez ocurrido el derrocamiento de Sadam Husein. Conforme a filtraciones divulgadas por el *New York Times*,[4] el equipo de seguridad nacional del presidente Bush ha elaborado una serie de propuestas que representarían el esfuerzo más importante de Estados Unidos, desde la ocupación de Alemania y Japón al término de la Segunda Guerra Mundial, para asumir en forma directa la administración de un país.

De acuerdo con ese plan, en el periodo de ocupación existiría un comandante militar americano a cargo de la seguridad. También habría un civil como responsable de la administración. Transcurriría un lapso de varios años para poder transferir las funciones de gobierno a una administración internacional y, a partir de ahí, depositar el poder en manos iraquíes. Un asunto delicado es el relacionado con el petróleo durante el periodo de la ocupación militar. El propio artículo de Sanger y Dao centra el problema:

> qué hacer con las reservas de petróleo de Iraq —las segundas más importantes después de Arabia Saudita—, y cómo emplear el dinero proveniente de la venta de petróleo para la reconstrucción del país sin dar pie a las acusaciones de que ha sido el control de petróleo,

4 Sanger, David y Dao, James, "U.S. is completing plan to promote a democatic Irak", *The New York Times*, 6 de enero de 2003, primera página.

y no el desarme de Iraq, lo que ha constituido el verdadero objetivo del presidente Bush.

En un artículo que parecería invocar a Ruduy Kipling y a su tesis sobre los deberes civilizatorios impuestos a los imperios y al peso de la responsabilidad del hombre blanco, Michael Ignatieff, director del Carr Center en la Kennedy School of Government en la Universidad de Harvard, nos describe la naturaleza imperial de Estados Unidos. A pesar de esa vocación imperial, parte del problema de Estados Unidos, indica Ignatieff, es que enfrenta su calidad de imperio sin conocer con exactitud las consecuencias que ello supone, y sin definir los alcances y los límites de una hegemonía global. Ignatieff anuncia magistralmente la naturaleza del dilema: "la cuestión no es determinar si Estados Unidos es demasiado poderoso; se trata de precisar si es suficientemente poderoso".

Ahora que el presidente Bush y su administración dirigen sus esfuerzos en favor de un primaveral operativo bélico en Iraq, ubicando 150,000 soldados en la región para finales de enero del 2003, y movilizando un impresionante equipo militar, Ignatieff indica que:

> la consecuencia más profunda de lo que está sucediendo no se encuentra plenamente registrada: lo que realmente significa Iraq es una operación imperial. Esa operación imperial habrá de comprometer a una república reacia a la guerra. Y como consecuencia de ese compromiso, habrá de convertirse en el garante de la paz, de la estabilidad, de la democratización, y del suministro del petróleo. Todo ello sucederá en una región que puede arder, con pueblos islámicos que se extienden de Egipto a Afganistán. Esa función, desempeñada en su oportunidad por el Imperio Otómano, después por franceses y británicos, ahora será asumida por una nación que debe preguntarse si, al convertirse en un imperio, no corre el riesgo de perder su espíritu republicano.[5]

5 Ignatieff, Michael, "The Burden", *The New York Times Magazine*, 5 de enero de 2003. Con una incuestionable destreza política, y con un evidente

"Una guerra innecesaria" es el sugerente título de un artículo reciente, publicado en *Foreign Policy*. Los autores son John J. Mearsheimer y Stephen M. Walt, dos exponentes de la doctrina del realismo ofensivo de las relaciones internacionales. Con base en ese realismo, indican que la razón para juzgar que la invasión a Iraq y el derrocamiento de Sadam Hussein por Estados Unidos no es inevitable descansa en un argumento importante: Sadam Hussein sí responde a una política de disuasión, como lo ha comprobado con su comportamiento durante los últimos treinta años. La disuasión funciona en Iraq como en su oportunidad funcionó en el caso de la Unión Soviética.

Destacan estos dos autores que Estados Unidos, con su capacidad militar y política, tiene el poder para disuadir a Hussein, impidiendo que inicie actos de agresión en contra de sus vecinos, que utilice armas químicas o biológicas, que se convierta en potencia nuclear o, si ya lo es, usando ese poder disuasivo estadounidense para extirpar cualquier amenaza de Iraq, puesto que enfrentará una respuesta nuclear abrumadora cuya consecuencia acarrearía su destrucción total.

Para Mearsheimer y Walt, es igualmente inviable la posibilidad de que Iraq entregue armamento nuclear a una organización terrorista como Al Qaeda o alguna otra. Argumentan que Osama Bin Laden es un fundamentalista radical y Hussein se ha dedicado a reprimir con saña todo movimiento fundamentalista dentro de sus fronteras. Hussein no se arriesgará a entregar armas que en el futuro podrán ser empleadas en contra suya. Además,

talento para elaborar frases seductoras, Ignatieff formula una serie de cápsulas relacionadas con las tareas imperiales. Por ejemplo: "Imponer un cambio de régimen es una tarea imperial por excelencia, ya que supone que los intereses del imperio otorgan el derecho de arrasar la soberanía de un Estado... Las responsabilidades imperiales son de largo plazo y las democracias se impacientan con obligaciones que impliquen una duración prolongada... Los imperios sobreviven cuando logran entender que la diplomacia, respaldada por la fuerza, resultará siempre preferible al recurso exclusivo de la fuerza".

la sola sospecha de un arreglo de este tipo desencadenaría un ataque masivo de Estados Unidos sin averiguar culpas o responsabilidades.

Para estos dos autores, la lógica y la evidencia histórica hacen patente que en una rigurosa política de contención tendrá mayor éxito, ahora mismo, pero también en la eventualidad de que Iraq adquiera armamento nuclear. El peso de este argumento descansa en que Estados Unidos y sus aliados regionales son infinitamente más poderosos que Iraq. Ese poder será siempre un disuasivo fundamental para contener cualquier tipo de aventurerismos.

No existe un argumento estratégico que, en forma compulsiva e irresistible, conduzca a hacer necesaria una guerra contra Irak. Esa guerra, dicen Mearsheimer y Walt:

> es una guerra que la administración Bush decidió que debía ser una guerra, pero es una guerra que no es necesario emprender. Aun en el caso de que las cosas salgan bien y que la guerra tenga consecuencias favorables en el largo plazo, de todos modos será una guerra innecesaria. Pero si las cosas salen mal —por ejemplo, con un elevado número de bajas estadounidenses, con numerosas víctimas civiles, con un incremento en el riesgo de actos terroristas, o un aumento en los odios antiestadounidenses en el mundo árabe e islámico—, entonces los arquitectos de esa guerra adquirirán una responsabilidad mayúscula.[6]

En una lógica perversa, atacar militarmente a Iraq puede producir el efecto que se pretende evitar: la respuesta de un Iraq acosado, que recurre al empleo de armas químicas o biológicas, en una contingencia bélica que desencadena, con un trágico determinismo, una escalada en el uso de armamento de destrucción masiva por las partes involucradas. La dificultad es detener, ahora, esa lógica perversa.

6 Mearsheimer, John J. y Walt, Stephen M., "An Unnecessary War", *Foreign Policy*, febrero de 2003, pp. 50-59.

El objetivo del Consejo de Seguridad de la ONU es impedir que Iraq represente una amenaza para la paz internacional, o que se constituya en un agresor. Los inspectores de la Comisión de Naciones Unidas para la Inspección, Vigilancia y Verificación (UNMOVIC) tienen la obligación de determinar la existencia de armamento de destrucción masiva en Iraq. De existir, debe ser destruido. La finalidad de este ejercicio es eliminar todo riesgo de que Iraq sea poseedor de un armamento que signifique un peligro grave para la paz regional y, además, que Iraq tenga la capacidad de utilizar ese armamento en contra de sus vecinos, afectando directamente la seguridad nacional de esos países. De no acatar las resoluciones vinculatorias acordadas por Naciones Unidas, Iraq cometería una violación sustantiva a las reglas impuestas por el Consejo de Seguridad y que Iraq necesaria e ineludiblemente debe cumplir.

Desde cualquier perspectiva, es preferible que no haya guerra. Pero si la hay, resulta imposible garantizar de antemano que no ocurrirán los escenarios extremos, los más destructivos. Si bien el porcentaje para que suceda la hipótesis catastrófica es relativamente bajo, difícilmente alguien se atreverá a predecir que la conducta de la guerra no causará víctimas civiles y militares; no provocará destrucción y muerte; no alterará profundamente las relaciones entre Estados y entre sociedades; no representará un fracaso más en el comportamiento de instituciones diplomáticas; no despertará una frustración mayúscula ante la incapacidad de detener una maquinaria de guerra; en fin, que la conducta de la guerra no habrá de condenar históricamente a quienes sean los responsables de cometer actos de lesa humanidad.

VI. MÉXICO: LA DEFINICIÓN DE LA SEGURIDAD NACIONAL

Al producirse una recomposición en el sistema de alianzas, y al requerirse una nueva definición de la seguridad internacional, una consecuencia obligada es determinar, en esa nueva realidad, los instrumentos que habrá de utilizar el Estado mexicano para salvaguardar los intereses esenciales de nuestro país.

Es útil recordar que la primera obligación de todo Estado es proteger a sus ciudadanos y defender su territorio nacional, por ser éste un elemento esencial de la propia seguridad nacional. Para impedir que se vulnere esa seguridad nacional, el Estado tiene títulos válidos y legítimos para prevenir y reprimir actos terroristas que se cometan en el ámbito de su espacio territorial. De esta suerte, por interés propio, el gobierno mexicano tiene la responsabilidad política y jurídica de combatir el terrorismo.

Pero el terrorismo, como sucede con el narcotráfico, es también un crimen transnacional, que reclama la cooperación de la comunidad de Estados. Reclama, necesariamente, un sistema de reciprocidades que coadyuve, para beneficio de todos los miembros de esa comunidad, en la prevención y persecución de esa modalidad del crimen organizado, cuya naturaleza es particularmente cruel por afectar a la población civil, por dañar a víctimas inocentes. Ese sistema de reciprocidades obedece a un legítimo interés colectivo, pero responde también a un genuino interés individual por parte de cada Estado.

Un acto de terrorismo, como el que ocurrió el pasado 11 de septiembre, ha sido calificado por Naciones Unidas como una amenaza a la paz y a la seguridad internacionales. Por supuesto, esa amenaza pone también en peligro la seguridad nacional. Pero para que esa seguridad, interna y externa, sea real y perdurable, es preciso que se cumplan normas y principios que no deben ni pueden ser desconocidos aun en el caso de la comisión de actos repugnantes como el terrorismo.

Esas normas y principios comprenden la existencia de un sistema de legalidad, con un orden jurídico internacional que debe ser cumplido y respetado. Incluye también un sistema de seguridad colectiva ya establecido en la Carta de las Naciones Unidas, con un mecanismo institucional que centraliza las respuestas en contra de un acto de agresión. De ahí que, en las nuevas circunstancias, resulte imperativo reafirmar una serie de objetivos centrales.

Algunos de ellos son los siguientes:

—Asegurar el adecuado funcionamiento de los instrumentos multilaterales existentes, en especial las Naciones Unidas, órgano responsable de mantener la paz y la seguridad internacionales.
—Asegurar que la respuesta al acto terrorista sea una respuesta proporcional.
—Definir las causas que dan origen al terrorismo, a fin de aliviar en la fuente los motivos que generan esas reacciones radicales.
—Someter a la acción de la justicia a los autores, organizadoras y patrocinadores de los actos terroristas, así como a sus cómplices.
—No castigar a la población de un país por los actos criminales de un individuo.
—En el caso de Afganistán, hacer realidad un programa de reconstrucción política y económica, que proteja a la población civil víctima de las acciones bélicas recientes, incluyendo en ello a refugiados y desplazados.
—Establecer un sistema multilateral, con los auspicios y el mandato de las Naciones Unidas, para prevenir los actos terroristas, coordinando servicios de inteligencia, eliminando instrumentos de financiamiento y desmantelando sus redes de comunicación, definiendo el carácter criminal de los actos terroristas, y asegurando la sanción de esa forma de delincuencia organizada, bajo los principios del debido proceso legal.

Para México, los nuevos términos de la seguridad internacional hacen necesario definir un concepto de la seguridad nacional que responda a las circunstancias contemporáneas. Esa seguridad abarca, por supuesto, la integridad territorial y la independencia política de México, reafirmando su calidad de Estado soberano, pero no se limita a ello. Es imperativo que esa noción de seguridad no tenga una connotación policiaca o militar; deberá ser, por el contrario, un término con alcances eminentemente políticos. Una auténtica seguridad del Estado, que se convertirá en parte de una seguridad colectiva para la comunidad internacional, comprenderá, adicionalmente, estos otros elementos:

—Fortalecer las instituciones democráticas, eliminando autoritarismos que dañan al conjunto de la comunidad mexicana.
—Respetar los derechos humanos como parte integrante de una cultura política generalizada.
—Reafirmar la existencia de un Estado de derecho, en donde la solidez de un orden jurídico sea sustento de garantías individuales y de funcionamiento óptimo de las instituciones gubernamentales.
—Implantar estrategias de desarrollo económico sostenido, favoreciendo una distribución equitativa de la riqueza, con los consecuentes beneficios en el equilibrio social.
—Combatir el narcotráfico como elemento corrosivo de las instituciones del Estado, cuya consecuencia es contaminar a toda la sociedad por sus efectos destructivos.
—Combatir organizaciones terroristas que atentan contra la estructura política de uno o varios Estados.
—Combatir, a escala internacional, el tráfico ilícito de armamentos, que representa una amenaza continua al buen funcionamiento del Estado, por vulnerar el monopolio del uso legítimo de la fuerza.
—Combatir, como fenómeno que socava al tejido político y al desarrollo económico, el problema de la corrupción pública y privada.
—Proteger el medio ambiente para limitar y revertir procesos de desertificación y ampliación de zonas áridas, como consecuencia de la erosión del suelo.

—Afianzar los mecanismos de la solidaridad internacional para impulsar el auxilio en el caso de desastres naturales.
—Integrar programas de salud pública para prevenir y eliminar pandemias como el sida, cuyo efecto devastador en todos los órdenes produce daños equiparables a los grandes desastres naturales, pero cuya presencia es permanente y progresiva.

Un replanteamiento en la naturaleza de la seguridad internacional habrá de conducir a centrar la atención en el combate al terrorismo. En el orden de prelaciones de las grandes potencias ese será el asunto prioritario en los años por venir. Otras cuestiones importantes, como los acuerdos de control y reducción de armamentos nucleares o la revisión de las reglas en materia de defensa antibalística, serán un subproducto derivado de la realineación de fuerzas políticas que ha surgido como consecuencia de la lucha antiterrorista. La seguridad económica internacional quedará condicionada al buen funcionamiento de los mecanismos que se implanten para combatir el terrorismo.

En forma semejante a lo que sucederá en el caso de un cierto número de países, México habrá de jugar un papel importante en la aplicación de los nuevos términos del concepto de seguridad internacional. Una primera consecuencia es que el perímetro de seguridad que corresponde a México, Estados Unidos y Canadá, se ha ensanchado de manera considerable. Su ampliación es espacial, pero también conceptual. Ello comprende el fortalecimiento de los sistemas de inteligencia y de información. La cooperación en este rubro habrá de significar mejores instrumentos en el combate al terrorismo pero, de manera paralela, también podrá representar nuevos elementos para una mayor eficacia en la lucha contra el crimen organizado, el narcotráfico, la corrupción y el tráfico ilegal de armamentos. El riesgo, desde luego, es que en los servicios de inteligencia predomine el criterio policiaco, con daño serio a las libertades fundamentales.

La seguridad en el suministro de energéticos será una inocultable preocupación de Estados Unidos ante las turbulencias y la inestabilidad que se producen en el Medio Oriente y en Asia Central. La necesidad de una confiabilidad total en el abastecimiento de petróleo originado en países territorial y políticamente cercanos a Estados Unidos se habrá de incrementar, en demérito de aquellas otras fuentes energéticas que se encuentren involucradas en las zonas de graves turbulencias políticas y militares. Pero en las virtudes de la confiabilidad están también sus defectos. Por ejemplo, sustituir a Arabia Saudita como proveedor de petróleo puede hacer vulnerables a México o a Venezuela, al convertirse esos países en piezas esenciales en un asunto que constituye un interés vital para Estados Unidos.

Para los largos plazos, es probable que Estados Unidos requiera flujos migratorios que cubran necesidades adicionales de mano de obra. América Latina podrá convertirse en un contribuyente importante de esas corrientes migratorias. Pero en el plazo inmediato, las razones de seguridad habrán de imperar, implantándose una severa política de control fronterizo y de documentación migratoria que dificultará enormemente las oportunidades para regularizar extranjeros o para establecer programas de trabajadores temporales.

El efecto de los actos terroristas del 11 de septiembre se refleja en la recomposición de un orden de prelaciones en el sistema internacional y en el ámbito individual de cada Estado. Toda la comunidad de Estados ingresa a una nueva categoría de vulnerabilidad previamente desconocida. Seguridad colectiva y combate al terrorismo serán elementos indisolubles en los años por venir. La colaboración en ese combate habrá de condicionar y definir la naturaleza de la cooperación en otros ámbitos. Cada Estado tendrá que determinar el alcance de sus responsabilidades domésticas e internacionales. Ante una nueva realidad imperante como consecuencia de lo sucedido a partir del 11 de septiembre, es obligado el diseño de nuevas políticas en materia de seguridad y de relaciones exteriores.

Para México, el combate al terrorismo es parte de su interés nacional. Pero el impacto que producirá en todos los órdenes ese combate es un asunto que debe ser periódicamente revaluado. Sistemas de inteligencia y de información, política energética, controles migratorios en las dos fronteras, flujos de inversión y financiamiento, o mercados de exportación, en el futuro sufrirán una profunda transformación. Mantenerse al margen de las nuevas realidades no servirá para fortalecer las potestades soberanas del Estado mexicano. Pero reafirmar los fundamentos de un concepto de seguridad nacional ajustado a términos políticos y alejado de criterios policiacos o militares será elemento indispensable para diseñar la participación mexicana en un nuevo sistema de seguridad internacional.

Para México, reafirmar los fundamentos de un concepto de seguridad nacional debe comprender necesariamente la consolidación de un orden internacional cimentado en un principio de legitimidad. El uso arbitrario de la fuerza armada no otorga esa legitimidad. Recuérdese que, al término de la Primera Guerra Mundial, se gestó un conjunto de instituciones destinadas a constituir una seguridad colectiva. Ante su insuficiencia, como quedó demostrado con los horrores de una Segunda Guerra Mundial, un nuevo intento tuvo su consagración en el andamiaje de organizaciones que, a partir de 1945, ha coadyuvado a mantener una paz general, a pesar de haber transitado por una Guerra Fría y una multiplicidad de conflictos regionales.

En la construcción de ese andamiaje, Estados Unidos ha jugado un papel esencial. Woodraw Wilson y Franklin Roosvelt estuvieron presentes en la creación de un nuevo orden en el siglo XX. Ese legado histórico ha servido para mantener a una comunidad internacional alejada de conflagraciones bélicas mayúsculas durante más de once lustros. Quebrantar normas y vulnerar instituciones, argumentando unilateralmente la protección de una seguridad nacional, viola la mejor tradición de los valores democráticos, al chocar frontalmente con los elementos de convivencia reconocidos por una colectividad de Estados. Una operación militar unilateral en contra de Iraq, sin la autorización del Consejo de Seguridad, sin causa suficiente como para recibir los necesarios consensos, provocaría un daño enorme a un sistema que descansa en una comunidad de reglas políticas y jurídicas.

En un juego armónico que combina la defensa de los principios y la protección de sus intereses, México ha cumplido una función destacada al reafirmar sus antiguas tesis de política exterior y oponerse al uso ilegal de la fuerza armada. Mantener el hilo conductor de esas tesis, aun en las circunstancias extremas en que el poder repudia su sometimiento a esa comunidad de reglas políticas y jurídicas, otorgará autoridad, en el interior y en el ámbito internacional, a la conducción de los asuntos políticos mexicanos. Servirá también para convalidar una política exterior de principios, alejándose de la tentación de abandonarlos, eliminando también el riesgo de perder una fuente de legitimidad, que no ha sido un elemento menor en las tareas de buen gobierno en las últimas siete décadas.

TERROR. A REFLECTION

Adrian BEAMISH*

One of the pieties of Medieval and Renaissance Europe and America was to christen infants, institutions and places with names chosen from the crowded pages of the Christian Calendar and from among the figures thronging the niches, pedestals and the stained glass windows of the great abbeys and cathedrals. This multitude featured not merely angels, prophets, apostles, popes, prelates, doctors, virgins and martyrs but also personifications of the Christian Virtues such as Holy Charity, Santa Fe and so on. In this way, it came about that in France there are several places called St. Just. One such, in Brittany, gave its name, with its echo of Holy Justice, to a family who's most famous, or infamous, son, a twenty six year old army officer, is linked forever to Terror. Louis Antoine de St. Just characterised by the French historian, Michelet, as "l'archange de la mort" (the archangel of death) has come down to us, with Robespierre, as a principal apologist and practitioner of la Terreur.

When the Convention split in 1793 with the departure of the Girondins, St. Just, President of the Convention and like-minded colleagues, desperate to reinforce their authority from a shrinking power base unleashed la Terreur. In Paris alone, 17,000 went to the guillotine affording the tricoteuses a daily show, seven days a week with, on average, 40 heads; not bad going in an era before killing had been organised along the industrial lines

* The author is a former member of the British Diplomatic Service, Ambassador to Mexico and Peru, Under— Secretary of State, who is now teaching at University College, Cork in Ireland.

that recent history has made familiar. In the country as a whole over 300, 000 were cast into prison many of whom never emerged, done to death obscurely without process. From the technical point of view, la Terreur was undoubtedly a success, arguably too much so. Some colleagues in fear of their lives and determined on their own survival conspired successfully to bring Robespierre and St. Just themselves to the guillotine.

The fortuitous linkage, in the person of St. Just, of the concepts —Justice and Terror— gains added piquancy from the fact that both he and Robespierre made a specific link between the two to justify their policy. Robespierre declared that "la terreur n'est autre chose que la justice prompte, severe et inflexible" (Terror is nothing more than a justice that is quick, stern and unbending).

Aristotle's famous definition of the purpose of tragedy that it should excite feelings of pity and terror in the heart of the beholder, requires a hero of high estate who does not understand his blindness, or hubris, until it is too late for him to avoid the inescapable and pitiless nemesis that fate has prepared for him. And this combination should procure for the spectator the therapeutic purging, or catharsis, by exciting those feelings of pity and terror. The effect is to reinforce our belief in the dignity and worth of man. Outside the theatre, terror has no therapeutic value; on the contrary.

The massacre of the Chouans in the Verdee, of the Kulaks in Russia, of the Jews in Auschwitz and elsewhere and other examples of terror in Cambodia and Rwanda diminish humanity and leave the spectators, contemporary and subsequent, with feelings of bewilderment, incomprehension, guilt and shame. In short, the effect is traumatic. As Robespierre also noted in the same passage quoted above "sans laquelle (la virtu) la terreur est funeste" (without which (virtue) terror is baleful). Arguably, the baleful nature of terror arises from the deliberate and indiscriminate murder of innocents. That may be its essential characteristic.

In contemplating these and so many other horrors, it is appropriate to consider the use and purpose of power. Wherever we are, we cannot escape it. In the family, in the workplace and in our wider role as citizens we both exercise it and are subject to the power of others. This familiarity enables us quickly to recognize its force, and our own, its legitimacy and its abuse, by others as well as by ourselves. Experience of family life offers many indispensable insights

Within the family and school, power, with its accompaniments, reward and punishment, is exercised and experienced. The touchstone of justice, or fairness, is never far away as individuals learn about innocence and complicity, their own and that of other members. By their nature, families are polyvalent entities making a wide range of demands on their members and seeking, in turn, to accommodate and support an ever widening and changing set of individual purposes. The capacity and flexibility of the entity as of the individuals within it being limited, differences of purpose inevitably arise. Resolving them is, typically, ad hoc and will be a function both of the norms established within the dynamics of the family and of the impact on members of the family of other entities to which they may belong, or may have belonged or been affiliated e.g. school, church, business, profession, government service and so on.

Compared with the family, other social entities typically have more specific purposes, make therefore a narrower range of demands on individuals but, per contra, by virtue of their specialisation and size accumulate much larger concentrations of power. The accompanying rewards, recognition and punishment are correspondingly greater, usually massively so, beside which the family appears puny.

In order to achieve their purposes, the first requirement of these social entities is to harness their resources so as to deploy them in such a way as to maximise the possibility of success. This entails particular disciplines with which individuals must comply in default of which they expose themselves to sanctions.

The individual usually comes quite quickly to recognise that much power is concentrated within the entity, that it is at the service of its discipline/reward system and that he is subject to it. In short, the entity's first requirement is order. To survive and prosper it must have the power to deal effectively and in a timely manner with all threats to, or infringements of, that order.

Through family life, individuals learn that order and justice are not co-terminous. What is permitted to one may not be permitted to another, or may be permitted today but not next week, or may be permitted by one power but not another. Similarly, an act may one day merit recognition or reward but another day or from another person receives neither. Time too, they learn, is frequently an important factor in the interplay between order and justice. When it is a question of "Everyone into the car" or "Everyone up to bed", there is no time then and perhaps even later for an enquiry into the rights and wrongs of a particular point at issue. Through the discrepancies and inconsistencies between so many and so varied determinations, taken in such varying circumstances, individuals also discern that there is a difference between authority and power. It is a gap that they are quick to exploit by challenging rulings as unfair. Sometimes the challenges succeed sometimes they don't, a corollary being that the legitimacy of authority appears to vary and that it is usually easier to challenge than power itself. In this way, an understanding of the individual's power and that of the power over him begins to emerge. Solidarity is another concept at play, usually most evident between parents, or other authorities, and between children, or citizens, but there are occasions when it transcends the power gap. Failing to own up to a fault, failing to speak out in support of another's innocence, telling tales about another's misdeeds or incriminating him or her falsely, may, in particular circumstances, be preferred so as to secure some benefit, to avoid punishment or loss. Solidarity is the casualty. For all the apparent ad hoc, even arbitrary, elements of family life the members will nevertheless perceive more or less clearly a common purpose and rally round a basic consensus, not necessarily explicit, about the purpose and norms of what is inescapably a common project. In cleaving to that common project they accept that order, however imperfect, is essential and that on many occasions justice will have to take a lower priority.

In due time, the little sovereignties, each with its own will, energy and desires, in short, its identity, graduate and emerge from the family into a vastly more spacious arena. Freed from the time bound sway of their elders, they can, in retrospect, see that the raison d'etre of the family that they have left was in large measure themselves and that their departure has in substantial measure also deprived the elders of part of their raison d'etre and thus diminished them. If they are inclined to pursue the retrospect they will recognise, explicitly or implicitly, that the episodes of confrontation and strife were more than balanced by lengthy periods of calm permitting a steady process of development and growth; that the rugosities generated by many clashes of ego were dissolved and smoothed by the twin solvents, love and affection, and that the same re-agents, operating through common regard and common sacrifice, have cemented links that in most cases prove indissoluble. They will also apprehend that deep within this growing and learning process lay a paradox, namely that order takes precedence over justice but that order cannot endure long unless it creates an adequate justice and that the pursuit of both are tasks truly worthy to be called Sisyphean. This may be regarded as the common experience but for some it is not so and they emerge into the arena with enmity in their hearts and are never reconciled.

Pursuing the retrospect further, it would be reasonable for the newly graduated sovereignties to conclude, from this common experience of the exercise of power and the order that it sought to underpin, that the purpose was to create circumstances in which their entity, that is to say the family, but, more particularly, they themselves could grow and prosper. Transposing this and other lessons to the larger society that they join on leaving the home they might consider that the purpose of power was indeed to create an order supported by a justice adequate to secure peace and thus the conditions for growth and prosperity. There is a sequence —order, justice, unity, peace and prosperity—.

Hegel's discussion about the nature of man and what distinguishes him from the animals centres on the notion that man's fundamental characteristic is a readiness to risk his life for prestige. Hypothesising about the First Man, he describes an encounter between him and another. The desire for recognition being, above all others, so powerful, the First Man demands recognition that he is a man from the other by showing that he is ready to risk his life. (Little boys often do this when they meet for the first time " Wanna a fight?" they ask.) The Second Man, being also human, has the same desire. Logically, the only way these desires can be satisfied is in a fight to the death. There can be only three outcomes; mutual annihilation, the death of one or the survival of both. In the first case there is no sequel, in the second, recognition is denied since there is no one to confer it. In the third case, one is the victor the other the vanquished, or, as Hegel put it, one becomes the master the other his slave. Although the slave thought he was ready to risk his life, he learnt, in the heat of the fight, that in fact he preferred to live rather than die and so threw in the towel. The slave's capitulation does not mean that he is not a man, he was, after all, ready to risk his life, but that the other is more manly. Logically, a third may appear who proves to be more manly still.

In the light of experience of family life and it may be said of life in general, and in the light of readings in history and politics, the penetration of Hegel's brilliant psychological insight has impressive plausibility. It is always a thrill to see a struggle between a champion and an underdog and usually the majority, we, the slaves, want the underdog to win and thus put an end to the regime of that particular master, be it in politics, business, tennis, soccer and so on provided always that our interests are not engaged. It is a very different matter when our lives and our livelihoods are put at risk. Then we, the slaves, will rally to the master, assuming, that is, that we think that he will win.

There being no perfect order nor the possibility of it, there can be no perfect justice. Between what a particular order can offer and the reasonable demands of those subject to it, there will always be a gap. Anyone who has had to exercise authority or wield power knows that challenges are a daily occurrence and that meeting them successfully means first and foremost maintaining legitimacy. Where legitimacy is questioned the stakes are immediately higher. Defending the order means justifying its authority and being clear that if need be its power will be exercised. Some challenges can be seen off, others can be resolved by negotiation some entail battle.

If it is in the nature of man to seek recognition, if need be at the risk of life, it is the nature of order to be challenged. Among sovereignties, puny and great, harmony of desires can only be provisional as Man's history so abundantly demonstrates.

In terms of extent, longevity and influence on succeeding generations Rome must surely be regarded as the most successful order that the world has so far seen. That it should become Christian must in the early centuries have seemed impossibility. The factors that led to the conversion of Rome were of course many and their interrelationships many, complex and constantly evolving over time. But what is clear is that the readiness of the Christians to lay down their lives for their faith, often after severe tortures, made an impression on the upholders and guardians of the Roman order and the people in general. Irrespective of political or religious interest, they wanted to know why the Christians were ready to die. What they learnt was that they were seeking neither to overturn the Roman order, nor glory, at least, as it was then conventionally understood. Then, of course, they needed to know more.

History tells of challenges to order that succeeded but of many more that failed. Many had never any chance of success, were ignominious failures but, strikingly, posterity even where there may be no sympathy for the cause, does not in most cases regard the protagonists with aversion or contempt, precisely because they were ready to, and in thousands of cases, did give up their lives. The history of Ireland furnishes many examples.

During the eighteenth century, Ireland expanded and prospered. The principal beneficiaries were the Protestant ruling class, less than a tenth of the population, most of who were descended from English and Scottish Protestants settled in Ireland by successive English monarchs during the sixteenth and seventeenth centuries. The Catholic majority, denied all political rights, deprived of their lands and with very few economic openings, lived for the most part in a state of resentful servitude, which from time to time found expression in violence. By the second half of the eighteenth century, the Protestants were becoming resentful too. From medieval times, the constitutional arrangement between England and Ireland had been that of two kingdoms, each with its own parliament Westminster and Dublin ruled by one sovereign, the king of England advised and supported by the two parliaments in respect of their own territories. Irish and English interests did not always coincide and, as the Europe of the nation states developed, Ireland assumed a greater strategic significance for England when the political and religious rivalries sharpened, at first with Spain and later with France. England could be attacked from the rear via Ireland and several such attempts were, in fact, made. It was only natural for Westminster to seek greater control and as natural for Dublin to resist and resent. During the course of the rapid advance of urbanisation in the eighteenth century, a growing middle-class emerged in Ireland professionals, civil and military servants, clerics, merchants and manufacturers overwhelmingly Protestant. Their expectations grew with the general expansion but they felt that the scope for fulfilling them was not commensurate. Trade restrictions imposed by Westminster were a particular bone of contention. A further exacerbating factor were the liberal ideas generated by the Enlightenment. The rebellion of the American colonies in 1776 and the liberal notions and political grievances that fuelled it made a big impact in Ireland and divided opinion among the Protestants. Solidarity with the crown was the dominant sentiment. The Protestants understood very well that in the last analysis the British army guaranteed their status and privileges, but there was, nevertheless, a surprising amount of sympathy for the American colonists as many Protestants ruefully concluded that they too lived in a colony and not as they had supposed in a kingdom, albeit tributary. There was also much criticism of the government unsuccessful conduct of the war. Another consequence of the rebellion was the despatch to America of the bulk of the British garrison quartered in Ireland and the inability of the crown to finance the recruitment and training of replacements. Conscious that their own security among the Catholics millions depended on an adequate military presence and that the Americans had enlisted Spain and France as allies, the Protestants flocked to establish, at their own initiative and expense, importing arms and munitions for the purpose, the Volunteers, a force that within a few short years grew to number 60,000 men, more than filling the gap left by the departed garrison.

In the event, there were few calls on the Volunteers to use their arms but they met, drilled and exercised frequently at local, regional and national levels. These meetings generated great enthusiasm conferring new consciousness and confidence on the emerging Protestant middle-class and providing it with an extra-parliamentary forum in which information and ideas could be exchanged and views and resolutions formulated. The Dublin parliament was largely the preserve of the grandees and the gentry. Ireland in general and the Volunteers in particular followed the Westminster's government's unsuccessful prosecution of the war with keen interest and found many parallels between their own and the colonist' predicament and in the attitude of the government towards colonist demands in America and in Ireland.

Sentiment in favour of greater autonomy strengthened. After the war was lost in N. America the Volunteers continued in existence for some years and had by then acquired, with its meetings and assemblies, some of the features of a political force. The Westminster parliament found it expedient to concede some long held Irish demands, particularly concerning trade. The Volunteers eventually disbanded and the government found the means to recruit and finance its own militias but not before there emerged from the new political consciousness achieved by the middle-class Protestants a political movement, the United Irishmen, campaigning for more autonomy and, showing unprecedented idealism, Catholic emancipation. Within the movement there were some who wanted to go much further. Chief among these was Wolf Tone.

Tone, a Dublin Protestant, had trained as a lawyer but quickly came to find pamphleteering and political activity more to his taste. He is regarded as the father of modern Irish republicanism. Infected by the example of the French Revolution, he and like-minded colleagues began to promote the notion of a fully independent republic to be secured by force of arms. The United Irishmen was proscribed and Tone himself and the other principals went into exile, in his case to America, whence he left for France. There he succeeded in achieving French citizenship, the rank of general in the French army and, most importantly, French military support for a rising in Ireland. England and France were once again at war. The population of Ireland was then equal to about half that of England, Scotland and Wales (today it is less than a tenth). A French foothold in Ireland coupled with a general uprising would have amounted to a severe threat to England's position in Ireland and to England itself. There were two risings aided by the French. Both failed. The second, in 1798, had virtually ended in fiasco when Tone almost certain that he was doomed set sail with another French force to try to rescue the cause. He and his companions were arrested as they stepped ashore. His protests that as a French citizen and an officer in the French Army he should be treated as a prisoner of war were brushed aside. He was tried and sentenced to be hanged as a traitor.

Five years later, in 1803, there was another rising organised, financed and led by Robert Emmett. Like Tone, Emmett was from the Protestant middle-class, the son of a successful and highly regarded lawyer. At Trinity College, he distinguished himself as a student and as an orator but was later expelled for his inflammatory opinions before he could take his degree. He left Ireland for the continent where after spending some time in the Free City of Hamburg he found his way to Paris to seek the support of the French. He did not succeed and returned to Ireland in late 1802. He launched his attempt to seize power in July 1803.

The tradition of armed rebellion has continued into our own times notwithstanding the insurrection of 1920/21 that secured the independence of 26 of Ireland's 32 counties. One of the heroes of the latest phase was Bobby Sands who, with 11 others, died on hunger strike in 1981.

Unlike Tone and Emmett, Sands was neither a university man nor a Protestant but a Catholic who, after leaving school, was apprenticed to a manual trade, aged 15. Four years later, in 1973,and by now a member of the IRA, he was jailed for five years for a firearms offence. Released in 1976, he was rearrested the same year following an exchange of fire with government forces while "on active service" and sentenced to 14 years in prison where he died on hunger strike five years later.

Dr. Johnson, the celebrated English sage and wit, once opined, "Knowing that he is to die in a fortnight concentrates a man's mind wonderfully". With this in mind, it is instructive to review what these young men, who were respectively 35, 25 and 27 when they died, said and wrote when they knew that death was not only certain but also imminent.

From the dock, Tone declared

> I heartily lament it (misfortunes brought upon Ireland) it is now nearly four years since I have quitted Ireland and consequently I have been personally concerned in none of this; if I am rightly informed very great atrocities have been committed on both sides, but that does not at all diminish my regret; for a fair and open war I was prepared; if that has degenerated into a system of assassination, massacre and plunder I do again most sincerely lament it... in this world success is everything; I have attempted to establish the independence of my country; I have failed... my life is forfeit and I submit; the Court will do their duty and I shall endeavour to do mine. [And further] I hope that I shall bear it as a man and that my death will not disgrace my life.

> Later in the quiet of his cell, he wrote to his father explaining why he would not see him or any other member of his family (his wife was in France) he wrote "I had not the courage to support a meeting that could lead to nothing and would put us both to insufferable pain. I beg my sincerest and most respectful duty to my mother".

Tone's earlier writings before his exile and subsequent departure for France, give some outline of his convictions and motivations

> To subvert the tyranny of our execrable government, to break the connection with England the never failing source of our political evils, and to assert the independence of my country... these were my objects. To unite the whole people of Ireland, to abolish the memory of past dissension, and to substitute the common name of Irishman in the place of the denominations Protestant, Catholic and Dissenter...these were my means.

If the American war of independence divided opinion Great Britain the French Revolution caused even greater divisions. The Irish statesman Burke, who represented an English constituency at Westminster, wrote a powerful critique of the French Revolution in 1790. The revolution's most celebrated advocate in England, Tom Paine, wrote "The Rights of Man" as a riposte to Burke. Tone later wrote that though Burke had convinced England

> matters were very different in Ireland an oppressed, insulted and plundered nation. As we well know experimentally, what is was to be enslaved, we sympathised most sincerely with the French people. Ireland was a nation divided between aristocrats and democrats. The Protestants, one sixth of the population, had the whole of the government, 5/6ths of the land, have been for above a century in the quiet enjoyment of the Church, the law, the revenue, the army, the navy, the magistracy, the corporations, in a word, the whole patronage of Ireland. With properties whose titles were founded on massacre and plunder, and being, as it were, but a colony for foreign usurpers in the land, they saw no security for their persons and estates but in a close connection with England, who profited of their fears, and as the price of her protection exacted the explicit surrender of the commerce and liberties of Ireland.

Emmett's speech from the dock remains one of the most famous and anthologised of the genre and has been a fruitful source of inspiration to Irish patriots and their sympathisers ever since. His trial was crowded into one very long day, did not end until nine o'clock at night and did not adjourn from the sweltering courtroom even for meals. To facilitate and speed up the proceedings, Emmett, on more than one occasion corroborated the testimony of the prosecution witnesses and dispensed with the witnesses for the, defence. What he had to say at the end of a long, exhausting day and for him, facing the death penalty, one of unimaginable pressure and stress, gives ample proof of his gifts as an orator and makes Trinity College's decision five years earlier to expel him understandable. It is reported that Emmett's testimony even reduced the harsh and coarse-grained Lord Norbury, his principal accuser, to tears as he pronounced sentence. The letters that Emmett wrote that night, he was executed the following day, to his father and friends are of a piece with the tenor of his speech from the dock and throw further light on his mettle as a man.

In court Emmett declared,

> if the last entrenchment of liberty should be my grave...my object has been to make Ireland totally independent of Great Britain... whose government upheld its dominion by impiety against the Most High... a government that had displayed its power over man as over the beasts of the field...

He went on to say that "my conduct (was) governed only by the convictions I have uttered and the emancipation of my country from inhuman oppression under which it has so long and too patiently travailed".

Impatient at Lord Norbury's interruptions and urgings to him to be brief Emmett cut in "Where is the vaunted impartiality, clemency and mildness of your justice if I stand at the bar of the court and dare not vindicate my character, what a farce is your justice!" and later "...and as a man to whom fame is dearer than life, I will make the last use of that life in doing justice to that reputation which is to live after me and which is the only legacy I can leave to those I honour and love and for whom I am proud to perish". Still addressing himself to Lord Norbury who had interrupted again to insult Emmett and his fellow conspirators, he said "There are men concerned in this conspiracy... who would not disgrace themselves by shaking your blood-stained hand". After Norbury has asserted that it is Emmett who is responsible for shedding blood, Emmett flares up

> What, my lord, shall you tell me on my passage to the scaffold which that tyranny of which you are only the intermediate minister, has erected for my death that I am accountable for all the blood that has and will be shed in the struggle of the oppressed against the oppressor? Shall you tell me this and must I be so very a slave as not to repel it? [Concluding, Emmett warns] My lord, you are impatient for

the sacrifice. The blood which you seek is not congealed by the artificial terrors which surround your victim; it circulates warmly and unruffled through its channels and in a little time it will cry to heaven.

In his peroration, Emmett said,

Be yet patient! I have but a few more words to say —my ministry is now ended. I am going to my cold and silent grave— my lamp of life is nearly extinguished. I have parted with everything that was dear to me in this life for my country's cause, and abandoned another idol I adored in my heart —the object of my affections—. My race is run —the grave opens to receive me, and I sink into its bosom—. I am ready to die — I have not been allowed to vindicate my character. I have but one request to make at my departure from this world — it is the charity of its silence. Let no man write my epitaph; for as no man who knows my motives dares now vindicate them, let not prejudice or ignorance asperse them. Let them rest in obscurity and peace; my memory be left in oblivion and my tomb remain uninscribed, until other times and other men can do justice to my character. When my country takes her place among the nations of the earth, then, and not until then, let my epitaph be written. I have done.

The idiom employed by Bobby Sands is very different from the clarity and sonority of his eighteenth century predecessors. Its lack of polish recalls in some measure the words of Sacco and Vanzetti. Sands' writings were written during the course of a much longer captivity, the four last years of his life, and in very difficult circumstances. He and his fellow IRA prisoners campaigning for political status (shades of Tone's request to be treated as a prisoner of war) refused prison uniform and to cover their nakedness and to keep warm wrapped themselves in blankets. Subsequently they declined washing and toilet facilities. Sands spent much of those last years in solitary confinement in his fouled cell without access to books, newspapers, radio, TV and writing materials. In the introduction to his collected writings, it is recorded that he wrote on lavatory paper and cigarette papers with a biro refill that he kept concealed in his body. Tone and Emmett on the other hand were in jail only for a matter of weeks before meeting their deaths and members of the gentry as they were had only to call and writing materials were brought to them. And even if they knew or suspected that anything they wrote was very likely to be read, censored or suppressed by the authorities they at least had the freedom to unburden them selves in the peace and quiet of their cells. But notwithstanding this difference in circumstance and background it is striking how great the commonalities are.

During his long incarceration, Sands wrote poetry, short stories, and reflections and described the squalor and brutishness of life in jail "on the blanket".

"How many have been murdered", he asks "at their hands ...Too many! How many more Irish lives would be lost before the British decided they had murdered enough and were forced to get out of Ireland for ever?"

He records an exchange with one of his gaolers, who remarks "I wouldn't be doing what you're doing if I were in your position" to which Sands replies "I'm sure you wouldn't; maybe that's because you're a screw (gaoler) and I'm a political prisoner". Later he remarks, "I am a political prisoner, a freedom fighter. It is my political ideology and principles that my captors wish to change" and goes on to observe that to accept the status of criminal would be to degrade himself. And after hearing Mass one Sunday morning and reflecting on how his growing hatred frightens him he prophesies that "these young men (his fellow prisoners) will be fathers and these attitudes (the hatred and bitterness) will inevitably be passed to their children. This is the harvest Britain has sown".

On 1 March 1981, the day Sands began his hunger strike he also began a diary. The last entry is on 17 March (St. Patrick's day) at which point he weighed just under 58kg. He died on 5 May. In these pages he speaks of having broken his mother's heart and of the "perennial war between the oppressed and an alien, unwanted regime and claims the God given right of the Irish nation to sovereign independence and the right to assert it by armed revolution. On a more spiritual note, he writes human food can never keep a man alive for ever and consoles himself with "the fact" that he'll get a great feed "up above (if I'm worthy)". One of his last entries, on his 27th. birthday is to the effect that he has no doubts or regrets about what he is doing and he declares, "I'm free in spirit".

On the same theme of Freedom, a frequently addressed topic, some years earlier in a lengthy poem entitled the Crime of Castlereagh, Sands had written

All things must come to pass as one
So hope should never die
There is no height or bloody might
That a freeman can't defy.
There is no source or foreign force
Can break one man who knows,
That his free will no thing can kill
And from that freedom grows.

Common to these testimonies are anger and contempt for the alien oppressor, great concern about reputation but above all a fierce determination to refuse "slavery" and to be free and independent, if only in death. While there is recognition that they have caused death and suffering to others, including to their families, there is at the same time a certain serenity amidst all the anguish: they have no regrets because they know that they are doing the right thing and fought in the right cause. Sands testimony is more marked than that of the others by a spiritual element. Unlike them, he had during his long agony to fight on two fronts his oppressors and his body. He describes vividly how strong the temptation was while enduring the squalor and humiliation of being "on the blanket" to give up and that temptation was, of course, increased manifold once he started his hunger strike and had to endure the additional cravings of hunger and thirst. All three had to conquer their fear of death but he had to overcome his body as well and to that extent his death may be regarded as even clearer evidence of the unquenchability of the human spirit. This apart, the congruence of the three testimonies is clear although perhaps not surprising, given that they were all writing in the same genre.

These texts are also noteworthy since they furnish data in support not only of Hegel's (a contemporary, though at that time an obscure one, of Tone and Emmett) hypothesis but those of other thinkers before him who also noted man's need for recognition, glory, esteem and so on. In "The Republic " of Plato a word is used that has given difficulty to translators. It is frequently rendered as spiritedness or mettlesomeness both of which suggest, inter alia, impatience with the curb. On the last page of his Hunger Strike Diary, Sands wrote,

> The body fights back (against the lack of food). But at the end of the day everything returns to the primary consideration, that is, the mind. The mind is the most important. But then where does this proper mentality stem from? Perhaps from one's desire for freedom. It isn't certain that that's where it comes from.

Setting aside the lack of certainty, freedom, liberty and independence all imply the acquisition of power, at any rate, over oneself.

Anyone who has to exercise power understands that power is contested every day on all sides, not necessarily in head to head confrontations, but the myriad rulings made at all levels or, in the case of parliaments and congresses preparing legislation, the myriads of proposed rulings to be embodied in legislation, are all fiercely contested on behalf of this or that interest or, on a broader front, by the opposition as a whole whose principal interest is to unseat the government. Effective power requires authority. In the case of a government the first authority for its power is order followed of course by justice. In fact, as not only history but also the contemporary world show, the maintenance of order within their own jurisdictions is frequently beyond the capacity of the powers that be, be they states or families. A traditional practice of diplomacy was to withhold recognition of a new government until it had demonstrated that it was in effective control of its territory. The issue being order. In cases where there were settled arrangements for an orderly transfer of power recognition was a formality but where the transfer was contested e.g. in the case of coup, an assassination, civil war etc. other governments held off until the situation was clearer. The issue was order without which effective business between the jurisdictions would not be easy and might be impossible. For citizens, the first good required of a government is also order though closely followed by justice. But often this demand for justice is more urgent than the government's capacity to establish it. In the first instance, in response to a challenge to its authority a government will invoke order. Challengers will, for their part, as frequently invoke justice. It takes time to close the gap and even then it can never perfectly closed.

Paris apartien a tout le monde (Paris belongs to everyone) was a proposition widely current and as widely accepted during the Belle Epoque, a time when French culture and the French way of life had perhaps reached their apogee in terms of influence and imitation abroad. There is no comparable phrase referring to the USA today but it is the case that around the world there are millions who have lived, worked, studied or simply visited America and who, in their great majority, found the experience positive. In governments, businesses, universities and so on in every continent there are millions who, in their own situations, seek to apply what they can of what they learnt there. This is a consequence of the transformation of the USA over the last 100 years from a regional power to a super and now hyper power a period during which it has, in effect, been leading the flotilla into the future. The US played a decisive role in defeating Imperial Germany's expansion, was the key player in crushing Nazism and having subsequently vanquished Communism is now left in undisputed possession of the field, undisputed that is by any other jurisdiction, though not by terrorists. This mighty progress was made possible by the ever-increasing depth and strength of her economic power. As one Japanese observed in amazement in 1945 as he saw the American ships streaming into Yokohama harbour " I had no idea there were so many ships in the world". Accompanying and facilitating this expansion was, and remains, the immense outpouring of American culture via, not only, of course, the arts- film, music, dance, books, poetry, TV; but also business practice, the development of civil society through consumer movements, legislation against all sorts of discrimination racial, gender and so on. So pre-eminent is American influence that elites around the world, almost without exception, see it as their ideal to try to secure for their own jurisdictions the amenities enjoyed by American citizens. Nor should this be surprising since no jurisdiction in history has achieved as good a fit between order and justice for its own citizens as has the United States of America. The combination of these two public goods brings in its train unity, peace and prosperity.

From the very beginning, in 1776,US leaders, in contrast to others, have shown a penchant for establishing explicit policy goals. The names of several US presidents have been attached to various "doctrines" and other policy pronouncements, while in the eighties a much-contested branch of the social sciences came into existence called "Reaganomics". This practice has applied both to domestic and foreign policy, in the case of the latter frequently irritating others by what they detected as a missionary tone. Successive US presidents have been deeply and explicitly committed to containing and defeating Communism yet it is hard to argue that the current US dominance in the world was achieved by design. Rather it seems to have come about as result of millions of discrete decisions by Americans and others that were at the same creating the American preponderance and the order that it has largely shaped. The speed of developments and the power of the technologies that in significant measure drove them have taken the world by surprise. Now it is virtually impossible to escape the all pervading and shaping American influence.

This new order irks many, as it is bound to do, in the light of what we know about ourselves and our resentment of alien rule and our sympathy for the underdog. It provokes many challenges. At one extreme, there is O. B. Laden, with his attack on the twin towers, and at another J. K. Rowling whose name is less well known, but whose books about the boy magician Harry Potter charm and delight millions of children and indeed grown ups around the world. It is reported that when the book was being turned into a film she stipulated that there should be no American accents in it. So many manifestations of culture have been swallowed up by America, reprocessed and sent out into the world again in Americanised versions via puissant distribution channels Dickens, Jane Austen, Hans Andersen, Pinocchio, Winnie the Pooh, El Cid, Aladdin and so on - that concern has grown that many familiar components of particular cultures are being changed or replaced at bewildering speed leaving cultural identities under threat.

Europe in general and Britain in particular, have benefited greatly from America's emergence over the last one hundred years and continue to benefit massively from the current order but even there where there are few differences of policy the current order grates because it is alien and inescapable. Little imagination is needed to envisage reactions among Palestinians, Pakistanis, Iranians and millions of others around the globe, where policy and cultural differences are sharper, since the TV screen furnishes plenty of illustrations daily of the frustration and rage so prevalent. So serious has criticism and hostility become that the US government recently decided to address the problem of its unpopularity abroad.

Within the present order, there are immense asymmetries, for example in relation to essential public goods such as order itself, legitimacy, access to information, to justice not to mention material goods. The case of Afghanistan is instructive. In 1979, Brezhnev invaded but his attempt to impose the Soviet order was defeated by the US which then, Cincinnatus like, returned home leaving Afghanistan, a territory with few of the amenities of a viable jurisdiction, exposed to whatever configuration of forces proved strong enough to take over; in the event, the Taleban. For the Afghan citizen, though it is scarcely valid to talk in such terms, there was scarcely any order, no justice, no unity much less peace and prosperity. Today, with the Taleban expelled, Afghanistan may be regarded as on the fringe of the order but even if a sustained effort is made to try to secure these precious public goods for the inhabitants it will be a work for many generations. Nowadays, the increasingly litigious nature of American society attracts frequent attention amid fears that, like so many other developments there, it will not be long before it jumps the Atlantic and become a feature of European life, as in fact is already happening. That this trend, good or bad as it may be, is developing must be evidence that in America citizens are acquiring greater access to the law and thereby to justice and that private companies, public corporations and other powerful institutions, including the government itself, can be successfully brought to account and obliged to pay compensation when it is proved that injustice or injury has occurred. The tobacco companies, for example, have been fined enormous sums and even companies outside the US jurisdiction, as the compensation for the Jewish victims of World War II shows, are increasingly subject to a progressive tightening of the Rule of Law. Nor as recent history demonstrates is the president exempt. The rising tide of political correctness, deplored by so many, especially in Europe, backed as it often is by legislative force, is another manifestation of the strength of the Rule of Law. Comparing life in the US, the centre of the order, with life in Afghanistan, very much on the fringe, illustrates the vast asymmetries in relation both to public goods and material benefits. The US citizen knows that, for all its imperfections, weaknesses and shortcomings, the order he enjoys is of inestimable value, that it is the result of hundreds of years of sustained effort and that it requires further unremitting effort and commitment to maintain and develop. Accordingly, any challenge, or threat and a fortiori any attack causes alarm and dismay; alarm at the thought that something so precious is at risk and dismay that its value is not understood. The viewpoint is very different for someone living on the fringe. He enjoys few, if any, of the amenities available to his American counterpart and may not even believe that they can ever be realised. His version of the current order may be limited to a glimpse of US Marines' boots, their half-tracks and helicopters as they take the first steps to try to establish it. From the man at the centre to the man on the fringe there are a million gradations in perception and commitment in between.

The man most at the centre is the US president. Being elected by so many millions must be the biggest buzz; a most validating experience. But it is only for four years. There is, it is true, the possibility of a second term but only after the most rigorous of tests, namely four years in office and another election. And although the president is invested with immense powers he is not given carte blanche. His supporters in the executive, the legislature, the judiciary and the country at large all have their aims, interests and power bases and they look to him to advance their causes. In a jurisdiction animated by the concept of advise and consent, they cannot simply be commanded but have to be persuaded. He must not disappoint them. There is also the opposition, his opponents, whose objective from the first day is to work to undermine his position so that in four years' time they will be able to dislodge him. Another factor that can often take on the guise of an opponent is time itself. The press of business is fierce. Decisions about matters important, urgent or both are demanded incessantly and mostly cannot be deferred. All in all, he suffers many constraints and his room for manoeuvre is limited.

Gen. De Gaulle said that "gouverner c'est choisir "(to govern is to choose). The president, exposed more or less constantly to the public gaze, will succeed or not by the choices he makes and be judged thereon.

In human affairs, there is no such thing as a benign stasis. On the contrary, the human condition is one of constant flux. Nowhere is this more evident than where power, pursued so desperately and ruthlessly by so many, is concerned. The first duty of a prince, to use Macchiavelli's word, must therefore be to order, which he must defend, from any challenge or threat, internal or external. This calls for constant vigilance and the capacity and the resolve to act decisively when action is called for whether to deny space to potential challengers or confront them head to head. It is axiomatic that he must maintain unity and support within his own jurisdiction and, where he can, enlist support from those outside it that can be useful.

In the case of a present-day prince, the president of the US, there is a new element. He presides not only over his own jurisdiction but also over the current global order, the continuing stability and prosperity of which has become a vital US interest strategically, politically and economically. The Cincinnatus mode is hardly an option any more. So, he must maintain unity at home and work to ensure that those outside the jurisdiction continue to have incentives political, security, economic (including on environmental and development issues) to support the order. As we have seen above, the durability of any order is critically dependent on its justice, which may be regarded both as its product and its continuing raison d'etre. This means that our prince, in this case, George W. Bush, has a duty to justice both within and without the jurisdiction. How that duty is addressed and discharged will be of great significance for the success of the current order and, more specifically, for the success of his war against terrorism. But however committed he may be to that duty he knows that he neglects the claims of his own jurisdiction at his peril. He is constrained to give them priority when conflicts arise with the claims of the wider order, as they are bound to, particularly over the allocation of resources. He is also aware that the instruments to promote justice outside the jurisdiction are not his to command, are in any case very variable and in many cases are worse than useless.

Down the ages, men and women have given up their lives for their convictions and beliefs; in the Coliseum at Rome, at the stake at Rouen, in the bull-rings of Spain, in torture chambers all over the world, on hunger strikes and in crowded buses with bombs tied around their waists. This type of behaviour is so well established that we must expect it to continue. It is part of the human condition but these kinds of deaths are not of course normal and when they occur there is always the question Why? Denying space to terrorists means working convincingly to improve the fairness and justice informing the order over which the prince presides. Meanwhile, of course, threats have to be countered and attacks foiled.

It was a wise man that said that no one ever went to war who thought he would lose. The future is as inscrutable for George W. Bush as for anyone else and if this blindness, or hubris, prevents him seeing an approaching nemesis his story will come to have some of the elements of an Aristotelian tragedy.

LA REPÚBLICA FEDERAL DE ALEMANIA Y EL 11 DE SEPTIEMBRE DE 2001*

Hildegard STAUSBERG**

SUMARIO: I. *El 11 de septiembre de 2001: Mohammed Atta, el piloto terrorista estudiante en Hamburgo y las consecuencias directas para Alemania.* II. *La República Federal de Alemania y sus especiales experiencias históricas con el terrorismo de la organización terrorista alemana Fracción Ejército Rojo (RAF), a partir de los años setenta.*

I. EL 11 DE SEPTIEMBRE DE 2001: MOHAMMED ATTA, EL PILOTO TERRORISTA ESTUDIANTE EN HAMBURGO Y LAS CONSECUENCIAS DIRECTAS PARA ALEMANIA

En diciembre de 2000 el "National Intelligence Council" (NIC) estadounidense presentó el estudio "Global Trends 2015".[1] En

* Algunas consideraciones sobre las repercusiones concretas de los atentados terroristas en materia de política de seguridad y sobre la historia de las experiencias de Alemania con el terrorismo de la Fracción Ejército Rojo (RAF) alemana. Deseo expresar aquí mi agradecimiento al doctor Guido Heinen, corresponsal político del diario *Die Welt*; al doctor Herbert Kremp, *Die Welt*; a Constantin von Hoensbroech, periodista de Colonia, y al doctor Ovidio García Prada, director durante años del programa radiofónico en español de la *Deutsche Welle* en Colonia.

** Fue editora latinoamericana del diario *Frankfuerter Allgemeine Zeitung* y corresponsal en México. Profesora de Asuntos Latinoamericanos en las universidades de Bonn y Colonia. Es editora de política exterior del diario *Die Welt*.

1 "Global Trends 2015: A dialogue about the future with nongovernmental experts", National Intelligence Council, NIC 2000-02, Washington, diciembre de 2000.

él se dibuja una perspectiva sombría de la seguridad internacional y se llama la atención principalmente sobre la amenaza creciente resultante de la desintegración de las autoridades estatales, sobre el conjunto problemático de los *failing states* y sobre el creciente potencial de violencia de elementos no estatales. Ya entonces fue caracterizado el peligro del terrorismo internacional como el factor de riesgo decisivo para la seguridad del futuro. Este documento señaló claramente a Estados Unidos como el objetivo principal de las acciones de elementos fanáticos religiosamente motivados, pero también hizo referencia a la amenaza que suponía para Europa Occidental y Japón. Subrayó igualmente que los terroristas podrían disponer cada vez más frecuentemente de armas modernas de exterminio masivo y que tampoco se arredrarían a la hora de utilizarlas.[2] Tales indicaciones fueron registradas ciertamente en la República Federal de Alemania, pero en cuanto visiones apocalípticas de los servicios secretos estadounidenses no tuvieron una difusión e influencia generales.[3]

En consecuencia, los atentados terroristas en Nueva York y Washington tomaron completamente por sorpresa a la opinión pública alemana. Exceptuados un par de especialistas en seguridad y de expertos en asuntos relacionados con el Cercano Oriente, casi nadie conocía el nombre de Osama Bin Laden[4] o de su organización terrorista Al Qaeda. Sin embargo, desde 1998 los servicios secretos alemanes sabían que la organización Al Qaeda operaba también en la República Federal de Alemania.

2 Kamp, Karl-Heinz, "Etappensieg gegen den Terrorismus: Sicherheitspolitik nach dem 11.September" (Victoria parcial contra el terrorismo: la política de seguridad después del 11 de septiembre), Arbeitspapier der Konrad Adenauer Stiftung Nr. 58/2002.

3 Ridderbusch, Katja: "Amerikas Geheimdienst hat apokalyptische Visionen" (Visiones apocalípticas de los servicios secretos de EE.UU., *Die Welt*, Berlín, 15 de enero de 2001.

4 Sobre Osama Bin Laden había informado ya ampliamente con foto a finales de 1998 un artículo del semanario de actualidad *Der Spiegel*, titulado "Weltmacht Islam?" ("El islam, ¿potencia mundial?") *cfr. Der Spiegel*, núm. 48, 1998.

Así, al menos, lo afirmó por primera vez ante la opinión pública Klaus-Ulrich Kersten, presidente de la Oficina de Investigación Criminal (BKA), en noviembre de 2001, es decir, dos meses después de los trágicos sucesos del 11 de septiembre. Él concedió asimismo que hasta el 11 de septiembre, en Alemania había estado realmente "subdesarrollada" la disponibilidad a afrontar los peligros derivados del creciente potencial del terrorismo mundial. Desde entonces Kersten ha lamentado en varias ocasiones que precisamente en Alemania un sorprendente elevado porcentaje de la ciudadanía siga aún sin saber o querer contemplar la amenaza real que representa concretamente el terrorismo islámico para la República Federal de Alemania.

Así pues, una perpleja población alemana tuvo que percatarse solamente unos pocos días después de la destrucción de las torres gemelas del World Trade Center que tres de los cuatro pilotos terroristas, en especial su cabecilla Mohammed Atta, habían residido durante años tranquila y normalmente como estudiantes en Hamburgo, viviendo y desenvolviéndose en medio de una legalidad cívica aparente que les protegía. De esta forma utilizaron Alemania como un cómodo santuario —"lugar de descanso"— para preparar desde aquí sus actos terroristas sin ser perturbados. ¡Un amargo descubrimiento para 82 millones de alemanes!

El 11 de septiembre señala una profunda brecha en la historia mundial. La situación ha cambiado básicamente, sobre todo en Estados Unidos, puesto que —exceptuado el ataque nipón a Pearl Harbour a fines de 1941— fue la primera vez que esta nación era atacada en su historia en su proprio territorio. En el intervalo de pocos minutos tuvo que ver desvirtuado su mito como país invulnerable, característica que hasta ese momento determinaba su historia.

Es cierto que en el pasado los estrategas militares habían llamado ya la atención sobre el aumento del peligro del llamado *asymetrical warfare*, pero fue precisamente el 11 de septiembre cuando quedó demostrado en qué medida predeterminaba el futuro: terroristas dispuestos al suicidio como "bombas vivientes" podían contrarrestar con atentados cuidadosamente planificados el imponente potencial militar de las naciones industriales occidentales, principalmente de Estados Unidos. Esta "guerra asimétrica" invierte así toda la planificación "clásica" anterior en materia de defensa.

El 11 de septiembre representa igualmente un enorme desafío para los países europeos. Por una parte, tenemos su situación geopolítica como región directamente contigua del Cercano Oriente. Y, por la otra, un porcentaje elevado y continuamente en aumento de su población procedente del área cultural islámica, lo cual es, a fin de cuentas, resultante de lo anterior. En Francia, la mayoría procede del norte de África (Magreb); en Inglaterra, del Medio Oriente, principalmente de Paquistán. En Alemania predominan, a su vez, los oriundos de Turquía. De los 7.3 millones de extranjeros residentes en Alemania, 2.5 millones son de origen turco; simplemente en Berlín ascenderá pronto su número a medio millón. Además, hay que sumar también a éstos casi medio millón de personas oriundas de Turquía que entre tanto han adquirido la nacionalidad alemana.[5]

En el grupo de extranjeros habría que incluir propiamente asimismo a los inmigrantes oriundos alemanes: se trata de 3.2 millones de personas de origen alemán procedentes de los antiguos Estados de la Unión Soviética. En muchos casos sus antepasados abandonaron Alemania ya en el siglo XVIII. Muchos de estos oriundos retornados a Alemania disponen de pocos conocimientos del idioma alemán y de las modernas formas de vida germana. La mayoría de ellos vinieron durante los primeros años después de la caída del muro. Además, según datos oficiales de las autoridades alemanas, viven en la actualidad clandestinamente en la República Federal de Alemania aproximadamente medio millón de personas. La organización de derechos humanos "Pro

5 "Die Turken in Deutschland" (Los turcos en Alemania), Studie der Konrad Adenauer Stiftung, núm. 18, 20 de febrero de 2002.

Asyl" opina, por el contrario, que tal cifra podría ascender a tres millones. Tomando simplemente como base el número de extranjeros residentes legalmente en Alemania, su porcentaje en la población total alemana asciende al 9%, un porcentaje casi doblemente superior al promedio existente en la Unión Europea.

En total, viven actualmente en la Unión Europea 15 millones de personas de confesión islámica. Según ciertas estimaciones, hacia el año 2030 esta cifra ascenderá a 40 millones, probablemente incluso a 50. Esto depende no sólo del hecho de que la corriente migratoria que legal o ilegalmente fluye hacia Europa no cesará, sino también, y sobre todo, del hecho de que el índice de fertilidad de los inmigrantes procedentes de países islámicos es significativamente superior al de la población de la mayor parte de las naciones europeas. En la República Federal de Alemania las mujeres en edad apta para la procreación tienen un promedio de 1.3 hijos. En algunos países europeos el índice de procreación es incluso inferior: en Italia y en la República Checa no supera el 1.2 y en España, el último país de la tabla, sólo llega al 1.1.

Por otra parte, se incrementa en todas partes el porcentaje de personas en la población total con edades superiores a los 65 años. En 2001 era ya en Alemania el 16%; en Austria, el 15.6% y en Italia, incluso el 18.1%. Según ciertos cálculos hay que partir ya de la posibilidad de que tal porcentaje se duplicará parcialmente hacia el año 2030. Con otras palabras, Europa afronta el problema de un futuro de senectud. Eckhard Fuhr, redactor-jefe del suplemento cultural del diario *Die Welt*, tipificó este fenómeno así: "En Alemania la hegemonía gerontocrática es total".[6] Pero esto significa asimismo que la importancia de la minoría étnica procedente de países islámicos en la Unión Europea se incrementará no sólo numéricamente, sino que también y principalmente aumentará su porcentaje entre la población

6 Eckart Fuhr, *Die Welt*, 20 de febrero de 2003, p. 27. Más informacion en el suplemento del diario semanal *Die Zeit*, del 2 de enero de 2003.

juvenil en un grado proporcionalmente superior al que le correspondería conforme al total de la población. Para comprobarlo basta acercarse simplemente durante un fin de semana a cualquier centro de salas de cine en alguna de las grandes urbes europeas. En Berlín, por ejemplo, mucho más de la mitad de los jóvenes que hacen cola ante la taquilla de entradas del "Ufa-Palast" no es de origen alemán. En las escuelas primarias de muchas grandes ciudades alemanas sólo escasamente un 10 a 15% de los niños son todavía de familias alemanas.

Para el futuro de Europa va a resultar de importancia decisiva si estos grupos de población serán integrados, y cómo lo serán, en el *mainstream* europeo. Que esto —dejando al lado ahora el caso de los turcos— no resultará fácil, lo entiende perfectamente quien haya leído el libro *Entre los creyentes: un viaje islámico*, de V. S. Naipaul.[7] Es indudable que la mayoría de las personas de fe musulmana residentes en la Unión Europea (UE) no tienen nada que ver con Al Qaeda. Cierto es igualmente, sin embargo, que la ligereza en la aplicación de las leyes de inmigración y la carencia de controles fronterizos entre los países de la Unión Europea asociados en el Acuerdo de Schengen les dificultan a las autoridades el seguimiento y detención rápida de cómplices potenciales e incluso miembros de Al Qaeda. Por ello, reviste importancia capital la amplitud e intensidad con que en el futuro se conforme la cooperación entre los organismos de seguridad europeos.

Europa ha experimentado en los últimos quince años un cambio enorme. La fase de ampliación de la Unión Europea, en marcha en estos momentos, motivará nuevas transformaciones. Una vez que el 1o. de mayo de 2004 se hayan incorporado 10 nuevos Estados miembros de Europa Central y Oriental, Alemania perderá su situación geográfica marginal, pasando a ocupar por primera vez una posición central en esta comunidad de Estados. Las fronteras exteriores de la Unión se desplazan hacia el este.

7 Naipaul, V. S., *Among the Believers. An Islamic Journey*, 1981.

El consiguiente desmantelamiento de instalaciones fronterizas de control genera precisamente también en Alemania los temores de un incremento de la criminalidad internacional. Por consiguiente, Alemania ha promovido en especial la ampliación del SIS, como es denominado por sus siglas al *Schengen Information System*. Se trata así de procurar adaptarse al hecho de que a partir de 2004 la UE tendrá fronteras directas con Estados como Bielorrusia y Ucrania, perspectiva que anuncia un cuadro apocalíptico no sólo para muchos de los especialistas en cuestiones de seguridad. El SIS, en cuanto sistema informático interestatal de búsqueda policial de los Estados asociados al Acuerdo de Schengen, posibilita el acceso *on line* a 11 millones de expedientes policiales. La computadora central del SIS se encuentra en Estrasburgo y está conectada con diez submódulos nacionales.[8]

Alemania se encuentra, por lo demás, en una situación muy especial. La República Federal de Alemania es el país con la regulación legal del asilo político más liberal de toda la UE. Esto es una secuela de la dictadura nazi, pensada inicialmente para ofrecer refugio a personas perseguidas por razones políticas o raciales. Ahora bien, a partir de los años 70 comenzó a registrarse en la "antigua" República Federal de Alemania también un aumento de los refugiados "económicos", tendencia ésta que se incrementaría dramáticamente en los años ochenta y, sobre todo, en los noventa. La estructura federal del Estado alemán hizo posible igualmente que ciertos refugiados, cuya petición de asilo había sido rechazada en uno de los 16 Estados germanofederados, pudiera presentar una nueva solicitud en alguno de los otros. Durante el plazo de tramitación de tales solicitudes el peticionario no disponía de permiso oficial de trabajo y recibía en contrapartida ayuda social por parte de la administración local de la ciudad o pueblo en el cual residían él o su familia. El proceso de tramitación del estatus de asilado político podía pro-

8 hppt:// www.statewatch.org/news/2002/apr/01sis.htm.

longarse durante varios años, de manera que muchos peticionarios optaban por trabajar ilegalmente. Desde hace años es sabido que tal procedimiento administrativo abre las puertas a innumerables abusos. No obstante, en la opinión pública alemana había minorías que articulaban sonoramente su protesta para impedir modificaciones de la legislación. A este respecto, cabe señalar, ante todo, a afiliados o simpatizantes del partido alternativo ecopacifista de los "Verdes" (B90/Grüne), que desde el otoño de 1998 forman coalición de gobierno con el partido socialdemócrata (SPD) del canciller federal Gerhard Schröder.

Otto Schily, ministro socialdemócrata del Interior desde 1998, reaccionó, no obstante, rápidamente al desafío presentado al Estado de derecho alemán por los sucesos del 11 de septiembre y las subsiguientes revelaciones referentes a los "estudiantes" de Hamburgo. El ministro ordenó a la Oficina de Investigación Criminal (BKA) la formación de una así llamada "Besondere Aufbau Organization" (BAO), una comisión en la que muy rápidamente cerca de 600 funcionarios coordinaron sus esfuerzos para investigar y perseguir en la República Federal de Alemania a los elementos terroristas islámicos implicados directamente en los atentados del 11 de septiembre.

El ministro Schily, que a mediados de los años setenta fue el abogado defensor de Gudrun Ensslin, una de las terroristas cabecillas de la banda Baader-Meinhoff o Fracción Ejército Rojo (RAF), se percató más rápidamente que otros miembros del gabinete ministerial del canciller federal Schröder que en Alemania urgía operar una profunda reorientación de la política de seguridad. Él no se arredró ante temas que para muchos simpatizantes del entorno "verde ecoalternativo" eran absolutamente tabú. Propició, por ejemplo, una ampliación de las competencias de la Oficina de Investigación Criminal (BKA), de los Servicios de Inteligencia (BND), del Servicio de Contraespionaje Militar (MAD) y de las Oficinas de Defensa de la Constitución (BVS). Ha fracasado, sin embargo, en su propósito de promulgar su ley de inmigración, con la cual supuestamente pretendía regular el flujo inmigratorio. La oposición parlamentaria afirma, por su parte, que con esa ley se provoca exactamente el efecto contrario. Debido a que la oposición cristiano-demócrata dispone actualmente de mayoría en el Bundesrat (camára alta o de los Länder), cuya aprobación está prescrita para ciertas leyes del Bundestag (Parlamento federal) como ésta, no se ha alcanzado todavía un acuerdo y la ley no ha podido entrar en vigor.

En Alemania existe en cada Estado germano-federado una Oficina de Defensa de la Constitución, o sea, 16 en total, coordinadas por una oficina central federal ubicada en Colonia. Su cometido es preservar la seguridad interior frente a las actividades anticonstitucionales. Los funcionarios dirigentes de los respectivos servicios —es decir, del BKA, BND, MAD y de la Oficina de Defensa de la Constitución— se reúnen quincenalmente para intercambiar datos y puntos de vista. Tales reuniones han cobrado mayor importancia desde el 11 de septiembre, al haberse incrementado con tal motivo la necesidad de intercambiar datos, de planificar y concertar actividades.

Además, se ha potenciado fuertemente la cooperación de organismos alemanes y estadounidenses, por ejemplo, entre el BND y la CIA. Así lo subrayó, por lo menos, el jefe del BND, August Hanning, el 11 de septiembre de 2002, al cumplirse el primer aniversario de los atentados. Afirmó éste que, de no haber mediado el 11 de septiembre de 2001, la intensidad y la calidad de tal cooperación sería definitivamente diferente. Sin embargo, no siempre resulta fácil la cooperación en el seno de la Unión Europea, donde en distintos países siguen existiendo aún paralelamente incontables organismos de seguridad. Esto provoca fricciones, dilaciones, interferencias competenciales y problemas de comunicación, por no aludir a la disparidad de prioridades políticas en la lucha contra la criminalidad. No obstante, en Europa comienza a prevalecer progresivamente la idea de que sólo conjuntamente es posible afrontar con éxito la lucha contra las bandas de tráfico ilegal de personas, del crimen organizado y del terrorismo. También aquí el 11 de septiembre ha dejado claramente su huella: el enorme choque provocado por él motivó en los ministros del Interior y en las autoridades policiales de Europa una intensificación de la cooperación mutua. Es cierto que ya antes del 11 de septiembre las fuerzas de seguridad alemanas practicaban con éxito una cooperación interfronteriza con muchos Estados de la UE, pero después del 11 de septiembre, según opina el ministro Schily, ésta ha adquirido una legitimación adicional.

Citemos algunos ejemplos, los cuales pudieran servir en otros países, entre otras cosas, de aliciente para la cooperación interfronteriza.[9] Así, por ejemplo, en los últimos cuatro años se ha creado y establecido el Centro franco-alemán de Cooperación Policial y Aduanera. En Kehl, ciudad alemana limítrofe de Estrasburgo al otro lado del Rhin, hace tiempo que funcionarios alemanes y franceses realizan su servicio conjuntamente. Está previsto extender las patrullas comunes de fronteras a toda la zona fronteriza franco-alemana. En las fronteras de Alemania hay toda una serie de así llamadas oficinas de contacto, en las cuales se practica igualmente una cooperación directa *in situ*. La policía federal de vigilancia de fronteras (BGS) —adscrita directamente al ministerio federal del interior, pues hay otros 16 cuerpos policiales fronterizos supeditados a los correspondientes ministros del interior de los distintos Estados germano-federados o Länder— ha intensificado notablemente la cooperación policial en el marco de la UE. En consecuencia, el BGS tiene delegados actualmente en casi todos los otros Estados europeos. Entre tanto, se considera casi como rutinaria la actuación de funcionarios alemanes en focos neurálgicos de la inmigración ilegal en Italia

9 Los ejemplos citados a continuación en relación con la situación de la seguridad alemana y las propuestas para mejorar la cooperación europea en materia de seguridad, se basan en la exposición hecha por el ministro federal del interior Otto Schilly en el marco de su discurso "Medidas de seguridad en las fronteras europeas. Seguridad interior y lucha contra el terrorismo", pronunciado el 18 de febrero de 2003 durante la apertura del VI Congreso Europeo de Policía, celebrado en Bonn-Bad Godesberg.

y España. En la línea ferroviaria de Münich a Bolzano prestan servicio agentes alemanes, austriacos e italianos. Hace ya mucho tiempo que en los grandes aeropuertos europeos hay también funcionarios del BGS, así como, a su vez, agentes de seguridad extranjeros trabajan en los aeropuertos alemanes de Frankfurt y Münich.

Alemania ha intensificado sustancialmente durante los últimos años también la cooperación activa con los países orientales vecinos. Desde 1998 agentes alemanes y polacos realizan regularmente patrullas conjuntas a lo largo de los casi 500 km de su frontera común. Hasta principios de 2003 el número de tales servicios ascendía a más de 6,500. Desde principios de 2003 policías alemanes y checos patrullan asimismo conjuntamente los casi 600 km de la frontera germano-checa. La finalidad de tal medida es mejorar la coordinación entre los distintos organismos de protección de fronteras, potenciar el intercambio operativo de informaciones, reforzar la confianza mutua entre los funcionarios y beneficiarse de las operaciones exitosas realizadas por la otra parte.

Además de todo esto, el BGS aporta ayuda material para el equipamiento policial en los Estados de Europa Central y Oriental, y presta su apoyo a la capacitación de los organismos de protección de fronteras de tales países. Esto contribuye directamente de manera importante a mejorar la seguridad interna de estos futuros Estados miembros de la UE e, indirectamente, también para la de Alemania. Lo mismo cabe decir del apoyo prestado a los países balcánicos en la implementación de eficientes organizaciones de seguridad fronteriza, por ejemplo, en Croacia, Bosnia-Hercegovina y Serbia.

El *Bundesgrenzschutz* alemán (BGS), en cuanto policía federal, se ha "europeizado" durante los últimos años. Esto es aplicable a las organizaciones similares de todos los países de Europa, incluso más allá de las fronteras del antiguo "telón o cortina de acero". Así, por ejemplo, en la Escuela de Formación del BGS en la ciudad de Lübeck son adiestrados oficiales de la policía rumana en la técnica de la seguridad de fronteras. Agentes alemanes transmiten, a su vez, en Polonia y Bulgaria sus conocimientos a sus colegas de estos países.

A nivel europeo se registran también notables progresos en materia de seguridad interna. Donde antiguamente reinaba el secretismo y los recelos existe ahora cooperación. Esto se debe a la convicción de que ningún país de Europa puede afrontar por separado con éxito la lucha contra la criminalidad y el terrorismo internacionales. En consecuencia, resulta esencial la cooperación de los órganos de seguridad en todas las áreas posibles. Un importante punto de partida son los proyectos bilaterales adaptados a las respectivas características regionales. La cooperación policial interfronteriza tiene que ser reforzada y ampliada a nivel global europeo. Tal cooperación comienza ahora a cristalizar en la forma de una Policía Europea de Fronteras. El gobierno alemán se ha comprometido muy especialmente en esto, ya que debido a su ubicación central en Europa, Alemania es simultáneamente objetivo primordial y país de paso de la criminalidad internacional. La República Federal de Alemania, siendo país limítrofe de nueve Estados, desea participar especialmente en el sistema de seguridad de las fronteras exteriores europeas, a pesar de que pronto Alemania tendrá en la UE sólo fronteras intracomunitarias, excepto en el caso de la línea fronteriza con Suiza.

En 2002 el Consejo Europeo puso en marcha en Sevilla la creación de una Policía Europea de Fronteras y exhortó a los Estados miembros a poner en práctica nuevas formas de cooperación policial interfronteriza tan pronto como fuera posible. Desde entonces, todos los Estados miembros de la UE están empeñados en ejecutar cuanto antes el Plan de Protección de las Fronteras Exteriores de la Unión Europea, desarrollado durante la presidencia de turno española. Este proyecto es prioritario en las reuniones regulares de los ministros europeos del Interior y de Justicia. En la actualidad están en marcha 17 proyectos concretos, con el fin de coordinar entre los respectivos países métodos de trabajo, formas de procedimiento operativo, análisis de la situación y muchos otros aspectos en los diversos ámbitos de la actuación policial interfronteriza. Alemania preside el Centro de Fronteras Nacionales, en el cual participan casi todos los Estados miembros de la UE. El cometido de este centro es preparar operaciones comunes en las fronteras exteriores de la UE y evaluar su resultado. Además, están estableciéndose oficinas a lo largo de las fronteras exteriores de la UE, en las cuales agentes de los distintos Estados miembros desarrollarán sus servicios cotidianos en el marco del control y vigilancia fronterizos. El campo de operaciones se extiende desde Finlandia hasta Grecia. Las primeras medidas operativas fueron aplicadas en la zona fronteriza de Frankfurt del Oder y en la frontera austriaco-eslovaca. Se han planificado más operaciones, por ejemplo durante los primeros meses de 2003 en la frontera italo-eslovena. Italia ha asumido la tarea de mejorar la cooperación de los funcionarios en los grandes aeropuertos internacionales europeos. Austria se dedica, por su parte, a la simplificación de las normativas de formación de la burocracia de fronteras europeo. España, en fin, ha organizado la primera patrulla naval multinacional en aguas del Mediterráneo.

Es esencial para la seguridad de Europa que en un futuro próximo se logre una institucionalización de la cooperación de los organismos europeos de protección de fronteras. La cuestión principal reside en quién asumirá la responsabilidad de la seguridad de las fronteras exteriores de la UE. Se ha pensado dejar en los distintos organismos nacionales de protección de fronteras la responsabilidad respecto a los sectores correspondientes de la frontera exterior de la UE. Una institución de nueva creación tendría entonces la misión de unificar en caso de necesidad el trabajo de los diferentes "módulos" nacionales, de coordinar las operaciones principales, de estructurar análisis de situación y riesgos, así como de realizar evaluaciones a corto plazo. Este modelo interferiría sólo en un grado mínimo los actuales derechos de soberanía estatal. El futuro mostrará, por lo demás, si a partir de ahí se logra desarrollar una policía de fronteras multinacional europea como unidad policial autónoma. Aparte de la intensificación de la cooperación bilateral, una Policía Europea de Fronteras supondría una respuesta importante a los desafíos futuros en materia de política de seguridad.

A finales de 2002 se celebró en la audiencia territorial de Hamburgo el primer proceso judicial en el mundo contra un miembro de la organización terrorista Al Qaeda. Se trata del estudiante marroquí de 28 años, Mounir El Motassadeq, uno de los componentes de la célula hamburguesa liderada por Mohammed Atta. En febrero de 2003 fue hallado culpable de cooperar en el asesinato de 3,066 personas y, en consecuencia, condenado a la pena máxima prevista para tales crímenes: 15 años de reclusión. Para la fiscalía general del Estado, dirigida por el fiscal general federal Kay Nehm, la sentencia supone una confirmación de su trabajo. Los fiscales aportaron muchas pruebas de que Al Qaeda operó activamente en Alemania y de que El Motassadeq estaba al corriente no sólo de los preparativos de los atentados terroristas del 11 de septiembre, sino también de su aportación de apoyo logístico a los ejecutores de los atentados.

En la audiencia regional de Frankfurt se celebra otro proceso similar (al redactar esta nota a mediados de febrero de 2003 todavía no se había pronunciado sentencia). En este caso, están implicados cuatro argelinos acusados de haber planificado perpetrar un atentado en el mercado de Navidad de Estrasburgo en 2000. Ésta era una célula islámica que operaba autónomamente, cuyos miembros, no obstante, habían sido instruidos también en los campos de entrenamiento de Al Qaeda en Afganistán. De no haber sido frustrado a tiempo, ese atentado en Estrasburgo hubiera producido un baño de sangre entre los miles de personas que concurren tradicionalmente al popular mercado navideño. Sea como fuere, está fuera de duda que la amenaza de atentados terroristas en Europa por parte de Al Qaeda o de otros grupos radicales islámicos es real. Y que más pronto o más tarde, lo harán.

Hace ya mucho tiempo que los órganos de la seguridad disponen de informaciones sobre el hecho de que en diversos centros islamistas de la República Federal de Alemania hay imanes que en las mezquitas o en los centros culturales islámicos se dedican no sólo a rezar con los creyentes. No obstante, desde el 11 de septiembre algunos parecen mostrarse ya más precavidos, puesto que, a fin de cuentas, es de suponer que la vigilancia de los órganos de seguridad alemanes abarca ahora también el interior de las mezquitas. Aparte del núcleo islámico de Hamburgo están catalogados también como especialmente peligrosos los centros islamistas de Aquisgrán y Münster. Sin embargo, hay que constatar que la gran mayoría de los musulmanes turcos residentes en Alemania apenas presentan tendencias radicalizantes. Además, aparte del hecho de que el grupo de población turca es mayoritariamente sunita, hay un elevado porcentaje de alevitas, considerados tradicionalmente como moderados.

II. La República Federal de Alemania y sus especiales experiencias históricas con el terrorismo de la organización terrorista alemana Fracción Ejército Rojo (RAF), a partir de los años setenta

Entre las peculiaridades de las experiencias alemanas con el terrorismo hay que citar, ante todo, los años setenta y ochenta del siglo pasado. En el territorio de la República Federal de Alemania de entonces se mostró particularmente activa la llamada "banda Baader-Meinhoff", autodenominada Fracción Ejército Rojo (Rote Armee Fraktion, RAF), que —exceptuados los casos de la ETA española y del IRA irlandés— era por entonces, juntamente con las Brigadas Rojas italianas, la organización política terrorista más radical de Europa. El punto álgido de las actividades de la RAF fue el secuestro de Hanns-Martin Schleyer, presidente de la asociación patronal alemana (BDI), en otoño de

1977. Por este conducto pretendían forzar la liberación de la cúpula terrorista —formada por su cabecilla Andreas Baader, Gudrun Ensslin, Jan-Carl Raspe y otros— recluida en la cárcel de alta seguridad de Stuttgart-Stammheim. Con el objeto de imprimir énfasis a las exigencias de la RAF, un grupo de terroristas árabes secuestraron un avión de pasajeros de Lufthansa y lo dirigieron, tras realizar varias escalas, hasta Mogadiscio, la capital de Somalia. Allí el aparato fue asaltado luego por efectivos del GSG-9, un comando especial de la policía alemana. Los terroristas de la RAF encarcelados en Stuttgart, al ver frustrados sus propósitos, se suicidaron esa misma noche. Algunos pocos días después correligionarios terroristas alemanes asesinaron a Schleyer en Francia.

El socialdemócrata Helmut Schmidt, por entonces jefe del gobierno alemán en su condición de canciller federal, admitió siempre sin ambages que aquellas semanas del otoño de 1977 se contaban entre las peores de su vida. Pero en aquellos días se demostró igualmente que el gobierno alemán no estaba dispuesto a dejarse chantajear por los terroristas de la RAF. Con el fin de hacerse una idea de hasta qué punto fue desafiado el Estado de derecho alemán por esta banda terrorista, baste aludir al hecho de que, aparte del citado Schleyer, fueron asesinados también muchos otros relevantes representantes de la vida política y económica de la "antigua" República Federal de Alemania. Así, por ejemplo, en 1977 el entonces fiscal federal general del Estado, Siegfried Buback, y el jefe del Deutsche Bank, Jürgen Ponto; en febrero de 1985, el ejecutivo industrial Ernst Zimmermann, presidente del consejo de administración de la empresa Maschinen und Turbinenunion (MTU); en julio de 1986, Karl-Heinz Beckurts, miembro del consejo de administración del consorcio Siemens; en octubre de 1986, el importante diplomático alemán Gerold von Braunmühl; en noviembre de 1989, el banquero Alfred Herrhausen, que en su calidad de portavoz de la presidencia del Deutsche Bank era el jefe del instituto bancario más importante de Alemania Federal. Los asesinos de Herrhausen no han sido hallados aún; lo mismo sucede también en el caso de la mayoría de los asesinatos cometidos por la RAF.[10]

Un resto radical de la RAF permaneció activo hasta los años noventa. Su última víctima importante fue en abril de 1991 el dirigente económico alemán Detlev Karsten Rohwedder, presidente de Treuhand, el ente fiduciario encargado de sanear y privatizar más de 8,000 empresas germano-orientales de la extinta República Democrática Alemana y amigo personal del entonces canciller federal Helmut Kohl. Rohwedder fue abatido a tiros a través de una ventana de su vivienda en Düsseldorf, mediante un fusil provisto de mirilla telescópica desde una distancia de sesenta metros. Gracias a nuevas técnicas criminológicas —en este caso, análisis genético-moleculares de restos de cabello halladas en el lugar— fue demostrada años más tarde la autoría de Wolfgang Garms, un terrorista de la RAF, en el asesinato de Rohwedder.

En Berlín se celebra actualmente también un proceso judicial contra tres miembros de las Células Rojas (RZ), otra organización terrorista, activa en la "antigua" República Federal de Alemania, principalmente en los años ochenta. El politólogo alemán Wilfried von Bredow indicó certeramente que

> cuando los terroristas de la RAF pretendían en su día presentar su bandolerismo, histórico filosóficamente sublimado como una guerra contra el capitalismo, y a los miembros de la banda encarcelados, no como criminales, sino más bien como prisioneros de guerra, chocaron indefectiblemente contra la indignación de todos los defensores del Estado de derecho.[11]

Por lo demás, hace ya mucho tiempo que se ha constatado que la comunista República Democrática Alemana (RDA) —la

10 Sobre el origen de la RAF, véase Becker, Jillian, *Hitler's Children, the Story of the Bader-Meinhof-Gang*, Londres, 1977.

11 Bredow, Wilfried von: "Die Zukunft des Krieges" (El futuro de la guerra), en el diario *Frankfurter Allgemeine Zeitung*, 27 de septiembre de 2001.

cual únicamente gracias a la construcción del muro de Berlín en 1961 logró subsistir y desapareció también rápidamente cuando este muro cayó a finales de 1989— sostenía relaciones intensas de características muy especiales con algunos países islámicos. Una parte de los terroristas de la RAF vivió durante años clandestinamente en el otro Estado alemán sin ser molestados por las autoridades. Desde allí los terroristas de la RAF mantenían estrechos contactos con algunos países árabes, como por ejemplo, Siria, Jordania, el Líbano y Yemén. Los terroristas de la RAF fueron adiestrados en diversos campos de entrenamiento existentes en estos países. La RDA consiguió así, por una parte, mantener a la RAF bajo control y, por la otra, utilizar los contactos del terrorismo alemán en los países árabes. La RAF existió casi durante tres decenios. En un escrito fechado en marzo de 1998 declaró su autodisolución. El conocido ensayista Gustav Seibt comentaría así este hecho en el diario *Frankfurter Allgemeine Zeitung*:

> La carta de despedida evoca el recuerdo de otro transfondo especialmente alemán del terrorismo radical de izquierda: aquí, en medio de una orgía de odio sin parangón, se articuló un atormentante conflicto generacional, en el cual los denostados padres revelaron ser más fuertes de lo que creían sus hijos e hijas rebeldes.[12]

La opinión pública alemana conoció después de la caída del muro de Berlín y de la posterior apertura de parte de los archivos del Ministerio de la Seguridad del Estado (Stasi) germano-oriental —actas que los funcionarios de éste no lograron destruir a tiempo— hasta qué grado habían cooperado la RAF y la antigua RDA. Por lo demás, la ex RDA sostuvo también estrechas relaciones con la Organización para la Liberación de Palestina (OLP) de Yasser Arafat. En efecto, la RDA fue durante mucho tiempo el principal *recreation center* para milicianos de la OLP extenuados o heridos.

12 http://www.rafinfo.de/pic/docs/bz-20-4-98.shtml.

Era sabido, a su vez, que la "antigua" República Federal de Alemania fue durante decenios uno de los principales "campos de operaciones" para los servicios secretos de todo el mundo. No obstante, solamente después de la caída del muro berlinés se conoció claramente hasta qué punto los agentes del Stasi habían infiltrado sus agrupaciones sociales y políticas: sindicatos, partidos políticos, asociaciones estudiantiles, organizaciones económicas, etcétera, fueron objeto de diversas clases de manipulación, financiación, a veces incluso de control, como fue el caso del llamado Movimiento por la Paz. No todos estos grupos han afrontado sinceramente esa amarga verdad y siguen obviándola aún.

TERRORISM AFTER 9/11/01: ONE AMERICAN'S PERSPECTIVE

Allen L. SESSOMS*

SUMMARY: I. *Introduction*. II. *A Brief Historical Perspective*. III. *An American Reaction*. IV. *The Groups*. V. *The First Response to Terrorism*. VI. *Understanding and Addressing the Causes of Terrorism*. VII. *Conclusions*.

I. INTRODUCTION

The deliberate and calculated mass murder of innocent civilians, or at least the realization that devastating attacks that have this effect can occur in the heartland of the United States, has become for most Americans a fact of daily life. Concern about the potential perpetrators of such acts has led to the most radical change in the functioning of the U.S. government since the end of the Second World War. It has also heightened U.S. sensitivities about the causes of such acts and increased the resolve to address them. The U.S. is equally resolute about confronting the causes of these acts, that as a short-hand we will define as "terrorist acts", as it is about preventing such acts from occurring, what ever the cause. By the same token the new realization that a terrorist act anywhere, if it is not actively confronted, could embolden the perpetrators to strike directly at the U.S.

* Former President of Queens College, City University of New York. Former Deputy Ambassador in the Embassy in Mexico with Ambassador John Negroponte. Fellow at the Belfer Center for Science and International Affairs at Harvard University.

The terrorist acts of September 11, 2001 altered the conception of "National Security" for the U.S. It is no longer enough to defend the U.S. against nation-states. It is necessary to define a new type of threat that necessitates taking preventative (pre-emptive) steps to eliminate the *possibility* of terrorist attacks. Thus the entire concept of the security of the U.S. as an entity has changed. No longer is it enough to defend the land within national borders. It is also necessary to defend the physical, economic, social and cultural extensions of the U.S. overseas. This then changes the concept of non-interference in the domestic affairs of other nations. The government of the Russian Federation has come to similar conclusions after the horrendous attack on the theater in Moscow mentioned below. Terrorism has no boundaries and neither must the response to it.

Thus the government of the United States has declared a "war on terrorism" that has no borders and few limits. The challenge is to prevent terrorism and to destroy its perpetrators while addressing the origins of the discontent that give rise to the terrorism in the first place.

II. A Brief Historical Perspective

Terrorism and terrorist-like acts have been a tool of political movements and governments throughout modern history. Governments declare such activities to be acts of war (such as the sneak attack by Japanese forces on the U.S. base at Pearl Harbor that triggered U.S. entry into World War II) when undertaken by one nation against another. The international community has declared them to be acts of genocide when taken by a government against part of its own citizenry (such as the so-called "ethnic cleansing" in the former Yugoslavia and Iraqi governmental use of nerve gas on its Kurdish population). The genocide in Rwanda, during which millions of innocents died, was part of a struggle by several identifiable, governmentally supported political entities for control of physical territory. The citizens of Northern Ireland have suffered murderous attacks from Catholic and Protestant para-military groups who are for or against continuing the current political arrangements in that part of the United Kingdom. The people of Israel have suffered and continue to suffer from violent attacks on civilians by groups that do not have formal ties to a government but clearly receive material and other support from governments whose goal seems to be the eradication of Israel as a nation state. The recent murderous attack on a theater full of civilians in Moscow by Chechen separatists appears to an act in a civil war calculated to force Russia's hand in a region over 2,000 miles away. Closer to home, the recent bombing of a night club in Bogotá that resulted in dozens of deaths appears to be the work of a group seeking territorial control and the freedom to continue illegal narcotics and other activities.

The attacks suffered by the U.S. and some of its allies before, during and since September 11, 2001 appear different than those types mentioned above. They appear to be part of a struggle against the perceived economic and culture prowess of Western societies, as exemplified by the United States, by disgruntled groups that are motivated by the failure of their own societies. Their goal appears to be to stop a historical trend that they perceive has left their societies and cultures behind. Their struggle is couched in religious terms like "good", "evil" and "the great Satan" and invokes "God" or "Allah" as the justifier for their horrendous acts.

These attacks are not just confined to the West. The October 2002 attack on a discothèque on the Island of Bali in Indonesia, the largest Islamic country in the world, was the act of an Islamic fundamentalist organization. It was primarily an attack on innocent westerners but without regard to who else was slaughtered. This sort of "Sacred Terror" as some have called it clearly knows no boundaries.

The asymmetry in military power in the post cold-war world seems to have stimulated some nations to support terrorist organizations and actions as a counterweight to military force. These nations appear to believe that such support could provide leverage to gain political advantage that their lack of conventional military power denies them. This is a dangerous concept since military asymmetry is relative. Any nation that feels in an inferior military posture versus another could use this to justify horrendous actions that in the end could lead to war or worse. In my view this is simply unacceptable.

III. An American Reaction

To my mind the deliberate murder of innocent civilians for what ever purpose has no place in our globalizing world. Whatever the stimulus for grievance, these types of actions are an unacceptable response. It is fair to say that in many instances grievances are not easily heard or even articulated. Even when heard, in many cases the responses of authorities are inadequate and corrupt. Further, there are a number of countries in which globalization has made matters worse for normal citizens while enriching a well connected and often corrupt few. I am not convinced that this is a problem of globalization although it may have exacerbated some of the conditions. It may be rather a structural problem rooted in the vestiges of colonialism, governmental corruption and mismanagement, human greed and outdated cultural aphorisms.

In some instances those in positions of power believe that it is their right to personally benefit from the potential wealth of those over whom they hold sway. They argue that they rule by a "divine right" and thus are immune from the norms that have permitted countries such as those in the West to thrive in a globalizing environment. Such rulers use religion as a yoke to subjugate their peoples rather than as an inspiration for the betterment of their daily lives. They also use it as an excuse to blame others for their own inadequacies. The "West" is at fault for going along with this situation as long as it serves its own purposes without regard for the effect it has on those that are exploited.

A prime example is the exploitation of petroleum resources in the Middle East. Many of the regimes are corrupt but are useful to us because they can guarantee a steady supply of oil. We in the West are willing to support these regimes, some of whom we created for this purpose, while showing little or no concern for the conditions in which the vast majority of the citizens of these countries live. We seem to care about stability and supply: human rights and a fair distribution of the wealth we provide simply do not play a role. In this example are the roots of hatred and mistrust that give rise to desperation. And to terrorist acts.

I believe that the appropriate response for the United States and indeed for the world community is two fold. In the first instance we must protect innocent human life. We must prevent the willful act of murdering innocent civilians for political purposes from occurring and eliminate those who would commit such acts. We cannot negotiate with murderers no matter what justification they might argue they have. To do so would encourage others with whatever motives to use murder as a legitimate instrument to achieve political or social ends. This is clearly unacceptable.

The second part of the response, in parallel with the first, is to address the grievances of those who have been alienated by the modernizing world. In some cases this will have to be done despite their governments. This is, of course, a major problem for some governments that may be, or are perceived to be, illegitimate, not representative of the people and/or rule by "divine right". The international community may have to change the rules of non-interference in the domestic affairs of countries in order to address concerns that threaten all of humanity. The irony is that some of the governments that are causing the problems are important players in international affairs. Will the international community have the courage to addresses this issue? Will the "West" subjugate its own narrow interests to its broader and more important international responsibilities? If the answers to these questions are not resounding "yeses" then the consequences will be severe.

IV. The Groups

The U.S. Department of State has compiled a list of those organizations that it considers "Foreign Terrorist Organizations". This designation has wide ranging consequences in U.S. law and has a major impact on the conduct of international law enforcement. The current list (as of January 30, 2003) is as follows:

1. Abu Nidal Organization (ANO)
2. Abu Sayyaf Group
3. Al-Aqsa Martyrs Brigade
4. Armed Islamic Group (GIA)
5. Asbat al-Ansar
6. Aum Shinrikyo
7. Basque Fatherland and Liberty (ETA)
8. Gama'a al-Islamiyya (Islamic Group)
9. HAMAS (Islamic Resistance Movement)
10. Harakat ul-Mujahidin (HUM)
11. Hizballah (Party of God)
12. Islamic Movement of Uzbekistan (IMU)
13. Jaish-e-Mohammed (JEM) (Army of Mohammed)
14. Al-Jihad (Egyptian Islamic Jihad)
15. Kahane Chai (Kach)
16. Kurdistan Workers' Party (PKK) a.k.a. Kurdistan Freedom and Democracy Congress (KADEK)

17. Lashkar-e Tayyiba (LT) (Army of the Righteous)
18. Lashkar i Jhangvi
19. Liberation Tigers of Tamil Eelam (LTTE)
20. Mujahedin-e Khalq Organization (MEK)
21. National Liberation Army (ELN)
22. Palestinian Islamic Jihad (PIJ)
23. Palestine Liberation Front (PLF)
24. Popular Front for the Liberation of Palestine (PFLP)
25. PFLP-General Command (PFLP-GC)
26. Al-Qa'ida
27. Real IRA
28. Revolutionary Armed Forces of Colombia (FARC)
29. Revolutionary Nuclei (formerly ELA)
30. Revolutionary Organization 17 November
31. Revolutionary People's Liberation Army/Front (DHKP/C)
32. Salafist Group for Call and Combat (GSPC)
33. Shining Path (Sendero Luminoso, SL)
34. United Self-Defense Forces of Colombia (AUC)
35. Communist Party of the Philippines/New People's Army (CPP/NPA)
36. Jemaah Islamiya organization (JI)

In order to gain a place on this list an organization must meet certain criteria. They must be engaged in "terrorist activity" as defined in this quotation from the State Department's "Terror Fact Sheet":

> any activity which is unlawful under the laws of the place where it is committed (or which, if committed in the United States, would be unlawful under the laws of the United States or any State) and which involves any of the following:
>
> (I) The highjacking or sabotage of any conveyance (including an aircraft, vessel, or vehicle).
>
> (II) The seizing or detaining, and threatening to kill, injure, or continue to detain, another individual in order to compel a third

person (including a governmental organization) to do or abstain from doing any act as an explicit or implicit condition for the release of the individual seized or detained.

(III) A violent attack upon an internationally protected person_or upon the liberty of such a person.

(IV) An assassination.

(V) The use of any—

(a) biological agent, chemical agent, or nuclear weapon or device, or

(b) explosive, firearm, or other weapon or dangerous device (other than for mere personal monetary gain), with intent to endanger, directly or indirectly, the safety of one or more individuals or to cause substantial damage to property.

(VI) A threat, attempt, or conspiracy to do any of the foregoing.

The State Department Fact Sheet further defines what it means to engage in terrorist activity. It states that: "the term 'engage in terrorist activity' means in an individual capacity or as a member of an organization".

1. To commit or to incite to commit, under circumstances indicating an intention to cause death or serious bodily injury, a terrorist activity;
2. To prepare or plan a terrorist activity;
3. To gather information on potential targets for terrorist activity;
4. To solicit funds or other things of value for
   (aa) a terrorist activity;
   (bb) a terrorist organization; or
   (cc) a terrorist organization, unless the solicitor can demonstrate that he did not know, and should not reasonably have known, that the solicitation would further the organization's terrorist activity;

II. To solicit any individual
   (aa) to engage in conduct otherwise described in this clause;

(bb) for membership in terrorist organization described in clause; or

(cc) for membership in a terrorist organization described in clause, unless the solicitor can demonstrate that he did not know, and should not reasonably have known, that the solicitation would further the organization's terrorist activity; or

III. To commit an act that the actor knows, or reasonably should know, affords material support, including a safe house, transportation, communications, funds, transfer of funds or other material financial benefit, false documentation or identification, weapons (including chemical, biological, or radiological weapons), explosives, or training

(aa) for the commission of a terrorist activity;

(bb) to any individual who the actor knows, or reasonably should know, has committed or plans to commit a terrorist activity;

(cc) to a terrorist organization; or

(dd) to a terrorist organization, unless the actor can demonstrate that he did not know, and should not reasonably have known, that the act would further the organization's terrorist activity.

V. The First Response to Terrorism

It is my view that those engaged in such activity must be brought to justice. The recent arrest of a University of South Florida professor, Sami Al-Arian, in the U.S. for aiding the Palestinian Islamic Jihad is an indication of the extent the U.S. is willing to go to attack the perpetrators of terrorism globally, whether or not their activities directly impact the U.S. homeland. It is well known that the Islamic Jihad has been using American academic and fund-raising groups as fronts since the 1980's. The "war on terror" is not a foreign war for the U.S. It is also my view that an act of terror anywhere must be treated as an act of terror everywhere, to which we have a collective, international responsibility to respond. I regret that this is not a view that is widely held, even in the West.

Some argue that, in certain instances such as in the Middle East, the Palestinian cause justifies the means. Besides, they say, Israeli action has provoked the "Intifada", as the Palestinian uprising in the Israeli occupied territories is called, and consequent terrorist activities. This argument is both dangerous and self-serving. There cannot be *any* justification for deliberately killing innocent civilians. Even in war it is considered a crime except in extraordinary circumstances and even then *someone* must have acted in a criminal way for the deliberate slaughter of civilians to occur.

VI. Understanding and Addressing the Causes of Terrorism

We in the West must also address the causes of terrorist activity. British journalist Robert Fisk noted in an article in the *Independent* newspaper on August 22, 1998:

> The use of the word "terrorist" —where Arabs who murder innocents are always called "terrorists"— whereas Israeli killers who slaughter 29 Palestinians in a Hebron Mosque or assassinate their prime minister, Yitzhak Rabin, are called extremists-is only part of the problem. "Terrorist" is a word that avoids all meaning. The "who" and the "how" are of essential importance. But the "why" is something the West prefers to avoid.

Bernard Lewis, the eminent American historian of the Middle East, asks in his recent book "What Went Wrong?" exactly that question about the once dominant Islamic culture and its relationship with the now dominant West. There are complex explanations, many of which suggest that at least in part the arrogance of the then dominant Islamic nations led to their own downfall. This is not an unknown phenomenon in the West, with ancient Greece and Rome as prime examples. However, the decline of Islamic culture has also led to the impoverishment of many modern Islamic societies. This then becomes a humanitarian issue that must be addressed.

Islamic culture and heritage are rich in institutions that can adapt well to modern historical trends. The role of the West must be to facilitate that adaptation, not to dictate its terms. The modern dogma of "democratic" institutions must give way to the concept of modern, representative government in whatever form is most appropriate for it to take. Women must be given equal voice, but in a way that is acceptable to them within the context of their culture. The West must be aware that it cannot dictate that culture and must not be at war with it.

VII. Conclusions

The struggle against international terror is everyone's struggle. There is no excuse under any circumstances for the deliberate slaughter of innocent civilians. Those who carry out such acts must be punished to the fullest extent possible. Those abetting such acts should be treated as if they themselves personally committed those murders. Maximum efforts should be taken at the international level to prevent these violent acts wherever they occur in the world and for whatever reason. Terror is the enemy of civilization. It cannot be tolerated under any circumstances.

The causes of misery and impoverishment that breed despair and then terrorist activity must be addressed in a coherent and rapid way by the international community. Major efforts must be undertaken to understand the causes of these conditions and steps must be taken to improve the lives of the hundreds of millions of people for whom globalization is ı synonym for domination by a foreign culture or power. This will require a change in the rules on international engagement. The domestic affairs of sovereign nations will no longer be their concern alone. Resources must be made available to address pressing problems and transparency in the use of those resources must be guaranteed. The way the world does business will have to change if we are to ensure that everyone benefits to the maximum extent possible from the advances we have made as human beings.

APÉNDICE: EL MUNDO TRAS EL 11 DE SEPTIEMBRE

Fernando PERPIÑÁ ROBERT*

Del mismo modo que el siglo XX acaba en cierto modo en 1989 con la caída del Muro de Berlín y el fin de la confrontación, heredada de la Segunda Guerra Mundial, entre los dos mundos radicalmente opuestos ideológica, política y económicamente, podría tal vez afirmarse que el siglo XXI se inicia con los trágicos acontecimientos del 11 de septiembre de 2001. En esta fecha Occidente despierta del sueño que suponía la creencia de que el riesgo para la supervivencia de los valores en que se sustentan sus sociedades había desaparecido para siempre.

Es indudable de que habrá un antes y un después del 11 de septiembre, fecha en la que hace su aparición un fenómeno que no es nuevo pero que se percibe a partir de entonces de una manera radicalmente diferente: el terrorismo como fenómeno global. Muchos países conocíamos, ya muy bien por desgracia, en nuestra propia carne, lo que es el terrorismo. Pero lo que sí apareció el 11 de septiembre fue un terrorismo masivo, a escala planetaria, al que sólo se puede hacer frente mediante el esfuerzo común y solidario de todos.

El terrorismo es hoy la amenaza más importante y real para los principios que están en la base de nuestro sistema democrático pero también para todos aquellos países que se esfuerzan en conseguir avanzar por el difícil camino que lleva a la demo-

* Fue subsecretario de Asuntos Exteriores de España y embajador en Alemania. Es coordinador de seguimiento y actuación del Ministerio de Asuntos Exteriores en el ámbito de la lucha en contra del terrorismo.

cracia plena y al Estado de derecho y para aquellos otros que tratan de consolidar un régimen de libertades.

El 11 de septiembre —junto al horror del recuerdo de lo sucedido— nos ha dejado también algunas lecciones importantes.

Ninguna consideración, ningún argumento de carácter político, moral o histórico puede justificar el terrorismo, que, por su propia naturaleza, se descalifica a sí mismo. El terrorismo no tiene adjetivos porque todo lo adjetivo matiza, y el terrorismo no puede ser matizado. Por esto, en España nunca hemos comprendido demasiado bien la obsesión de algunos en querer distinguir entre el terrorismo interno y el terrorismo internacional, como si solo el segundo afectara a la comunidad internacional en su conjunto, mientras que el primero sería como una especie de fenómeno de interés local y de menor magnitud que debe resolver cada país con los medios de que disponga.

Esta distinción no es correcta. Todo terrorismo es interno como todo terrorismo es internacional. Y todo terrorismo exige la cooperación internacional para combatirlo.

Esto sólo ha sido comprendido suficientemente después del 11 de septiembre. Los atentados de ese día han sido un catalizador extraordinario de toda la humanidad contra el terror, de forma que la lucha antiterrorista se ha convertido en una prioridad internacional. Hay que reconocer que los esfuerzos que en todos los ámbitos se han desplegado a partir de entonces han sido extraordinarios y que los avances de la cooperación internacional hubieran sido sencillamente inimaginables con anterioridad.

La campaña internacional contra el terrorismo se ha desarrollado desde el 11 de septiembre en múltiples foros. Pero por lo que a España se refiere tal vez se podrían resaltar tres ámbitos de cooperación: las Naciones Unidas, la Alianza Atlántica y la Unión Europea. La aprobación —el 28 de septiembre de 2001 por el Consejo de Seguridad de las Naciones Unidas— de la Resolución 1373, tiene una importancia histórica enorme al establecer una serie de medidas obligatorias para todos los Estados en la lucha contra el terrorismo. Con esta Resolución, la acción coordinada contra el terrorismo se convierte en una prioridad de la comunidad internacional. La labor desarrollada por el Comité contra el Terrorismo del Consejo de Seguridad, creada por la misma Resolución, ha sido ejemplar como corresponde a su responsabilidad consistente en ser el motor esencial de las Naciones Unidas, en su carácter de marco de referencia en la lucha global contra el terrorismo,

Por lo que se refiere a la Alianza Atlántica, los acontecimientos del 11 de septiembre supusieron la activación por primera vez del artículo V del Tratado de Washington, en virtud del cual un ataque armado contra uno de los aliados será considerado como un ataque contra todos. Por lo demás, los aliados ofrecieron, desde el primer momento, todo su apoyo a los Estados Unidos y su disponibilidad para contribuir en la coalición internacional contra el terrorismo.

La Unión Europea consideró que el ataque contra los Estados Unidos estaba dirigido contra los principios mismos sobre los que se basa la construcción europea. La Unión se replanteó de forma radical su estrategia antiterrorista, lo que permitió realizar un paso gigantesco para acelerar un objetivo muy ambicioso: el conseguir un espacio común de libertad, seguridad y justicia. También se planteó la Unión la posibilidad de revisar los objetivos de su Política Exterior y de Seguridad Común, así como su Política de Seguridad y Defensa para incluir la lucha contra el terrorismo.

En este espíritu, la Unión Europea aprobó un Plan de Acción antiterrorista que se tradujo en un importante número de medidas en múltiples ámbitos: justicia, interior, finanzas, transporte y telecomunicaciones así como en defensa. Son muchas las acciones concretas emprendidas; la Orden Europea de Detención y Entrega con el objeto de que cualquier orden de arresto dictada por un juez de la Unión fuera válida en todo el territorio de la Unión; la creación de equipos conjuntos de investigación; la constitución en Europol de un equipo de especialistas antiterrorista así como el Eurojust, grupo de magistrados de la Unión o la creación de una *task force* de directores de las diferentes policías. Se estableció también un lista común de personas y organizaciones terroristas y se fijaron medidas para combatir la financiación del terrorismo. Todo ello supone en la práctica la aparición de una auténtica política común antiterrorista que la Presidencia española, en ejercicio durante el primer semestre de este año, configuró como la prioridad entre sus prioridades.

Todo este esfuerzo conjunto se realizó en perfecta armonía con el tradicional respeto de la Unión por los derechos humanos y del mayor ámbito de tolerancia y libertad así como con el combate más decidido contra la pobreza, la ignorancia, la marginación, la corrupción, la violencia y la intolerancia.

La Unión Europea —y dentro de ella muy especialmente España— tiene por otra parte la decidida intención de que todo este esfuerzo de lucha antiterrorista no pueda nunca ser interpretado como un enfrentamiento con cualquier religión, cultura o civilización. Por el contrario, España desea que su situación geográfica y su historia sirva para establecer canales más sólidos de comunicación y cooperación con otras regiones del mundo de manera que cada día más prevalezca, sobre la idea de frontera, la de puente entre los pueblos.

ANUARIO MEXICANO DE DERECHO INTERNACIONAL

III - 2003

CONTENIDO

ARTÍCULOS

José B. Acosta Estévez
El derecho internacional ante el fenómeno bélico: la prevención y atenuación de las consecuencias de los conflictos armados

Luis Benavides
El estatus jurídico internacional de los prisioneros detenidos por Estados Unidos de América en Guantánamo, Cuba, a raíz del conflicto en Afganistán

Michael Byers
International Law and the Angry Superpower

Natalia Cañiz García
Constitucionalidad del Estatuto de Roma y realidad jurídico-política en México bajo la perspectiva del derecho comparado

Sergio García Ramírez
México ante el Estatuto de Roma

Héctor Gros Espiell
La prevención de conflictos bélicos en el derecho internacional actual. Las Naciones Unidas y el sistema interamericano

Nicolás Guerrero Peniche / Víctor Rodríguez Cedeño
Los actos unilaterales de los Estados en derecho internacional: los trabajos de codificación en la Comisión de Derecho Internacional

Juan de Dios Gutiérrez Baylón
El septentrión fluvial y marítimo de México en el derecho internacional general

Aldo Saúl Muñoz López
La participación de extranjeros en sociedades civiles o mercantiles propietarias de tierras en México: tratamiento de posibles controversias en el marco del TLCAN

Loretta Ortiz Ahlf
Integración de las normas internacionales de derechos humanos en los ordenamientos estatales de los países de Iberoamérica

Elena F. Pérez Carrillo
Unificación y cohesión del continente europeo. Principales instrumentos jurídicos y económicos para la ampliación al Este

Víctor Manuel Rojas Amandi
El derecho a los tribunales en los litigios de carácter civil en el Convenio Europeo para la Protección de Derechos Humanos y las Libertades Fundamentales

Rafael Serrano Figueroa
El terrorismo y el derecho internacional

COMENTARIOS

RESEÑAS

LA PRÁCTICA INTERNACIONAL MEXICANA

COYUNTURA INTERNACIONAL

INSTITUTO DE INVESTIGACIONES JURÍDICAS unam

UNIVERSIDAD NACIONAL AUTÓNOMA DE MÉXICO
INSTITUTO DE INVESTIGACIONES JURÍDICAS

Problemas jurídicos y políticos del terrorismo, editado por el Instituto de Investigaciones Jurídicas de la UNAM, se terminó de imprimir el 8 de abril de 2003 en los talleres de La Impresora Azteca, S. A. de C. V. En la edición se utilizó papel cultural de 57 x 87 de 37 kgs. para las páginas interiores y cartulina couché de 162 kgs. para los forros.
Consta de 1,000 ejemplares.